我們走哪條路？

60篇醍醐灌頂的學人之思

殷海光——著

五南圖書出版公司 印行

目錄

1 共產國際底世界政策

共產國際是十九世紀中葉以來社會主義運動底產物，其存在幾達一個世紀之久，在這悠長的歲月裡，經歷了許多聯合、分裂、和轉變。隨著這些聯合、分裂，和轉變，它換上不同的名稱，而其中最具政治支配力量的，要算強調無產階級專政的第三國際。一九四三年五月，第三國際爲了運用上的便利，取消它底名字。可是，第三國際底實體並沒有因名稱之取消而有一絲一毫的變更，顯然得很，第三國際底實體一天不消滅，它底工作一天不停止。

一八四八年馬克斯起草「共產黨宣言」，號召「全世界無產階級聯合起來」。各國社會主義者聞風興起，著手組織國際無產階級政黨，企圖實現共產主義的社會，馬克斯本人也獻身於這種運動。一八六四年他以德國工人代表底資格參加倫敦各國工人聯合會議，成立「國際勞工聯合會」，這就是歷史上所稱的「第一國際」。列寧說：「第一國際奠定了國際無產階級爲社會主義而鬥爭的基礎。」可是，不久它底內部發生理論上的歧異，而且民族戰爭底狂熱不斷侵襲著。一八七六年，第一國際終於煙消雲散，化作歷史的陳跡。

然而，以西歐爲中心的社會革命之內在因素繼續發展著；社會革命運動並不因第一國際之幻滅而幻滅。西歐底無產階級之數量增加。各國勞動階級在社會民主黨或類似的政治組織之形式下重新活躍起來。一八八九年七月，第二國際成立於政治氣氛濃厚的巴黎。第二國際是各國社會民主黨和社會黨底自由聯合，因此多少帶些民主色彩。但是，這個國際同樣經不起民族戰爭底試練。第一次世界大戰爆發底前後，第二國際底代表們決議：「不出一個人，不花一文錢。」可是，等到戰爭眞正開始了，第二國際內部分裂而爲主戰派和非戰派，主戰派佔大多數；非戰派只有少數人。主戰派底代表們各自號召各國底工人們各爲祖國而奮鬥，德國社會主義者底領袖愛柏特公開向德國勞工群眾宣示，德國底民族利益即德國勞動階級底利益。法國社會主義者底領袖們也說，法國底敵人即是法國無產階級底敵人。因而，無產階級底國際聯合，被富於歷史性的民族鬥爭擊得粉碎。

戰爭一天一天地持續下去，人民底生活痛苦一天一天地加深，非戰的情緒一天一天地增長。一九一七年俄國沙皇底統治在戰爭裡崩潰。十月革命成功，布爾希維克黨人奪得政權。蘇維埃政權建立以後的種種措施，引起列強不滿，出兵干涉，可是，當著協約國底軍隊侵襲南俄的時候，陸軍多爲布黨宣傳煽動，士兵反抗長宮命令，因而南俄方面的協約國軍隊反爲赤軍逐退。馬爾泰所指揮的黑海法軍艦隊爲反對進攻蘇俄而叛變。鑑於這些實際效用，列寧愈覺有組織企望已久的一個新國際之必要。一九一九年三月，俄國共產黨人在莫斯科召開國際共產主義者大會，於是，第三國際正式成立。

第三國際第一次世界大會的確充滿了開創新天地的氣象，然而，世界底實際演變不符合共產黨人主觀的期望。英國底行動委員會並沒有成立第二政府來同衛斯敏士特底國會對立。義大利不但沒有變成共產主義的國家，反而產生了法西斯底理論和組織。奧國人民似乎寧願在本國統治之下過活。德國底十一月革命，和匈牙利底三月革命，都成泡影。多事的巴爾幹半島，居然也愈來愈平靜，眼看著資本主義的勢力依然屹立。至此，布爾希維克黨人不得不承認「資本主義暫時的穩定」而圖謀「改弦易轍」了。

這是一個重大的轉變，第三國際底目的既然在「赤化」全世界，如果這一目的暫時無法達到，那末它便無可避免地變成一個國家御用的政治工具，而且，它因爲控制龐大複什細胞的關係，擁有絕對的支配權力。於是，第一國際和第二國際所遺留下來的些許民主氣息，爲之掃蕩無餘了。

維持一個沒有民主成分的組織之存在，並且要大眾爲之效力，要靠著什麼呢？第一，要靠著特務機構。特務機構與獨裁統治是形影不離的，如果我們不是太缺乏常識，那末應該知道，當著共產國際一刻不停地宣傳德國底「格殺打撲（Gestapo）」是如何殘暴以激起大眾底憤恨情緒的時候，宣傳者自身卻正擁有更加陰毒，更加深入、和更加廣泛的特務機構。這樣的特務機構，叫做格柏烏，或非常委員會，或其他悅耳的名稱。它底任務，對內是監視並消滅反對力量；對外則是作軍事的前哨和政治的觸鬚。這樣特務機構，常常有各國共產黨參加和掩護。一九二七年在北京爲張作霖所揭發的共產國際對華的重大陰謀，轟動世界的加拿大原子彈間諜案，以及其他許多大大小小的間諜事件，都與共產國際底特務機構及其直接或間接指使之下的共產黨人有不可分的關聯。

第二，除了特務機構以外，共產國際又利用另一種工具來維繫它底獨裁統治，這種工具就是希望的心理與恐怖的情緒。大家應該知道，在共產國際所能直接控制的地區，對於觀念學的統治是非常認眞，非常徹底，非常嚴肅的：共產國際利用經過嚴密組織的宣傳機構來製造「光明的前途」。大眾憧憬光明的前途，對於目前的黑暗便可忍受了。但是，僅此尚不足以長久維繫大眾抑壓太過的感情，於是共產國際又製造恐怖情緒。共產國際底心理工程師宣稱四周都是共產主義者底敵人，這些敵人將會包圍並且進攻共產主義的國家。這種辦法，使得大家產生有「敵國外患」底感覺，終日「疑神見鬼」，惶惶然如臨大敵。大眾既然陷入恐怖氛圍之中，自然不得不爲了免除恐怖以實現光明而努力。這樣一來，便天然地形成一種「意識前線」，或者是「精神國防」了。

爲了使得這種宣傳奏效，必須不讓他們侵佔統治區底眞象爲外界所知，同時也不讓外界底眞象爲它侵佔統治區底大眾所知。要達到這個目的，必須在某種程度之內使它的侵佔統治區，與外界絕緣，要使這區域在某種程度之內與外界絕緣，必須嚴格控制電訊、新聞、交通、和人民底往來，這樣一辦，豈不就是構成了「鐵幕」嗎？

共產國際在製造恐怖情緒時關於對象的選擇都是含有現實的意義的。它所選擇的對象，不是與它有利害衝突的，便是世界上最強大的國家。歷史可以爲我們證明這一點。第一次世界大戰剛一結束，英國居於領導世界底地位，而且在近東與它底利害衝突。於是，共產國際選擇英國爲恐怖對象，並且策動它的羽翼反英。一九二〇年九月東方民族會議召開於巴庫。共產國際主席齊諾維夫向出席代表致詞：「我們鼓勵你們作神聖的戰爭，以打倒英帝國主義。」一九三五年左右，法西斯勢力伸張於歐洲大陸，且波及東亞。共產國際恐前後受敵，惴惴不安。於是，策動世界共產黨人，以法西斯爲攻擊對象。對於向來所欲打倒的英帝國主義，存而不論，最後且與之合作。第二次世界大戰爆發，德國以閃電戰術進攻，共產國際大本營危在旦夕，不得不乞援於「資本主義的美國」。戰事結束，法西斯勢力崩潰，英國底領導地位墮失，世界唯一巨強是美國。於是，共產國際現在又以曾經救它於危難之中的美國為「恐怖對象」。

共產國際對付它底「恐怖對象」的基本方法有二：㈠運用國際間的「矛盾」；㈡利用第五縱隊。第一種方法可以說是「外在的」方法，第二種方法可以說是「內在的」方法。這兩種方法往往配合運用，常常收內外夾攻之效。

歷史的事項早已陳示在大家面前，第一次世界大戰以後，共產國際大肆施展「捭闔縱橫」之術。在近東方面，除了利用東方民族反英以外，又在希土戰爭裡援助土耳其。共產國際援助土耳其底眞正原因，是希望將黑海變成它底內湖，而以土耳其為湖口底守衛者。在遠東方面，共產國際則扶助中國新興的革命勢力以反英。因此，在華南一帶，中國底革命勢力曾與英人發生磨擦，可是，等到被利用的國家發覺共產國際這種陰謀，便回過頭來予以劇烈的反對。一九二九年七月，土耳其大捕共產黨人。同年八月，凱末爾發表演說，揚言欲「毀滅」一切從事反動的政治活動的分子。一九二七年中國革命勢力發展於長江流域，中國國民黨人即斷然清除共產國際底勢力。

共產國際運用國際「矛盾」之不足，更益以第五縱隊之活動。共產國際對於第五縱隊的辦法是「量才使用」。如果在某個國家的第五縱隊沒有什麼武裝力量，那末便叫它以普通政黨底狀態出現，在議會上或其他場合防止或阻撓所在國家底政府執行不利於「無產階級底祖國」的政策；如果能夠進而促成所在國家底政府執行有利於這個「祖國」的政策，那末更好；如果在另一個國家的第五縱隊擁有武裝力量，那末便是「上等材料」，必須予以特別的「栽培」。因為這樣的第五縱隊特別「實用」：在軍事上可以造成鄰國底混亂來掩護「無產階級底祖國」底安全，共產國際利用第五縱隊底終極目的，是要形成從該國內部加以牽制的情勢。

第二次世界大戰進行過程之中，名亡而實存的共產國際即乘戰爭底混亂著手在許多地方組織第五縱隊。除了波蘭以外，南斯拉夫有鐵托大元帥底部隊，希臘有所謂「解放軍」，伊朗有「自治軍」等等。在這些地方，也都曾有所謂「內戰」發生。共產國際對於這些地方是要予以內外包圍，或者根本予以毀滅。而為它們的未來，布置下最有利的戰略態勢。

在這些名色好聽的第五縱隊之中，中國共產軍要算最有聲色的一個，而且恐怕也是資格最老的一個。中國共產黨人，在這民族意識高潮的環境裡，唯恐有人「誤解」他們底武裝力量是共產國際底第五縱隊之一支，因而時常加以否認。的確，「此地無銀三百兩，隔壁小二不曾偷」中國共產黨人何必多說呢？

事實是最好的證據，中國共產黨人在危害祖國和效忠共產國際的工作上不後於在任何國家的共產黨，他們利用中國久經苦戰所形成的經濟危機以及其他種種困難來擴大戰亂，又唆使其外圍組織作反美運動，他們底目的是使現政府底力量更爲削弱，地位更爲孤立，最後終於因不支而垮臺，現政府一旦垮臺，他們便起來實行「貨眞價實」的「一黨專政」，這樣一來，中國便被納入共產國際直接控制的區域或「鐵幕」範圍之內，而且，正像南斯拉夫一樣，完完全全失去自主自動的能力，一舉一動都得聽命於異族了。

世界事物底演變，常常出乎先知先覺底意料之外。毫無問題，人類是應須「有飯大家吃」的，然而，馬克斯畢生心血底結晶，和無數社會主義者犧牲血肉得到的成果，現在竟被少數自利自私的政客們用作糜爛世界以從中取利的幌子，這是馬克斯所能預料的嗎？

這一曲戲正在世界舞臺上出演著，許多天眞的觀眾弄得眼花撩亂，莫明所以。其實簡單得很。現在，幕後的操縱者一方面命令演員們高唱「和平」的歌曲來掩飾他們不捨晝夜地進行的備戰工作，另一方面利用世界底貧困和混亂來擴大他們的勢力與影響。法西斯幻滅了；可是，人類眞正和平之實現，必須在最後一個障礙掃除以後哩！爲了全體底安寧和幸福，我們必須以慧見與機敏，隨時注視這曲戲怎樣演變。

——原載《中央日報》，第三版（南京：一九四七年五月五日）

2 「內戰」問題底分析

古代希臘哲學家嘗言：「人是理性的動物。」假若人果眞是理性的動物，那末一言一動應當作理智的考慮，我們對於有用個人的行爲必須如此，對於有關民族國家之盛衰存亡的大事尤須如此。

一九四五年秋抗日戰爭勝利結束，中華民族洗雪了甲午之役戰敗以後五十年間所受的恥辱，國家立於轉弱爲強的重大關頭，全國人民，面對著這樣空前的勝利，似苦雨以後得見殘陽，充滿著未來光明的希望。然而，可痛得很，勝利的炮聲還未停止，「內戰」的殺聲卻由遠而近，這樣的戰爭，緊接著八年的苦戰，陷人民於更大的經濟困苦，陷政治於更大的紛亂，陷國家於更大的分裂危機，勝利的笑容從我們臉上消失，美麗的希望化作泡影，大家在黑暗裡期待的曙光在天邊一閃即滅。

全國人民厭惡這樣的戰爭，因而，許多從事政治活動者，許多言論機關，許多在學青年，發表「反對內戰」底宣言，提出「停止內戰」底要求。在學青年底一部分，甚至爲此罷課、遊行、向政府請願。

單從表象而論，這一類底呼聲是很正確的，它是全國人民親身體驗到戰爭的痛苦之反映，吾人應須予以最大的同情，並且以全力促使「停止內戰」底要求實現。

然而，事勢底發展恰恰與這一類底呼聲相反，這一類底呼聲不獨絲毫未能阻止戰爭，反而在客觀上有助於戰爭底延長，這種結果，豈是隨著高呼「停止內戰」的群眾想像得到的嗎？這個問題是値得我們加以研究的。

「內戰」產生原因

有些人將目前正在進行的戰爭看成「黨爭」底一種表現，他們說這個戰爭是中國國民黨人和中國共產黨人互相猜忌互相仇視、意氣用事以及利害衝突所形成的，還有些人認爲中國目前之所以發生「內戰」，是「由於國民黨要消滅共產黨」。前一種看法似乎是很「公正」的，但是太膚淺，後一種看法則距離事實太遠。

假若我們願意作比較深刻的觀察，那末便會發現所謂的「內戰」是中國底歷史和環境底產物。中國是一個古老的國家，這個古老的國家，自視居天下之中，習於保守，少求進步，然而，不幸得很，自十九世紀中葉以來，西歐工業革命所形成的力量向東衝破這古老的堡壘。它底自衛力量漸感不支。它的文物制度開始動搖。於是，百餘年來，戰敗、割地、賠款、求和等等喪權辱國的事物接連發生。政治方面，產生由專制政體過渡到民主政體的陣痛。經濟方面，農村封建經濟逐漸崩潰而都市金融經濟逐漸成長；手工業底地位爲機器工業所代替。文化方面，由批判固有的文化遺產而吸收西洋學術思想。社會方面，舊的宗法倫理日與自外輸入的禮俗衝突。這些變動，使得中國內部空虛，政治紛亂，社會不安，人民貧困，中心思想失墜。在這樣的一個時代，國外的政治、經濟，和文化勢力自然容易侵入。近年以來，繼資本主義的國家侵入中國以後侵入中國的，有號稱共產主義的國家，而中國共產黨則是這個國家底入侵勢力作用於中國所形成的具體產物。因此，我們要了解中國共產黨之動向，不可不了解這個國家底世界政策及其演變。

列寧轉旆東征

一九一七年十月革命在帝俄底崩潰中成功，布爾希維克黨代替沙皇掌握俄國政權，揚言實行「世界革命」，引起列強底干涉、包圍、封鎖。西歐革命的火頭又一一被撲滅。事勢至此，主觀豐富的布爾希維克黨人不得不承認「資本主義底暫時穩定」向西既然是「此路不通」，機警的列寧回頭看到東方廣漠無垠的原野，萬里長城早已圮毀，他決定「轉旆東征」。列寧一反馬克斯的傳統想法，他認爲世界被壓迫民族是世界革命底潛伏勢力，各落後國家是帝國主義者底後方。因此，動搖帝國主義者底後方即所以動搖帝國主義者。動搖帝國主義者可以加速世界革命底實現。一九二〇年共產國際第二次大會席上，列寧提出關於民族與殖民地問題的論文，他底論文經過大會討論以後，即決議採納，他底民族政策底基本原則有這幾項：第一，必須喚起被壓迫民族與殖民地底反帝意識；第二，必須使無產階級革命與民族殖民地革命聯繫起來；第三，必須承認在進行民族與殖民地革命底過程中，同時有階級矛盾發生，因而應作實現共產主義的準備；第四，必須承認殖民地與落後民族的經濟發展可以超越資本主義的階級，共產國際底東方政策，就是列寧底民族政策之具證實施於東方者。貧困、混亂、和落後的中國，同阿富汗及波斯一樣，被共產國際當作實行東方政策的一個對象，加入共產國際的中國共產黨，是實行東方政策的當然工具。

一九二四年列寧逝世，隱伏的黨爭爆發，結果，主張「在一個國家以內實行社會主義」的這一派勝利，一九二八年共產國際第六次世界大會召開，確定了這個勝利底形勢，自此重大轉變以後，共產國際不復為全世界無產階級謀福利而存在，它實質地成為替一個國家擴張勢力的機構，中國共產黨既是共產國際底一支，而且它底一舉一動又須唯命是聽，那末中國共產黨邏輯地也成為替這個國家擴張勢力的助手。

中共所作所為

一九二八年以來中國共產黨人之所作所為都可說明這一點。一九二八年至一九三七年間，中國共產黨人底課題是「求得一省或數省的軍事勝利」以「建立蘇維埃政權」。於是，在十年間的騷擾破壞，一九三一年日本侵佔東北以後，軸心國家東西勾結互相策應的態勢日益顯著，「無產階級底祖國」之安全感受威脅，為了「保衛無產階級底祖國」，共產國際命令中國共產黨暫時放棄建立蘇維埃政權的企圖，投誠中國政府，共同牽制日本。於是，中國共產黨發表「共赴國難宣言」，改組紅軍，這是一九三七年的事。依照我在前面所說的列寧底民族政策而論，抗日戰爭正是殖民地或落後民族底民族革命戰爭，既然抗日戰爭是殖民地或落後民族底民族革命戰爭，於是根據列寧底民族政策，共產黨人必須使無產階級革命與民族殖民地革命聯繫起來，不獨必須使無產階級革命與民族殖民地革命聯繫起來，而且必須承認在進行民族殖民地革命底過程中，同時有階級矛盾發生，因而應作實現共產主義的準備。在抗日戰爭底過程中中國共產黨人的確是做著實現共產主義的準備的，他們準備的辦法，就是利用日本帝國主義者拖住中央政府，以致中央政府無暇他顧的機會，游而不擊，坐大發展，兼併友軍。於是「摩擦」之聲四起，從事態底發展看來，戰時的「摩擦」是今日所謂的「內戰」之先聲；今日所謂的「內戰」，不過是戰時的「摩擦」之擴大和繼續以及表面化而已。這種現象就是「在進行民族與殖民地革命底過程中」來「作實現共產主義的準備」這一預謀底具體表現。一九四五年秋日軍突然投降，中國共產黨人大舉行動，亟思乘中央政府不及前往接收之機，佔據所有的淪陷土地，掠奪大批物資，收繳日軍底裝備，這個計畫沒有實現。「豪奪」不成，遂出以「巧取」。中國共產黨負責人飛重慶以和平談判之名，效日本之故智，欲謀向政府割取華北。當局未予應允，於是所謂「內戰」就大爆發了！言念及此，我要求今日隨同高呼「反對內爭」者想想：這種性質的所謂「內戰」為什麼同時在波蘭、南斯拉夫、希臘、伊朗這些弱小國家發生？為什麼發生的時間都在大戰底末期一直延及戰後？為什麼都是共產黨人幹的？為什麼某國獲得伊朗底石油「內戰」就平息了？為什麼波蘭和南斯拉夫俯首貼耳地做了某國底附庸以後即下聞「內戰」之聲？

戡亂是必要的

我在前面將目前發生的所謂「內戰」底遠因、近因、國內環境、國際情狀，以及發展底線索，作了一個概略的討究。從這一番討究，我們可以明瞭，這次的所謂「內戰」，固然是中國底歷史和環境裡的病毒之總爆發，然而它卻又含藏著多麼深遠的國際因素，每個愛國有心的國民，不應該以嚴正的態度注視這個問題嗎？

假若我們明瞭上述的種種，那末我們也就可以明瞭，目前所謂的「內戰」，是「黨爭」其表，捍衛國土其裡。所以，目前國內紛亂底主要原因，並不是「國共雙方」底意氣用事，更非「國民黨要消滅共產黨」，而是足以號令中國共產黨的這個國家底擴張欲與支配欲，既是如此，政府於一再用和平協商等等辦法不能解決之餘，為了維護國家底統一，為了防制國土底分裂，為了保障人民底安全，迫於萬不得已而用兵戡亂，不是職責所在嗎？如果我們目之爲「內戰」而向政府方面提出反對，那末我們不也應該同樣反對政府之剷除日本第五縱隊李守言和白堅武之流嗎？我們不也應該同樣反對政府領導抗戰嗎？稍有愛國觀念的國民會如此嗎？

在中國共產黨底心目中，「內戰是階級鬥爭爆發之最高形態」，他們必定以各種手段拖下去，不達目的誓不休止，「和平」與「武力」是他們對付政府的一柄雙口刀，當著戰況於他們有利時，他們就用武力，當著戰況於他們不利時，便提出和平來解救，兩年來的經過一直是如此；復次，和平口號而由他們提出，久而久之，便形成一種空氣，使許多人覺得發動「內戰」之責在政府，同時，既說這個戰亂「內戰」於是便非對外之事，既非對外之爭，於是掩飾著其行動之國際的背景，最顯著的如共黨目前在東北之所作所爲，都被「反對內戰」的人遺忘的乾乾淨淨，政治掮客又從而推波助瀾？因爲，如果他們不說是「內戰」，就無勞他們奔走「調解」，無勞他們奔走調解，他們底「生意」就做不成了。

從上面的分析看來，在這樣的情況之下，如果我們也跟著向政府高呼「反對內戰」，就是等於替中國共產黨發動戰亂的責任放在政府身上，替中國共產黨將發動戰亂的責任放在政府身上，他們就可以掩蔽在這種空氣之下不負責任地繼續從事戰亂了，這豈不是等於助長「內戰」嗎？更何況以罷課、請願、遊行、示威來表示呢？

中國目前是一個大混亂時代！民族國家正立於盛衰存亡的十字路口，在這一個重大的關頭，每一個國民，尤其是青年，應該發揮自己的理性，對於面臨的重大問題，獨立不移的作理智的考慮，我們應須把言論行動納入理性的正軌，合力結束這個混亂時代，將苦難的祖國挽救過來！

——原載《中央日報》，第十版（南京：一九四九年六月八日）

3 共黨會放下屠刀嗎？

吾人生活在這苦難的時代，對於民族國家底種種事象之演變，必須有眞切的體認跟認識，然後才會有正確的行動與言論。時至今日，還有若干人認爲共黨問題可以運用和平的政治方法解決，希望共黨放下武器。這樣的人，動機也許是很善良的，可惜認識則很欠正確，而且其記憶能力似乎不能保持二十四小時之久。

共黨固然發展到了現在，已經是「圖窮匕見」了。無論從那一方面著想，吾人不能發現共黨可以放棄所謂「武裝鬥爭」之理由。

中國共產黨，正如全世界共產黨一樣，有其所持之信仰，這類底信仰，爲階級鬥爭說，辯證唯物論。這些思想底本質完全是戰鬥性的。古代希臘哲學家赫拉克利圖斯說：「戰爭是萬物之母。」共黨所崇奉的馬列主義，其思想之戰鬥意識，實肇源於此。共黨所抱的根本信仰如此，還希望他們能眞與人和平相處嗎？

中國共產黨底組織，正如全世界共產黨組織一樣，根本是祕密結社性質的。全世界共產黨開會，從來是不公開的。不獨如此，而且共黨之組織，徹頭徹尾，是一戰鬥體系。共黨不獨對黨外的人不能和平相處，而且對黨內的人也不能和平相處。一個什麼「路線」的下來，往往自相殘殺，死人以千萬計。彼等對於自己之「同志」尚且如此，還能希望對黨外的人和善一點嗎？

中國共產黨人明白宣稱：「中國黨的建設，是在十月革命之後，……一開始就是在共產國際的指導下，帶著列寧的原則去進行建設的。」而早在一九一四年時列寧就已經說過：「內戰時，無產階級一定參加——假如今天不參加，那麼明天便不參加，戰時沒有參加，那麼戰後，那麼第二次世界大戰時便參加——不但有成千成萬負責的工人，而且有幾百萬名無產階級參加。他們現時都諂媚好戰的思想。因爲戰爭的恐怖，不但不能使他們恐懼，而且會給他們以鼓勵、教訓、組織、力量、準備，以便和國內的資產階級鬥爭。」中國共產黨人奉列寧之言爲金科玉律，「諂媚好戰的思想」，還對於「和平」有興趣嗎？

無論是自然現象或社會現象底演變，都有前後因果底相承。一九二四年共黨黨員加入本黨以來，始而準備藉分化國民黨而奪取領導權。這個計畫慘遭失敗，轉而實行武裝暴動，建立蘇維埃政權，禍□十年，西南□□，終於此絡不通。會日軍侵略日緊，激起抗日戰爭，共黨揚言「共同抗日」。在抗日期間，襲擊友軍，擴大地盤，儲積實力，作推翻中央政權之準備。日軍全面投降，共軍則爭議受降，俾掠取日軍裝備，以及華北地盤。凡此等等，乃一序列底發展，有計畫的準備以暴力推翻國民政府。二十餘年來共黨一貫的計畫如此，請其突然自動放下武器，眞誠言和，這是可以想像的事嗎？

除別有用心或者愚昧無知以外，眾人皆可明瞭「一開始就是在共產國際的指導下」而「建設」起來的中國共產黨，自從「在一個國家建設社會主義」的主張戰勝「不斷戰爭論」以後，天然地變成爲「無產階級祖國」覓取利益的工具。這個「祖國」底傳統政策，除了在西方開闢「西窳」以外，在東方開闢「東窗」，尋覓不凍港口，第二次世界大戰以後，更「浸浸」乎有南下之勢。抱持這種野心的國家，對於世界是有整個計畫的。她是否叫她駐在遠東的第五縱隊放棄武裝鬥爭，我們從她是否叫她散佈在全世界的第五縱隊停止鬥爭就可以求得解答。希臘底所謂「希臘民主軍」，係中國共產黨軍隊底同母弟兄，他們放棄武裝鬥爭同本國政府講和平沒有？

這些理由使我們明瞭，中國共產黨問題是怎樣的一個絕對不可救藥的問題！局勢演變到現在，全國人民對於中國共產黨，不是消滅它，便是會被它消滅。任何稍有常識與記憶能力的人不能希望以和平方法解決共黨問題。勸共黨放下屠刀，眞是無異與虎謀皮。

誠然，武力不能消滅共產主義，吾人自以爲共產主義乃世界許多思想之一，並無消滅之必要。然而，不能以武力消滅一種主義，並不足以證明不能以武力消滅國際侵華第五縱隊的民族敗類。人民底眼睛是雪亮的，穿上美麗外衣而爲虎作倀的民族敗類之本來面目，一天一天地暴露於全國之前。這樣的民族敗類是一定可以用軍事力量消滅的，如其不然，何以白堅武、李守信等日本第五縱隊早為人民的武力所消滅？何以甚至全面侵華的日本帝國主義者無條件屈服於人民之前？

加強民族自信能力，消滅至死不悟的民族敗類，實現國家永久的和平與安全！

——原載《中央日報》，第二版（南京：一九四七年八月二十八日）

4 共產國際再度顯現

莫斯科最近公佈，在九月底，蘇聯、法國、義大利、捷克斯拉夫、波蘭、羅馬尼亞、保加利亞、南斯拉夫和匈牙利九個國家底共產黨在波蘭京城華沙開會，決議恢復共產國際性質的組織，成立情報局，總部設於南斯拉夫京城伯爾格來德。會議發表宣言。宣言中強調下列三點：㈠「反對美國帝國主義及其與英國與法國的同盟」；㈡「反對右翼社會主義者」；㈢「共產黨必須舉起旗幟，以保衛它們各個國家底民族獨立與主權完整。」

吾人試就共產國際再度在歐洲顯現之時機、背景，及其宣言底內容加以分析。

一九一九年三月，第三國際成立於莫斯科。第三國際成立之初，共產黨人乘革命勝利之餘威，利用第一次世界大戰以後底混亂與動盪，揚言實行「世界革命」。共產國際這種顯著的過激行為，引起列強底戒懼，曾一度群起加以包圍封鎖，到後來，世界局勢安定了，共產黨人暫時放棄「世界革命」底口號而從事「在一個國家以內建設社會主義」。可是，共產黨人就在此時期之內仍對西歐社會民主主義者深惡痛絕，目為「頭一號敵人」，一九三〇年以後，法西斯勢力日益強大，東西軸心互相呼應。「無產階級底祖國」感受東西受敵，「安全」可慮。一九一五年七月第三國際召開第七次世界大會。在這次大會之中，第三國際作一重大轉變，議決成立「人民陣線」，爭取社會民主派的合作，以增厚共產國際實力，共同對抗法西斯政權。第二次世界大戰爆發，蘇俄遭受強大盟軍攻擊，形式殆危。一九四三年五月，為了消弭「資本主義的國家」之猜測，共產國際作「戰略的退卻」，在名義上宣告解散。

綜計自第三國際成立二十八年以來，它底策略或進或退，外形或隱或顯，名義或存或亡，悉視主觀的實際需要和客觀的實際情勢而定，凡此等□，完全是策略上的運用問題，與它底實際的存在與發展毫不相干。假若我們明瞭這一基本原則，那末對於此次共產國際之再度在歐顯現，實在絲毫不足驚異。

戰爭□製造貧困與混亂的工廠。而貧困與混亂則是共產主義者生存與發展的理想境界。第二次世界大戰之高度的消耗與激烈的動盪，形成戰後貧困與混亂的歐洲。共產主義者在這種情況下得到空前的發展。這種空前的發展，形成他們在歐洲大陸政治上壓倒一切的優勢。目前，共產主義者正圖排除一切障礙，向著勢力擴張的目的邁進。他們認爲美國及美國直接間接影響之下的國家或組織，是他們勢力的擴張途中的障礙，所以必須把握一切可能的機會予以排除。這個形勢，自第二次世界大戰末期以來一直發展中，而且近來愈激劇。最近，杜魯門和馬歇爾有援歐計畫，共產主義者□組織東歐以爲對抗。這次聯合國大會開會，維辛斯基痛詆美國製造戰爭，使美國與其他民主國家爲之震驚，緊接著這一序列底事件之後，共產國際再度在歐顯現，很明白的就是這一序列底事件底發展之延長。這一個事件之出現是可以從幾個角度來認識的。

㈠此次在歐共產國際之組織會議，並非表示共產國際之復活，因爲共產國際不會死亡。無論在戰前或戰後，共產國際從未一天停止活動。但是，共產國際既然在事實上早已存在，而且控制著若干國家底政府，爲什麼適當這個時機在歐顯現呢？從外交方面著想，它是共產國際用以對付美國所攤的一張牌。這一張牌緊接著維辛斯基詆美的激烈演說之後，繼續加強對美外交攻勢，特別是針對著馬歇爾援歐計畫；並且隱然與那共產國際認爲英美集團佔有優勢的聯合國組織相抗衡。所以我們可以說：這次共產國際底再度在歐顯現，乃是蘇聯於美國外交攻勢極爲強烈的姿態。

㈡在政治運用上，這次共產國際再度在歐顯現，將是九個國家底共黨之聯繫加強，尤其著重爭取法國共產黨，如果法國共產黨底力量足以左右全國，那末共產國際底勢力深入西歐，刺入所謂「英美集團」底心臟地區，進而瓦解英美集團。

㈢共產國際在黨的活動上是反對社會民主派。華沙會議宣言說：「右翼社會主義者都是這一事業的叛徒。除了那些共產黨和社會黨以及其他民主進步政黨的集團構成他們抵抗帝國主義計畫之基礎的新民主主義國家以外，大多數國家的社會黨，首先是法國的社會黨和英國工黨——拉瑪迪、勃魯姆、艾德禮和貝文——都因他們的卑賤和諂媚，而使完成美國資本的任務感到方便，促使它實行勒索，而且使它們的國家淪於依附美國的奴僕的地位。」

我們在上面已經說過，共產國際在一九三五年代，拉攏社會民主派，現在爲什麼又回過頭來打擊他們呢？理由是很顯然的，在一九三五年代，軸心勢力方張，「無產階級底司令塔」形勢孤微，它需要拉攏社會民主派以增加自己底能力來打擊軸心國家。現在，歷經過第二次世界大戰，軸心國家崩潰，共產國際勢力大爲擴張，在此時此地它不需要社會民主派援助，所以要打擊他們。

不僅如此，在世界主要政治勢力發展到現階段底分際，共產國際需要純化共黨陣營，嚴格防制西歐社會民主派以中和之道周旋於美蘇之間，並且組織勞動者以抵制共產主義的發展。在共產國際底實力強大到足以對抗敵對的政治力量而不需敷衍中間的社會民主派的態度（extent）上，如果社會民主派不投入它底懷抱，便□嚴予打擊。特別在東歐已無問題而西歐因受美國底影響而有問題的時候，共產國際此次特別指明西歐社會民主派及其領袖而予以痛斥，使他們不離開美國，並成爲敵人，而不再和他們妥協。

(四)宣言在緊接著痛斥美國之際，又說：「因此，共產黨便面向著一項特殊的任務。它們必須舉起保衛它們各個國家的民族主義與主權完整的旗幟。」這是富於民族主義意味的主張。這個主張底對象是共產國際所說的「美國帝國主義」。

綜觀上述四點，吾人可以發現，此次共產國際再度在歐顯現，在會議和宣言中所涉及的角度雖然不止一個，可是，這些不同的角度所共同指向的目標只有一個，就是反美。所以，我們可以直接了當地說，這次共產國際再度在歐顯現底基本中心任務，就在加強反美。

共產國際爲什麼要這樣刻不容緩地積極反美呢？從前面歷史的敘述裡就可以求得正確的解答。第二次世界大戰結束以來，法西斯強權已經被打倒。現在世界上堪與「無產階級祖國」匹敵的國家，有，而且只有強大的美國。與共產國際來看，美國現在橫阻於它底發展擴張的道路上。如果不向美國攻擊前進，共產國際是難以圓滿實現它底理想的。這應該是它最本質的理由。我們最感興味的一事，就是華沙會議宣言提出的反美理論，說美國「摧毀民主」、「建立世界霸體」、「壓迫弱小民族」。誰都知道：美國人抨擊「無產階級底祖國」的理由，本來就是「摧毀民主」、「強權政治」與「征服弱小民族」。如今共產國際即以美國人民之反蘇者，反加於美國之身。究竟誰是誰非？這就要根據眞實的歷史和客觀的事實來判斷了。

有人認爲這次的共產國際再度顯現只局限於歐洲，因此和中國共產黨沒有關聯。這種判斷，是由於不了解共產國際底基本策略。我們在上面已經說過，自第三國際成立二十八年以來，它底策略或進或退，外形或隱或顯，名義或存或亡，悉視主觀的實際需要和客觀的實際情勢而定。在實際上，共產國際無論在西方或東方從來沒有一秒鐘停止過它底活動。第三國際在名義上解散以後，代替它指揮東方共黨活動的，有所謂「世界革命臨時行動委員會」，中國共黨是這一委會底重要分子，它底支配力延伸到印度、緬甸、安南、印尼和菲律賓。只以時機未滿，沒有實現罷了。

目前共產國際在東方的活動，正如在歐洲的一樣，也是在「爭取民主」和「保衛民族」底口號之下從事活動的。現在在東方所表現的「民主」，就是以強大的第五縱隊劃裂祖國底領土。至於現在共產國際所標尙的「民族主義」，其含義與第一次世界大戰以後列寧所標尙的「民族政策」不同。第一次世界大戰以後列寧所標尙的「民族政策」是透過各弱小民族底革命發□□爲世界革命，由世界革命而保衛並擴大無產階級專政。現在則迥然不同，在事實上是直接或間接以武裝力量壓制弱小民族，以擴張某個國家底領土。所以，同是「民族主義」底形式，而內容剛剛好相反，這種變化，也許就是所謂「辯證的轉變」吧！時機如果成熟而且事態如果必要，那末共產國際的再度顯現也會繼在歐洲顯現而起。

這樣觀察起來，現在共產國際在歐洲部分底再度顯現，是世界分裂之普通化與深刻化之開始。如果世界政治底主導力量這樣繼續發展下去，那末世界底分裂只有日益擴大。這次共產國際底再度在歐顯現，嚴肅地教訓許多心存敷衍現狀或希圖苟安的政治家們：這個世界正被一種無情的破壞力量無情地破壞著！

面臨著世界激變的中國人民，愈益感覺和平、公理與正義是人類共同求存的至高原則。如果不依照這些原則，人類不是在「以暴易暴」底循環中過渡痛苦的歲月，就是互相殘殺滅亡。因此，中國人民必須格外堅持擁護和平、眞理、與正義。我們必須以獨立自主的立場，爲國際和平與合作而堅強奮鬥！

——原載《中央日報》，第二版（南京：一九四七年十月十二日）

5 中國政治底分野

在一個實行民主政治的國家之內，一切政治黨派底活動，必須以法爲準繩。如果政治黨派底活動不以法爲準繩，而迷信武力，依恃暴力，則此國家如不分裂，亦必返回原始野蠻的無政府狀態，根本無政府可言，更無民主政治可言。「以法爲準繩」是實行民主政治底基本前提之一。有了這一基本前提，民主政治才能有健全的發展。

第二次世界大戰底末期，民主浪潮隨著民主國家底勝利而氾濫全世界。中國亦掀起民主政治底高潮。抗日戰爭勝利以來，政府爲了將中國底民主運動導入正軌，而獲致健全的發展，一方面積極準備結束一黨執政底局面，另一方面承認國內其他政治黨派之合法存在，並且獎掖其合法的政治活動。政府不獨對於許多黨派是如此。政府爲了促進在中國的共產黨之活動合法化，在抗日戰爭結束以後，提出「政治民主化，軍隊國家化」二大原則。「軍隊國家化」爲「政治民主化」底必須前提。如果不實行「軍隊國家化」，政黨擁有武力，動輒稱兵作亂，擾害破壞，割裂國土，那末所謂「政治民主化」必定是徒托空言，無法實現的。所以，政府在實現「政治民主化」的同時。又倡出「軍隊國家化」底原則，以掃除正在發展的民主運動途程中之障礙。這是使中國民主運動得以順利展開之必要的措施。

然而，在中國的共黨產則與此相反。中國共產黨人堅持走向非法之途。彼等迷信武力，酷嗜暴動。共產黨人以爲「暴力是中國革命底槓桿」、「在群眾落後而未醒覺的時候，武力是決定一切的因素。」共黨既唯「暴力」是崇，於是不肯放棄其挾以威脅政府、割裂國土、以及欺凌其他黨派的武裝暴力。可是，中國底民主運動正在高潮，而且共黨自己也口頭高調「民主」，共黨自然不能赤裸暴露其非法的武裝暴動，而不能不設法掩飾，以欺騙正直的中國人民和民主自由底渴慕者。爲要達到這個目的，中國共產黨人乃將「合法的鬥爭合化在一起而運用之」。其究極的目的，在將合法的行動轉變而為非法的行動。因為中國共產黨人運動這一策略、炮火連天、殺人盈野的時候，在後方則開會議事，和談協商。而所謂民主同盟，則是共黨在這一階段之內運用這一策略之最好的橋樑。因之，中國共產黨人，極力烘托民主同盟，並且極力加以支援。民主同盟在這一過程之中，的確也為共黨出力不少，以盡其從合法的行動過渡到非法的行動之功能。

可是，自從在中國的共產黨人由拒絕參加國民大會而要求解散國大，由要求解散國大而否認憲法以後，這一形勢便為之丕變。共黨拒絕參加國民大會並否認憲法，和平合法的偽裝全揭開，武裝暴動的眞面且完全顯露，公開走上非法的道路。共黨拒絕參加國民大會，民主同盟尾隨其後，跟著拒絕參加國民大會。共黨否認憲法，民主同盟尾隨其後，跟著不承認憲法。至此，民主同盟也走上非法之途，而從合法到非法橋樑就此中斷了。

這個形勢底轉變，使得中國底政治形勢發生非常顯明的分化：一方面是反民主的、武裝的，出賣民族國家的叛亂；另一方面是為和平，民主，以及國家統一之完成的奮鬥。目前國內的這種政治局面，也正是企求鞏固「合法」活動與圖謀大肆「非法」行動底對演。在這一種分化明顯的局面之下，一切對於非法行動的掩飾，皆屬心勞日拙。「人民的眼睛雪亮的」。飽經痛苦憂患的中國人民，難道還看不出來是為了民主政治底實現和國族利益底保障而努力，誰是為了發洩私憤和譁眾取寵而活動嗎？

現在，中國政治底這種分野是再顯明也沒有了！共黨已不需要這「由合法到非法的橋樑」——民主同盟。他們已拆除了這座廢棄的橋樑。結果，在民主同盟之中，一部分憧憬民主自由者星散、落寞、徬徨；而其中另一部分則本質地變成共產黨叛亂組織底一支，如像在東北和其他陰暗角落裡所表現的。這一悲劇底結局，幾乎是每個具有政治常識的人所能明瞭的。只有王芸生君之流□然不覺，猶繼續追尋幻滅的魔影，佇立已斷之橋頭顧彭自喜！

——原載《中央日報》，第二版（南京：一九四七年十月二十四日）

6 蔣主席與現代中國——祝蔣主席六十晉一誕辰

現代中國需要蔣主席！

全國愛國人民渴望蔣主席堅決繼續領導國家向著孫中山先生所規劃的道路前進！

自十九世紀中葉以來，中國開始遭受西方工業革命所形成的巨大勢力之迫害；可是，在遭受迫害的同時，又不得不迎頭趕上西方。因而，中國現代的歷史課題，在一方面要抗拒外來的迫害，在另一方面還要向西方文明學習。這兩大課題共同趨向的目的，是將舊的中國揚棄，讓新的中國建成。這一目的之能否實現。嚴肅地決定著中國民族能否生存在這民族競存的二十世紀。

基於這一背景和這一目的，中國人民，對外必須抵抗強權底侵略以求國家底獨立自主，對內必須推翻專制政體以實現政治民主，並且廓清腐舊勢力以從事於國家之現代化。自十九世紀中葉迄今的百餘年來，中國底歷史一直是朝著這方面而發展的。孫中山先生是歷史發展底這一階段之偉大的領導者。而蔣主席則是他底繼承者。

前天（十月卅一日），是蔣主席六十一歲誕辰的日子。蔣主席六十一年來的生命史，正是中國人民在盤根錯節艱危顛困中掙扎苦鬥的紀錄。在這悠長的歲月裡，中國人民奮鬥的任務並不簡單：一方面要抗拒接踵而來的列強之繼續不斷的侵凌；另一方面要消除內部腐舊惡劣勢力之戕害斲喪；在奮力從事於這些任務的同時，又要積極致力於國家底建設。一九二五年中山先生溘然長逝，領導中國人民爲這些任務而奮鬥的重大責任便落在蔣主席雙肩之上，二十餘年來，蔣主席一直置身在最艱危的前線，從來沒有片刻的休息。

在北伐戰爭裡，蔣主席領導集中在南方的革命志士，掃蕩了禍國殃民的北洋軍閥，結束了袁世凱死後十年間軍閥割據混戰的局面，初步完成了國家底統一，在中原戰爭裡，蔣主席擊敗了藉北伐戰爭的動盪局面而乘機壯大的殘餘封建勢力，鞏固了國家底統一。在清黨運動和剿共軍事裡，蔣主席擊破了共產國際赤化中國的重大陰謀，肅清了西南共黨匪徒底叛亂，安定了國家底秩序。一九三七年日本軍閥發動侵略戰爭，蔣主席更毅然領導全國愛國軍民，奮起抵抗，苦戰八年，終於贏得光榮勝利。

抗日戰爭勝利，日寇遺下破碎的河山。我們需要集合全體人民的力量，重新建造一個和平、安定與統一的國家。集合全體人民力量底前題，就是必須實行政治民主。而實行政治民主，必須以憲法爲歸依。民國成立三十餘年來。中山先生和在他領導之下的中國國民黨人底奮鬥史，從一方面看來，就是爲憲法之制定與實施的奮鬥史。

一九一一年滿清王朝傾倒，中華民國誕生，中山先生就任臨時大總統。次年，中山先生讓位於袁世凱，並公佈中華民國約法。贛寧之役，國民黨人失敗，國會被毀。袁世凱圖謀帝制復活，修改臨時約法。蔡鍔起兵護國，袁氏憤死。袁氏死後，段祺瑞竊據政權，督軍團干憲，中山先生電請黎元洪「維持約法，以固民國基礎」。段祺瑞毀棄約法，解散國會。中山先生統率海軍，南下護法。在這幾年之間，中山先生「奮然以一身荷護法之大任而不少撓」，滿清王朝雖被顚覆，中華民國雖已誕生，徒以軍閥暴戾，毀法敗紀，橫加阻撓，憲法無由制成，中山先生未能及身見憲法之制成便與世長辭。

北伐成功，國民政府奠都南京，蔣主席繼承遺志，無日不準備及早結束訓政，制定憲法，還政於民。一九三六年國民政府公佈憲法草案，接著頒佈國民大會組織法與選舉法，全國各地開始進行選舉國民大會代表，並決定一九三七年十一月十二日召開國民大會，制頒憲法。次年七七抗戰開始，政府計畫停頓。一九三九年中國國民黨六中全會，依然決議於一九四○年十一月召開國民大會。終以戰事擴大，國民參政會多人均主緩開，一九四三年中國國民黨十一中全會，決議「於戰爭結束後一年內召開國民大會」，然而，蔣主席認爲：「抗戰建國應畢其功於一役。國民大會能及早召開，則中國根本大法得早日制定，國民政府就可以提早實現還政於民的宿願。」一九四五年中國國民黨六全大會，蔣主席提議於同年十一月十二日舉行國民大會，當經大會通過，並積極展開籌備工作。不料共黨堅持反對。一九四六年一月，政府召開政治協商會議，會議中關於國大憲草問題均獲協議，政府乃決定於同年五月五日召開國民大會，又爲共黨所阻，於是政府應政協代表底建議，再行改期，於同年十一月十二日召開國民大會，共黨及民盟拒不參加，政府委曲求全，延期三日以待彼等考慮，彼等堅持破壞政策如故，政府已盡忍讓之最大能事，國民大會終於同月十五日開幕。

綜計十年以來，幾經頓挫，國民大會始得開成，憲法因而制定。中國底民主憲政，在蔣主席底堅毅領導之下，終於獲致初步的成功。回顧三十餘年來的經過，是何等艱難困苦！

顯然得很，從北伐成功到憲法制成，蔣主席已經領導中國前進了若干里程，中國應有光明的前途。蔣主席底勳業，在中國歷史上已可永垂不朽。可是，蔣主席所領導的國家，是一個積弱、貧困、和混亂的國家。民國成立以來延綿不斷的戰亂，尤其是八年的抗日苦戰，加上戰後共黨匪徒底肆意破壞，使得我們這個積弱、貧困、和混亂的國家愈益積弱、貧困和混亂。領導這個國家比領導任何國家困難，領導這個國家而想發生顯著的功效尤爲困難。目前，赤禍滔天，戰事的動亂尤未止息，國民經濟瀕於破產底邊沿，生存底威脅幾乎襲擊著每個國民。基層政治底敗壞，更直接增加大眾底痛楚。這些切身的苦難，他們向誰訴說？自然，他們要對於國家底負責人發生焦急的期待——期待國家底負責人伸出援助之手，把他們從苦難的深淵裡解救出來。

蔣主席是出身平民的領袖，蔣主席是革命奮鬥中鍛鍊出來的人物。我們全國人民深信他了解人民大眾底痛苦，而且正在排除，或者準備排除，一切現實的困難，著手去做全國人民心中渴望著去做的事，爲中國人民掃除眼前陰暗的影子，放出幸福的光芒。

現在，萬里長城早已圮毀，北極熊在西北隨意漫步，田野的豺豹四出噬人，中國依然處於危疑震撼之中，現代的中國和她底人民今後還是需要蔣主席之正確而有力的領導，像羅斯福領導民主的美國實行新政渡過她底難關一樣。我們禱祝蔣主席健康，中國底危難渡過之日，也正是蔣主席底功業大告圓滿之時！

——原載《中央日報週刊》，卷二期二（南京：一九四七年十一月二日）

7 從于子三案件說起

上月二十三日，杭州治安當局接獲來自京滬方面的情報，謂有共黨重要分子陳建新、黃世明兩人，定於十月二十五日來杭，策動杭市同黨分子，圖謀不軌。治安當局果於二十五日捕獲陳黃等人，並有浙江大學學生自治會主席于子三在內。于子三被捕以後，二十九日畏罪自殺於浙江省保安司令部。于氏之死，引起浙江大學學生同情，群起罷課表示。罷課風潮，且延及平、京等地。

經杭州治安當局調查。于子三等祕密會議，組合杭市同黨分子企圖不軌，證據確鑿。于等這種行動，實在已經能犯動員戡亂完成憲政實施綱要第七條及第十六條。依據妨害國家總動員懲罰暫行條例第三條「犯本條例之罪者，由有軍法審判權之機關審判，呈由中央最高軍事機關核准後執行」底規定，浙江治安當局自可依照軍法程式處理。後以浙江大學若干學生要求移送法院處理，浙江治安當局乃特別通融，於偵查尚未完畢之時，即移送法院處理。于子三旋於二十九日死於看守室。于氏死後，杭州地方法院派遣法醫群加檢驗。經法醫鑑定，死者係以銳利玻片利用俯仆位自戕，割刺頭部氣管及血管，致起呼吸障礙窒息，喪失性命。則于子三之死確係自殺無疑。

浙江大學生痛惜其自治會主席之死，其他若干學校學生予以響應，這都是人情之常。青年富於熱情。但是，吾人以為，生長在這一個時代，欲求了解一切，肆應事變，理智作用較情感衝動尤為重要。情感如不經理智底過濾，則難免是盲目的情感。情感如不受理智底範疇，則不免流放無益。青年學子，愛好眞理，一言一動，必須以眞理為準繩。于氏之死，就同窗之立場而言，固可痛惜。然而，吾人必須作進一步的追問，于氏為何而死。于氏之死。是否為國家為民族？是否為人類為社會？是否為民主為和平？

不僅如此，于氏雖為浙江大學學生，然此次被捕係在校外，且係因在校外從事某種活動，任何個人，不問其身分是否學生，苟作危害社會之活動，治安機關自當一律予以逮捕。于氏個人在學校以外之活動，彼個人應負完全責任，與其他在校同學毫無關聯，與學校更無關聯，在學千萬青年，何須為此少數分子之校外事件而浪費寶貴之光陰？

吾人深信，最大多數學生此種舉動，純係出於情感激動，然而，稍有理智之士不可不察，自政府頒令戡亂以來，共黨為便於在後方開闢第二戰線，派遣大批「職業革命家」偽裝學生，打入若干學校，以巧妙的組織技術與美妙的宣傳詞令，奪取學生自治會。彼等藉學生自治會底名義，發號施令，脅迫無辜學生群眾，聽其驅使，造成風潮，響應共黨底軍事叛亂。比及政府對於少數違法分子依法加以逮捕，彼等則在幕後發縱指使發動學生群眾聚眾要挾，甚或罷課抗議。演變所及，馴至若干學校居然成為「享受治外法權之租界」；純潔的教育園地，成為陰謀策動的機關！

這種不良的現象，是國家、社會、教育，以及青年自身底莫大危機。胡適之先生對於這種現象曾作極其嚴正的指摘，我們認為很值得重加徵引：「我的朋友陳獨秀當年被捕下獄，絕未有求情釋放的事。我認為每一個青年，無論參與政治運動與否，自己的事應由自己負責。在學校裡應該讀書，但是如果願意革命也可以。幹革命，也就是擁護政府與反對政府。要反對政府，就得準備被捕。自己做事自己負責。同學、父母、妻兒，都不能替他負什麼責任。因此，我曾經說過：同學因為同情同學而罷課，實在不合理。學生團體不是犯法的保障」。

吾人愛護在學青年。吾人對於在學青年期望至為殷切。在學青年應須自珍自愛，尤須愛護學校，使學校永遠成為研究學術之崇高場所，切勿使學校予人以政治活動之中心，甚或陰謀騷動之策源地等不良印象。民主自由，貴乎守法，尤須少數服從多數。多數不為少數有組織技術者所劫持利用，民主精神方能發揚，依吾人所知，絕大多數在學青年，皆熱愛祖國，渴望國家民主，進步；而厭棄陰謀、擾亂與破壞。但此等廣大之眞正自由分子，往往毫無組織，散漫無力，以致坐受少數陰謀之徒所控制部勒，而莫可如何。眞正的民主自由主義者，必須能擺脫這一切羈絆，而發揮理智的判斷，和獨立自主的言行。中國需要經過這種眞正民主教育底訓練而成長的青年們作爲民族生命的繼承者，爲我們底國家開闢光明的前途！

——原載《中央日報》，第二版（南京：一九四七年十一月十日）

8 張繼先生與共產黨

二十世紀三十年代，是中國革命勢力大結合底時代，也正是中國革命矛盾發展底孕育時代！

五四運動喚起了中國青年政治的醒覺，大批革命青年響應孫中山先生底號召：向南方集中。三十年代的廣東，成了中國革命底大本營。革命勢力之向廣州奔赴，有如百川之匯歸大海。中國共產黨之加入以廣州爲中心的革命陣營，就是在這一時代和這一背景之中。

中國共產黨誕生於一九二〇年。當時，它底勢力薄弱，而且社會阻力重□，一般人對於「共產」二字莫不「談虎色變」。而中國國民黨呢？它正在締造民國的領袖孫中山先生底領導之下，從事展開國民革命的偉大工作。鑑於這種形勢，共產黨人以個人底資格加入了國民黨。

共產黨底加入，引起了國民黨一部分黨員底懷疑與不滿。有人特地提議必須在黨章中明文規定：「本黨黨員不得加入他黨。」這個提請底用意是□拿這種辦法來限制共產黨員，共產黨員李守常便鄭重聲明：「第三國際共產黨員加入本黨，係服從本黨主義，遵守本黨黨章，參加國民革命，絕對非想將國民黨化爲共產黨，其加入本黨，乃以個人資格加入，非以黨團作用加入。」

對於酷嗜「辯證的運用」的共產黨人，這樣的聲明有什麼眞實性呢？一絲一毫也沒有。共產黨人之所以加入國民黨，就是爲的將中國革命導向相反的方面去。彼等自從加入國民黨以後，便乘機施展各種伎倆。在宣傳方面，共產黨人專門鼓吹「階級鬥爭」底理論。在農工運動方面，共產黨人設計阻止非共產派的國民黨員之參加。在組織方面，共產黨人則利用國民黨底軀幹以發展共產黨底勢力，不受國民黨管理，仍然密聽共黨機關底指揮。共產黨人底目的，是要推翻中國國民黨。奪取它底革命領導權，再「轉變資產階級底民主革命而爲無產階級社會革命」，這種陰謀，激起了中國國民黨人底反感，而張繼先生則是反共底急先鋒。

對於共產黨底種種陰謀，張繼先生有敏銳的警覺；張繼等認為「實以共產黨黨團在本黨中活動，其言論行動皆不忠於本黨，違反黨義，破壞黨德，確於本黨之生存發展，有重大妨礙。」一九二四年六月，張繼等□列證據，聯名提請中國國民黨中央執行委員會「從速嚴重處分，俾本黨根本不致動搖。」但是，當時孫中山先生在世，尚能鎮制共黨，不使他們底陰謀表面化；而且就當時革命底情勢來觀察，在那個時候分共似嫌太早，因而，張繼等人底主張，不曾徹底實現。

一九二五年春，孫中山先生在北京逝世，中國國民黨一時失去重心，共黨陰謀日益乘機暴露。十二月，張繼等人毅然遠赴北京，籌擬對付共產黨底方策，並通電揭露共產陰謀：「森等在京集會，實因共產派違反總理允許其□化之至意，公然役於強俄。乘喪謀我，蟲踞中樞，結託狂少，放逐展堂，迫走慧生，中央幹部，失去自由，此不能不移地開會之最大理由。北京為政治中心，軍閥官僚，□□巢窟，本黨責在政治革命，臨幽入穴，豈逢危險？且政局變動，民眾亟待指導，此大會選在北京開會之最大理由。今中央第四次全體會議，已在總理靈前開會，決議取消共產黨在本黨之黨籍及解雇鮑羅廷一切職務，修正第二次全國代表大會選舉法，並接洽指導民眾。務請同志念吾黨締造之艱，責任之重，一致努力，是所至禱。至反動分子，自當揭我赤誠，納諸軌外。若自外主義的革命意義，當然為黨之所不容，紀律俱在，自當執行。」這在張繼先生等人正式揭舉反共義舉底開端。

流光易逝！「君不見，高堂明鏡悲白髮，朝如青絲暮成雪！」忽忽數十寒暑，昔日革命青年，今日白髮盈頭。目前共匪浸成民族巨禍。二十餘年來，張繼先生始終立於反共陣營之最前端。他底態度始終一致，從不因實際利害而有所改變，近年以來，若干人士惑於共黨之肆威與宣傳，妄冀以和平方法解決，而張繼先生獨當發言揭舉共黨暴亂行徑，力主忍痛鎮亂。現在，大家畢竟照著他指示的道路走了。

這北方的人豪，當年慷慨悲歌以從事革命；今日，在慷慨歌聲中逝去！

——原載《中央日報週刊》，卷二期十（南京：一九四七年十二月二十八日）

9 馮玉祥這個人

報載中國國民黨底中央，決定開除二馬將軍馮玉祥底黨籍。這則消息之所以並不令人感到如何興奮，因為在一個紀律森嚴的黨，他早已被開除了，如果是在現今的蘇俄，照他這樣的行為，恐怕不止□開除黨籍哩！

他這人眞是難以描寫的，身軀那樣粗大，他卻小心慢步，裝作斯文一派。文章明明跟賣油條的伙計不相上下，他卻很有著傳立說的興趣。什麼《我的生活》，到處書店亂塞一陣。

這些小節且不去管他，他底一輩子，恭維一點說，像孫行者，七十二變：由這一個朝代變到那一個朝代；由這一個派系跳到那一個派系；由這個政府鑽到那個政府。直率一點說，他簡直是一個狐狸精，而且是一個老狐狸精哩！反覆無常是他底「第二天性」，吳子玉大帥就上過他底大當。作偽矯情是他底看家本領，裡面明明穿著皮衣，外面卻罩上一件棉襖，裝得活像一個大兵，自己做「竊國大盜」，竊得皇宮裡的無數珍寶，卻故意做□草廬□街心示眾，這樣的破腳色，居然在軍政界鬼混半個世紀，眞是奇中之奇！

他在國內裝怪不算數，還要跑到美國去出醜，美國孩子很年輕，大概對於這個「洋怪物」一時很感興趣。他底芳名幾乎與好萊塢影星並駕齊驅；只差點不曾上銀幕，賺美金！

最近，他演的戲在美國又露馬腳了。大概不久要到香港去出演，不知香港有否馬戲團，如有，應關照香港政府替馮先生多配幾隻狗熊耍耍才合式！

——原載《中央日報》，第六版（南京：一九四八年一月九日）

10 反迫害・反暴動・反賣國

共黨匪軍，正在大江以北大規模的流寇式竄擾，攻城掠地，殺人盈野，廬舍為墟，赤地千里。中國民族正面臨空前浩劫，在匪區之內，及匪軍所至之處，每個人都在殘暴迫害之下。有名的三十六殺，已足夠令人觸目驚心了。

在剿匪軍事的後方，少數大都市中的少數大學，亦有國際軍事間諜職業學生潛伏。他們策動學潮，謠惑，擾亂治安，以響應共匪之軍事暴動。此種「城市工作」，利用政府優容學生青年的政策，最近更變本加厲，有時竟不惜暴露身分，張牙舞爪，躍躍欲試。吾人試列舉三數事端，足可概見一般。

在交通大學，共黨國際間諜職業學生，以極端陰毒之手段，脅迫學校當局開除同學二百餘名，結果此二百餘名學生，或流離失所，或悲憤自殺，而其餘部分，共黨職業學生則企圖乘其走途無路窮無所歸之際，利誘威迫，令其作共黨外圍，以供其驅策犧牲。

浙江大學，在地方當局與學校當局互相推諉之下，被共黨匪徒發展組織而成為指揮東南學運之中心樞紐。浙江大學混跡之共黨國際軍事間諜職業學生所組織之機構，盡人皆知直接受香港共黨機關之指揮，策動京滬等地之間諜暴動諸般工作。于子三案件即為此等間諜首次暴露，最近該校職業學生又復脅迫名地理學者張其昀教授，因其為國民黨中央委員，不許他在學校教書，必欲迫使去職而後快。

本月二十一日晚間，首都共匪「城工部」前衛職業學生在中央大學舉行晚會。因演劇詆毀民主憲政及國家元首，激怒觀眾，遂起衝突。職業學生群起痛毆激於義憤之市立四中學生。痛毆之餘，復以一職業學生裝扮該被毆之中學生，設立所謂「人民法廳」，加以審判，串演口供，謂係得國民黨津貼，前來搗亂會場。更由此案牽涉中國國民黨青年部，聚眾包圍該部，呼喊叫囂，塗寫侮辱文字圖畫。種種暴行，不一而足。

共黨國際軍事匪徒之武裝暴動雖屬擴大，然並未侵及首都和滬杭。今其地下工作分子，竟於武力不能到達之地區，且屬軍警林立之大都市，公然脅迫學校行政當局及師長，迫害主張正義自由愛國之學生，侮辱中國國民黨，公然組織法庭審訊「戰犯」。諸如此類行動，顯係以學校據點，以學校爲租界，在剿共軍事後方建立所謂「大聯防」之蘇維埃，俾隨時策應共黨以武裝暴力顚覆政府之計畫。共黨匪徒之武裝暴力尚未征服後方，其地下分子之行動已如此猖獗，迫害愛國民主正義之學生已如此狠毒，威脅自由主義之學者已如此無所不用其極，假設此等暴徒一旦統治中國，善良人民豈有活命之餘地？民主正義豈能伸張？自由學者何地容身？此種可怖之結果，吾人實不忍想像！

中國國民黨人，苟稍有自尊感，苟稍有天賦之自衛本能，與其於共黨匪徒武裝暴力尚未征服之先，任憑共匪間諜職業學生橫加侮辱並以「戰犯」相待，侮毀名譽，危及生命，何若及早振臂而起，與共匪間諜決鬥？愛國民主正義之學生，與其長此一再受共匪國際間諜職業學生之迫害，何若爲身體自由，言論自由，學業自由，愛國自由，一致團結，反迫害，反暴動，反賣國陰謀？自由主義之學者，與其被迫失去講學自由，思想自由，坐而待亡，何若及時結合，伸張正義，揭示是非於天下？

至於政府當局，對此一嚴重問題，必須即時去除粉飾太平敷衍面子顧忌國際視聽等等不健全之心理。要知道前方將士正在流血犧牲剿匪戡亂，而後方則姑息優容縱匪造亂，乃一甚爲自相背謬之舉措。共黨匪徒之本來面目，及其眞正意圖，已爲天下所公見，以美國之民主，且公開檢舉不忠於國家之分子，何況我國臨此生死存亡之關頭，豈能不操刀一割？我們以爲政府應當執行戡亂法令，嚴飭各地治安機關，迅速逮捕作爲禍首之共匪國際間諜職業學生，立即遣送至彼等衷心嚮往之「聖地」匪區，絕對不容彼等長此潛伏學校進行其掩護「城工部」埋伏內線的工作。如此，則害馬既去，倡亂無人，學生青年，自可安心向學，社會秩序也就安定了。

——原載《中央日報》，第二版（南京：一九四八年五月二十六日）

11 論所謂「新政治協商會議」——共黨匪徒之兩面作法底透視

共匪五一口號提出所謂「新政治協商會議」，集合香港的職業政客，失意遊民，與祖國叛徒，聞悉之下，喜形於色，奔走駭告；亦若於漫漫長夜，獲見一線曙光。實則此舉不過共黨配合其軍事暴動的政治攻勢兩面作法底又一運用而已。

自去秋至今春，共黨自以為實力強大，把握十足，「革命高潮」已至，正如東歐若干國家共黨弟兄一樣，揭開「聯合政府」的面目，露出本來的面目，直截了當成立蘇維埃政權。斯時彼等氣勢炎炎，面且猙獰，對於一般自由主義者，「中立分子」痛加攻擊；對於親愛的尾巴民主同盟，亦加以嚴格之檢討。

然而，主觀主義的中國共產黨人，不獨對於己身「實力」估計錯誤，而且對於客觀世界情勢的演變亦常忽略。本年春間，潛伏於地下的捷克共黨，在共產國際指使之下，突然發動政變，推翻捷克政府，實行一黨專政，使東歐典型的民主國家一變而為極權國家。事變爆發，舉世震驚。民主國家的政治家和人民，如大夢初醒，覺悟了任何國家的民主黨派，希望與共黨組織「聯合政府」，和平相處，共同保持國家之秩序與進步，無異與虎謀皮。民主國家的政治家及人民，看清了共產黨徒本來面目，乃相率謹慎戒懼；對於共黨之一舉一動，不避之若洪水猛獸，視之若陰毒蛇蠍。於是，共黨之形勢為之逆轉。在義大利選舉中，共黨遭致慘敗。南斯拉夫也公然分裂鐵幕集團，爭取國家的獨立與自主。事勢演變至此，以詭辯善變著稱之共產國際，欲遂行其向民主世界侵略之政策，又不得不改弦易轍，實行兩面作法：一面繼續策動世界共產黨人作陰謀擾亂破壞等等陰謀活動；而表面則重新以「民主」為掩護。於是中國共產黨也重彈召開政治協商會議之舊調。

中國共產黨在前此時期，內則實行「土改」「鬥爭」，激起農民反抗，造成嚴重災荒。所謂「整黨」運動亦激起幹部的反抗與逃亡。外則大別山根據地未能建立；所謂「五月渡江」，亦付諸東流。於此不利之情勢下，有若阿米巴善變之中國共產黨，乃緊隨共產國際之後，改取兩面作法。兩面作法為何？即是：在「土改」方面，對老匪區則擴大「土改」，對新匪區則暫改為懷柔的技術，同時以直接或間接的方法，向政府區域宣傳彼等已糾正過去錯誤，以冀引起後方民眾之幻想，在城市工作方面，於匪區內加強對工商業之控制，面對政府區則宣傳保護工商利益，使一般天眞之工商分子，以於共產制下，亦無復緊要，仍可照常安心營業。在政治方面，則於匪區內強調「人民代表大會」，於政府區則散播「召開新政治協商會議」之流言，凡此等等，無不極盡兩面作法之能事。

共黨既於政府區高唱召開「新政治協商會議」，何以又於匪區強調所謂「人民代表會」？豈非自相矛盾？此二者誠互相矛盾。然共黨則運用此矛盾，統一此矛盾，且從此矛盾中獲取利益。共黨對於匪區強調「人民代表大會」係謀以此大會作為基礎，樹立偽「中央政權」之核心組織。共黨對於政府區儘量散播流言，召開所謂「新政治協商會議」，乃在重新勾起職業政客、失意遊民，及若干祖國叛徒之幻想，吸引一切反動力量，妄圖孤立領導戡亂之政府，而增厚其羽翼，以配合其軍事進攻。實則其實現陰謀之程式為：新政治協商會議——聯合政府——人民大會——蘇維埃政權。明乎此種程式，即可知所謂新政治協商會議及聯合政府乃一過渡政治工具，終必揚而棄之，以達於經由彼等完全把持操縱之所謂「人民代表大會」所產生之蘇維埃政權。此理至為淺顯易明。而職業政客、失意遊民、與祖國叛徒獨昧然不知，燈蛾撲火，不至自焚不止，實在可哀。

共黨匪徒這種兩面作法，勢將隨其武裝暴動的失利而加劇運用。消滅共黨匪徒一切陰謀兩面作法之最有效的步驟，唯有集中意志，集中力量，緊接廣泛的勝利之後，求取軍事的全面勝利！

——原載《中央日報》，第二版（南京：一九四八年七月九日）

12 十月革命與辛亥革命

在現代歷史中，有值得注意的兩個革命，這兩個革命，雖然發生於不同的國家，並且被不同的人民推動著，可是，二者底背景，發展底程序，以及出現底時間之接近，都易於令人發生聯想。我們現在要將兩者加以比較的研究。這種研究，不僅饒有歷史的興趣，而且能提起我們這個時代底人之警覺，同時對於現階段裡一部分稍有政治責任感的人應須是極其嚴肅的教訓。這兩個革命，就是俄國十月革命和中國底辛亥革命。

讓我們首先回味回味俄國底十月革命吧！

在皇權底專制，貴族底壓迫，和地主底虐待之下的俄國人民，從十九世紀初葉開始，便揭開革命底旗幟。一八二五年十二月革命黨人首先發難。然而，這脆弱的革命的先頭部隊，是經不起沙皇之一擊的。十二月革命黨人失敗，尼古拉第一即位後，對於十二月革命黨人即加嚴厲的懲處，他更施行偵探政策。這種政策底實施，不獨使得一般人民戰慄，而且若干資產階級底分子，知識分子，也為之恐惶失措。富於正義感的青年，對於沙皇此種行徑，更加深惡痛絕，於是一致奮起，衍發而為日後的猛烈的革命運動。

我們大都知道，農奴問題，是俄國社會上一個根本的嚴重問題。這個問題，一直是俄國革命底巨大原動力。一八六一年亞力山大第一所頒佈的農奴解放令，使得農民更受地主剝削，疲於負擔。生活更趨窮困。於是，農民和前進知識分子對於沙皇的希望歸於幻滅。俄國農民到處騷動，亞力山大第一又被貴族包圍，罷免幫助他施行農奴解放的內務大臣藍士奎（Lanskoy），任用反動分子范路埃夫（Valulev），專門採用高壓政策。他們以為這種方法可以消弭禍亂。結果，知識分子更為不平，而革命運動更加展開。詩人邁吟諾夫（Mthoflov）在這一年發表宣言，宣稱羅曼諾夫王朝如不徹底施行必要的改革，那末怎樣處置王朝底問題必將發生。同時，他又在大俄羅斯雜誌中竭力指摘農奴解放之不夠徹底；並且警告政府，假若不即從事改革，勢將激起革命民眾更強大的反抗行動。

沙皇及其政府鑑於國內民眾因對於農奴解放令不滿易而發生騷動，乃於一八五四年頒佈地方自治法，實行新自治制度，以緩和人民底情緒。但是，新自治法所給予人民的自治權利很有限，且對於現存政治制度幾乎毫無改進的地方。不獨如此，亞力山大第一對於各個地方自治會底聯合運動盡量施以壓力；而且對於社會輿論，人民底公意，他竟充耳不聞。國家大事，一任隨他個人底便利與好惡來擺佈。他底近幸臣奴僕雖然敷衍他，可是廣大人民無不切齒痛恨。

一般人民對於沙皇及其政府底種種措施不能滿意，因而小資產階級和許多知識分子，與以農民為主體的民眾結合，拿民主自由做口號，組織革命團體，從事實際的革命行動。於是，民粹派應運而生。在民粹派中，柴科夫斯基（Chaikovsky）想要用溫和的改良方法，使得俄國人民由黑暗而漸進於光明。然而，即使是對於這樣溫和而善良的作風，沙皇及其政府卻存積忌與敵意，壓迫備至。這樣的倒行逆施，激起俄國革命者更大的憤怒與更大的反抗，彼等於寄改革希望於俄皇而渺然絕望之餘，為了拯救祖國和同胞，群起組織機關，實施非常手段，狙擊俄皇。一八八一年三月，煊赫一世，眾莫敢近的暴君亞力山大第二，竟非命死於女子蘇菲亞（Sophia）之手！

十九世紀末葉，俄羅斯底革命運動，隨著沙皇及其政府之橫暴、保守、頑固、自私而益形澎湃。在那個時候，許多知識分子，在政治方面要求自由。他們想拿各個地方底議會作根據，來圖謀改革。這一派叫做自治派。這種作法，對於俄國之國家的進步和人民底利益之獲得應是有所幫助的。然而，沙皇及其政府底反動，到了二十世紀初葉，更是趨於極端。他們對於緩和的自治派分子也橫施壓迫，封閉以自治派分子為核心的帝國經濟協會。這樣的行徑，是專制者底迴光反照，表示他們已經面臨沒落的悲慘命運了。

二十世紀初葉，穆爾斯基（Mirski）任內務大臣。他比較認識人心底背向，他所發表的議論，頗受維新分子歡迎。當時，人民團體、討論國是、知識分子，都批評政治和社會底腐敗；大家要求當局從速改良，並且制定憲法。可是，沙皇對於這些要求，一概加以惡意的解釋，絲毫沒有實踐的誠意。於是，俄國人民更加怨憤。

一九〇五年一月，聖彼得堡二十萬人集合於冬宮前面的廣場上向沙皇請願，陳訴疾苦。政府聽到這項消息，恐懼的很。弗拉地米爾大公（Grand Duke Vladimir）用軍隊包圍並屠殺請願民眾。這一次死傷六七千人，對於弗拉地米爾底這種措施，沙皇不僅不予懲罰，反而責工人代表，說他們聽信反叛者底宣傳煽動，誤中奸人底詭計，命令他們不得以暴亂的群眾向他請願。俄國人民後來將這個悲慘的日子叫做「弗拉地米爾日」。

弗拉地米爾日之流血事件發生，俄國各地接著發生工人罷工和農民暴動事件。事勢發展到了這個地步，俄皇尼古拉第二才感到「事態嚴重」，除了在一方面積極用武力鎮壓革命運動底蔓延以外，在另一方面他又於本年二月十八日頒佈召集各階級底代表人物共同商討國是的敕令，並且命令元老院研究代議制度底準備實施方案。

顯然得很，尼古拉第二在這種情勢之下被迫採取的這項準備實施代議政治之措施，它底作用不過是緩和人民底情緒。對於這項措施底這種作用，革命者們是十分明瞭的。那時，除了社會民主勞動黨人仍然努力於工人運動，以及社會民主革命黨人從事於農民運動而外，在貴族和地主中的自由主義者，以穆留可夫教授（Prof Miliukov）爲首領，聯合各種職業分子，如醫生、律師、教員、著作家、等等，從事於憲政運動。同時，各省區議會底議員，也召開大會於莫斯科，公推特魯伯茲奎親王（Prince Serger Trabezkoy）爲代表，晉謁尼古拉第二，向他陳述國家大勢，要求他召集國會，希望破除政府和人民之間的隔閡。尼古拉第二亦以天下紛紛，非設法掩飾人民耳目，政權無由穩定，於是下令組織國會，並定於一九〇六年一月以前開會。但是，這一個國會底性質是一諮詢機關，他依然保留無限的君主權力，並且選舉權操諸人民所痛恨的官僚貴族之手。沙皇鑑於前兩次國會均係反對派佔優勢，他並不能完全控制，於是包辦選舉，對於反對政府的分子，橫施壓迫，使他們無法當選。結果，第三屆國會幾乎完全被保守勢力把持。即使間或有一二維新分子，也不過寥若晨星，點綴其間而已。

第一次世界大戰期間，沙皇「御駕親征」。皇后斐多綠夫娜（Feodrovna）過問國家大事。她和孌臣那斯普丁（Rasputin）互相勾結，朋比爲奸，竭力反對改革運動。朝廷親貴之間，形成一種連鎖的勢力關係。臣民之欲得沙皇歡心者，必須先「走內線」，趨奉皇后，得皇后底歡心。在這種污穢混濁的政府之下，那斯普丁底爪牙滿佈朝廷，貪宮污吏遍於全國，在這種背景之下，革命勢立日益澎漲。

一九一七年三月，聖彼得堡糧食恐慌，群情惶惶，形勢嚴重。沙皇及其政府，不從根本上圖謀挽救，又是很習慣底拿出武力鎮壓的法寶，宣佈戒嚴。但是，爲飢餓所迫的飢民向時糧商店掠奪食物。因而慘遭軍警殺害的人民很多，罷工風潮遂起。全城參加罷工的達二十萬人，同時又遊行示威。軍警出而阻止，於是革命的武裝暴動，便正式揭幕！

在革命的武裝暴動進行之中，全城革命民眾和軍警衝突，發生巷戰。可是，大部分士兵同情革命。他們雖然奉「上層」底命令開槍，可是他們並非全然失去靈魂，並非全無是非之心，並非全是鐵石心腸。他們不願射中示威群眾。最堪注意的事，是格雷闌地（Grenadier）衛軍底巴弗諾夫斯基（Pavlovsky）旅，一和革命群眾接觸，就像觸電一般，便責備他們底長官不應該屠殺自己底同胞，而且和革命民眾站在一邊。弗林斯基（Volynsky）和里托夫斯基（Litovsky）衛軍，也加入革命，進攻兵工廠。於是，政府軍隊起而響應的更多，革命的聲勢因之益爲浩大。三月中旬，政府軍隊大都投降。聖彼得堡全城被革命軍包圍。臨時政府成立，宣佈廢黜尼古拉第二。尼古拉第二在前方聞變，率師急歸。可是，大勢已去，山崩海倒，挽回乏術。沙皇和皇后以及侍從等四十七人都被幽囚起來。君臨萬民的沙皇，頓時成爲「階下之囚」了。

帝俄既倒，俄國之政權由臨時政府過渡到克倫斯基聯合政府。聯合政府雖然成立，可是經濟問題依然未得解決。自從三月革命勝利以來，俄國底專制勢立已經鏟除，勞動大眾獲得自由解放，許多商業勞動者藉著工會之組織的力量增加了工資，然而，豪商巨賈也隨著高抬物價。因而，勞動大眾底生活沒有得到改善。當時政府財政枯竭，沒有旁的辦法可行，只有無限制地濫發紙幣。於是物價一天高漲一天。全國發生嚴重的經濟恐慌。國民生計日益艱窘，政府爲了挽救經濟危機，組織工業銀行團，由政府監督，並且管制主要原料底分配。但是，銀行底實權操於銀行家和工業資本家底手裡，他們得以金錢運動政府中的資產階級分子。因此，他們仍然壟斷著國家底經濟命脈，而政府莫可如何，只好睜眼任其橫行。政府又謀徵收累進所得稅來平抑暴利，也沒有什麼結果。農民方面，因爲政府沒有決心實行土地政策，結果農怨於野，騷亂遍起。列寧在這種情形之下提出適合農工大眾要求的口號。他所領導的布爾希維克派乘勢急遽發展。十一月，實機成熟，布爾希維克派以暴力推翻聯合政府，於是，共產政府成立，「十月革命」於焉完成！

和俄國十月革命在發生底時間上接近而且在發展底模態上類似的另一個革命，是以辛亥革命爲徵象的中國近代革命。就中國人民而言，辛亥革命是更須回味的革命。

十九世紀中葉，是西方勢力叩擊中國門戶的開始時期，也正是中國人民從古老專制黑暗的氛圍籠罩之下逐漸醒覺的時期。

從一八四二年鴉片戰爭失敗以後，老大帝國底假面具給西來新興的勢力截穿，一連串喪權辱國的事情便接踵發生。其中最令人難以忘懷的，有一八六〇年英法聯軍之入北京；一八八五年法國之奪取安南；一八九四年中日戰爭裡中國之大敗；和一九〇〇年八國聯軍之破北京。□□鐵掌，一□一□地打在好講面子的統治者底臉面上。

在君權萬能的專制制度之下，一切臣民概是君主一人底奴隸，奴隸效忠主人，多由威勢所迫，利祿所誘，名位所惑，用這些資格所選取的官吏，當然大多是些壞人，這些壞人，瞞著皇帝，自然要做壞事。中國地域這樣遼闊，百姓這麼眾多，事務必定也就紛繁，皇帝一人，要「日理萬機」，「事必躬親」，無論怎樣精力強勝，無論怎樣「英明過人」，總難顧全周到。何況皇帝長年深居宮禁，爲臣下群小建築的「鐵幕」所籠罩，對於民間外事隔膜得很，加之中國歷來作官吏的人，除了較少數死抱著「儒青」，寸步不離孔孟聖賢之道的經生出身者流以外，其餘的人不是與豪富地主勾結，便是沒有恆產的分子，這樣的一些腳色，一旦有了政權在手，瞞著「眞命天子」，那有不「利用職權」，幹出魚肉人民的勾當呢？所以，數千年來，在君主專制籠罩之下，中國政治很少清明的歲月，而長年陷入貪污腐敗的烏煙瘴氣之中。

滿清王朝，到了乾隆年間，可以說是極盛了，然而還有天字第一號的貪官污吏和珅其人。這位和珅，並非什麼遠臣，而是在乾隆皇帝身邊作宰相的近臣。他做宰相二十年，拚命聚斂財富，總值至少八百兆兩。這筆數目，超過了國庫歲入時年底總額。豈不駭人聽聞！但是，即使近在咫尺，對於和珅若大的貪污，乾隆皇帝到死都不知道。滿清王朝極盛時代的政治已經腐敗到這種地步，到了後來就更不堪問聞了！

同此時代，堂堂的國家政權，居然被操縱在宮庭裡幾個小人和女子手裡。自然，像這樣的人，不獨不會禁止貪污，並且是貪官污吏底護符，無論大小貪官污吏，說起來直接或間接與宮庭中的這些人多少有點「瓜葛」。因此，貪污之病，像肺結核一樣，滋長蔓延，不可救藥，直到病人死掉爲止。西太后更是一位不同凡響的女流。那時她充溢著豪邁的享樂情緒。她要將國家興辦海軍和修築京漢鐵路的款項挪來修建頤和園來滿足個人底享樂。爲了便於達到這一目的，她引用大群近幸小人逼害曾紀澤和閻敬銘這般正人君子，她又命親信太監李蓮英滲入軍事系統。區區一個侍候宮庭的太監，居然隨著醇王校閱軍隊。「小人得寵，向前三步」。李蓮英絲毫不知分寸進退，在軍隊中竟擅作威福，弄得一般軍人爭取奥援，群起結托，目無主帥。

這樣的政治，發展下去，外患來臨，怎能抵敵，所以，前面所列舉的外患，相逼而至，清庭就肆應乏術了。處於這樣的情況之下，中國底舊局面，無論如何，不能繼續維持下去，而非加變革不可了。領導變革運動的，在當時有兩個代表人物：一個是改良派底康有爲；另一個是革命派底孫中山先生。康有爲底努力，形成了維新運動；孫中山先生底奮鬥，完成了辛亥革命。

甲午中日戰爭的這一年，康有爲中了舉人。次年，他趁著會試之便，在北京發起「公車上書」，痛切陳述改革救亡的道理，當時簽名的有一千三百多人。一時知識分子，被他掀動了。他爲了要光緒皇帝採納他底主張，不斷上書，以至於七次之多。他措詞有時很是激烈，如：「求爲長安布衣而不可得，及不忍見煤山往事」之句。光緒皇帝，比較年輕，頭腦還沒有太固執，果然採納他底主張，並且任用他，著他以工部主事在總理各國事務衙門行走。同時，他盡力在士大夫階層之中廣求同志，宣傳他底主張。他在北京結識了許多官吏，像翰林院侍讀學士徐致靖，督撫陳寶箴，和譚嗣同等人都是。康有爲又倡立學會，開辦報館。他在南方倡立了桂會，在北京組織了強學會；並且刊行中外紀聞等出版物。從這些行動看來，我們可以知道康有爲本人以及在他影響之下的士大夫者流，期望改革的心情是怎樣迫切。由於這一般覺醒分子底積極努力，到戊戌年春夏之間，變法維新的空氣，也就洋溢於京都內外了！

在這種氣氛之中，光緒皇帝諭令傳康有為到總署，詢問變法事宜。光緒皇帝雖然曾經看到他所寫的「不忍見煤山往事」的字樣，並沒有覺得對於自己底「面子」怎樣難堪，並沒有覺得這是打擊他底「威信」，並不加罪於他，而且命令康某嗣後如有條陳，當即日呈遞，勿許扞格，又宜取所著《明治變政考》等書。戊戌年四月二十三日，皇帝下詔明定國是，接著開始實行新政，裁汰冗官，振興實業，改良考試制度等等。康有為又掀動了光緒皇帝，對於楊銳、劉光第、林旭、和譚嗣同加賞四品卿銜，在軍機章京上行走。光緒特為擢拔這四個人做軍機處的實際辦事員，將軍機處底實權奪過來，以便實施新政。梁啟超說：「自四卿入軍機，帝與康先生之意始能少通，銳意欲行大改革矣。」康有為也嘗奏言：「雷厲風行，力推新政，三月而政體略舉，期年而規模有成，海內回首，外國聳聽。」誰知他們這樣樂觀，幹得這樣的起勁的時候，大禍從天而降！

維新運動展開，新的人物被起用，勢必激起舊社會底變革，促使舊的分子歸於淘汰，並且動搖保守派底權勢與地位，又打破了許多人底飯碗。這樣一來，保守分子匯聚於慈禧太后之側，要求「太后保全，收回成命」，合力向維新勢力反攻。於是，政變發生。

一八九八年九月，奸雄袁世凱洩露譚嗣同欲假袁氏兵力保護皇上的祕密於慈禧太后底親信滿人榮祿，榮祿將這項機密電告慈禧太后。慈禧太后大怒，急自頤和園回宮，矯詔聽政，將光緒皇帝幽禁在南海瀛臺，詭說有病需加靜養。她一面又命令步軍統領衙門捉拿康有為，未獲；又捕殺譚嗣同、林旭、楊銳等六君子；將張蔭桓發往新疆，徐致靖永監禁。至此，新興進步勢力慘被摧毀，維新運動有如曇華一現！

戊戌八月，慈禧太后再度臨朝訓政。她一方面革黜與維新運動有關係的人物；另一方面任用舊人。布巡撫陳寶箴被革黜；剛毅和榮祿之輩則入掌軍機大權。她又詔復舊制，考試恢復八股文章，命京內詹事府等飯碗衙門照常設立，禁止士民上書言事，禁止人民集會結社，禁止言論自由，嚴拿報館主筆。總而言之，這個積世老狐狸精，為了鞏固她那不能隨著時代一同前進的權位，不惜使盡一切卑劣手段摧毀新生力量，而且將維新運動期間所舉辦的新政一律翻轉過來。她底開倒車的辦法，和剛愎自用的性格，固然得以逞快於一時，固然暫時遏抑了新生的進步力量，可是，何補於她底政權最落沒落的悲慘命運呢？

自私自利的那拉氏，一不做二不休，自從光緒皇帝接受改革進步的要求因而有逐漸揚棄她底政權的頭角露出以致失敗之後，她對於作爲改革進步的希望所寄託的這位青年，這對於作爲維新變法之徵象的光緒，更加仇視，更加視作眼中之釘，必欲拔之而後快，必欲除之，她底政權才能穩固。爲了達到這一卑劣的目的，她不惜利用一般下層社會人民仇外愛國的寶貴熱情；於是，闖出了義和團之變所引起的八國聯軍打破京都朝貴倉猝出奔的奇恥大禍！

一九〇〇年，滿清朝貴以慈禧太后爲核心，爲了報復外國使節之不同意廢立，暗地慫恿拳民藉端虐殺外僑，這一原始的排外行動，惹惱了各國帝國主義者。八國聯合起來，大興問罪之師，一直攻破了北京，打得滿清朝貴雞飛狗跳。慈禧太后迫著光緒皇帝倉猝逃避到西安。朝廷不得已，這時才授漢人李鴻章爲全權大臣，出來收拾時局。次年，李鴻章代表滿清政府和列強訂立了有名的辛丑公約。不用說，在這種險惡時情勢之下，中國喪失了許許多多權利。經過這一次大亂以後，滿清王朝底假面具完全揭破了。鬧到這種地步，那拉氏才肯「下詔罪己」，「下詔求直言」，並「下詔變法」，又命設立「督辦政務處」。其實，這都不過是用來遮一遮羞的假戲法而已，那拉氏如有誠意變法，何至於當初摧毀維新運動呢？她底眞正用意，不過是「拖延」二字而已。她要使盡一切手法，在她生前維持住她底政權，至於她死後怎樣呢？那她就不管了，歷來奸雄底想法總是「等我死了以後再天地崩潰」。那拉氏是具有這種氣質的統治者。她只要拖到她死前不眼見大權旁落就夠了，那裡管得了她死後之天翻地覆呢？她看見民主憲政底潮流到來，不可扭逆，於是也跟著講立憲。其實，她底眞正目的，不過是藉此掩入耳目以保持自己底權位而已，她那裡把憲政放在心裡呢？當時外國底觀察家就識破了這一點：「清太后之欲立憲，實清太后愚民之術也。」一九〇五年，滿清政府遣派載澤和端方等五大臣出洋考察政治，表示準備立憲。但是，滿清王朝底這種掩眼法，並不能遮盡天下人耳目。當時要求眞立憲眞革新的人民根本不相信這樣的假憲政，那出洋考察憲政的五個大臣，在北京正陽門車站，被革命志士吳樾底炸彈嚇退了兩個。吳樾底炸彈，就是中國革命人民不相信滿清王朝底假立憲而要實行眞改革底信號！

戊戌維新失敗，國事日非。後來梁啟超繼承康有爲底意志領導曾被嚴重摧抑過的維新運動。但是，滿清王朝底沉痾太重，他底努力只能為後來的革命運動播下種子，並不能使得滿清權貴放棄特權，眞正覺悟。滿清王朝之反動落後，阻礙著再度興起的溫和改良的維新運動。溫和改良的維新運動不能奏效，激烈而徹底的革命運動便因應客觀的需要而急遽發展了。

既然康有為所領導的維新運動橫遭摧抑，既然梁啟超底繼續努力也無以改變現狀，於是孫中山先生所領導的革命運動便更顯得是合理的，便更顯得是必要的了。因而，緊接著維新運動之失敗的是激烈的革命運動之蓬勃高漲。這是社會動力發展的必然現象。

一八九四年，孫中山先生組織興中會，開始領導革命。在那個時候，滿朝君臣，根本沒有將他放在眼底，他們認為他不過是武俠小說式的紅毛綠眼的公道大王之流輩而已。因此，官方提到他的時候，常常在「孫文」的「文」字旁邊多加三點水。官方底觀念如此，那裡還去考慮中山先生要革命的原因呢？滿朝君臣愚昧，頑固，保守，自私自利，以及因求穩定政權而拒絕眞正的改革，等等因素造成了國際壓迫和侮辱之加劇，國內民族之間的仇恨，和人民生活的困苦。這些客觀條件，激起人民起來參加革命。不獨人民起來參加革命，而且滿朝一部分有覺悟的官吏也暗中幫助革命。滿朝訓練來打革命黨的新軍也有若干部分同情革命，於是，革命勢力日漸澎漲，以致沛然莫之能禦了！

一九一一年，革命力量底蘊遇到了幾近成熟的階段。十月，武漢方面的革命義旗一舉，突破醞釀底飽和點。從軍事方面著眼，武漢方面的革命武力比起滿朝來還是很小的，可是，熊秉坤底槍一響，腐化熟透了的滿清下吏，如瑞澂和張彪之流，都嚇的逃之夭夭。他們像深秋的菓子一樣，表皮固然堂皇美觀，可是內裡卻爛透了，毫無生機，只要秋風一刮，便連蒂墜落到泥土裡去。在革命正式爆發出來形勢非常緊急的時分，滿朝還相信袁世凱，還以為他是社稷之臣，命令他率軍南下撲滅革命火頭。然而，誰知道，袁氏根本沒有把孤兒寡婦放在眼中。在這嚴重的關頭，他卻有他自己底打算。他託辭足疾未癒，擁兵不動，於是，革命黨人沒有遭遇大的軍事阻力，各省相繼宣佈獨立，組織臨時政府，辛亥革命因以順利成功。

我們在前面簡略地回顧了俄國十月革命和中國辛亥革命。這一番回顧雖然是比較地簡略，可是足夠使我們看出這兩個革命有許多共同的或類似的特徵，尤其是足夠發人深省。

俄國十月革命和中國辛亥革命，雖然發生於不同的國度，並且為不同的民族所掀動，可是發生的時間相近。這發生的時間之相近，並不是偶然的，而是現代世界政治和經濟發展之必至的產果。這兩個革命之發生的背景是相似的：都是外在地受西歐新興的工業文明及流行的民主自由的政治思潮之刺激；內在地受專制的和封建勢力之壓迫。外在的和內在的兩種因素合共形成廣大人民底醒覺。

這兩大革命之發展的過程也頗為類似：都是起於溫和的改良運動而終於演變成激烈的革命運動。俄國底溫和改良運動為民粹派中柴柯夫斯基等人所領導；中國底溫和改良運動為康有為等人所領導。俄國繼溫和改良運動之失敗而領導革命的是列寧；中國繼溫和改良運動之失敗而更加積極推動革命的是孫中山先生。復次，兩個國家底溫和改良運動之所以失敗的原因也是很相似的：都是失敗於當權分子之落後、保守、反動、頑固，尤其是自私自利。

俄國革命底胎動起於覺悟前進的知識分子和受這種分子之影響的一部分貴族。這些人可以說是中間分子，所以，他們底改革運動也就可以說是中間分子底改革運動，中間分子底改革運動之特色，就是並不一定要推翻現政權，也不是要實現一黨專政，更不是要實習一個階級獨裁，而是希求以和平轉變得方式在現存政治體制底軀殼之中改革舊有積弊以讓新的本質滋生出來。俄國民粹派底溫和分子，以及自治派，都是走這一條路線的。在原則上或立憲上，中國底維新派也是如此。康有為在上光緒皇帝書中所說的「求為長安布衣而不可得，及不忍見煤山往事」這兩句話十足代表當時許多經生文人底意念。他們只希望改革現狀，免得同歸於盡，能做一個布衣就滿足了，並沒有「彼可取而代也」的奪取江山底念頭，「不忍見煤山往事」之句，更充分流露正統經生文人忠君愛國的心情。年輕的皇帝倒是能接納他們這番盛意，可惜老奸巨滑的太后卻不能接納啊！不然何至弄到後來國破家亡的地步呢？

兩國底統治集團對付新興的革命勢力的方略也是類似的：起先儘力施行恐怖政策、特務政策、高壓政策。但是革命勢力縱然遭受挫敗，並不因此歸於消滅。恰好相反，革命勢力愈長愈大，以至於不可遏抑。到了這個不可收拾的階段，兩國底統治集團，如出一轍地，提出立憲或改良等等方策，來和緩革命空氣。但是，革命運動發展到了這一階段，已到高潮，不是折衷的辦法所能和緩下去的了。終於，兩國底統治集團，不能倖免於最後傾覆的悲慘命運。

這兩大革命之產生與發展所給予我們的教訓是夠顯明的。一個國家，如果她底政治不良，因而使得大多數人民失去自由，經濟生活又陷入困境，這時，便發生要求改革的呼聲。這種改革的呼聲之具體化便成為改革運動。這樣的改革運動之產生是基於上述客觀因素的。既然如此，上述客觀因素一日不消除，則改革運動一日不停止。如果當權者橫施阻抑，那末這種改革運動不僅不因此阻抑而停止，反而激變而為革命運動。改革運動，是溫和漸進的內在變化。這一內在變化，並不必然摧毀原有政治形態，也不斷喪社會元氣，更無需流血犧牲。所以，無論從統治之維持著想，或是為人民自身實際利益著想，或是為社會眞實的進步著想，改革運動是可取的。但是，如果當權者過分自私，專從自己政權之保持於毫無變化著想，惡意看待改革運動，對之橫施阻抑，那末這種改革運動之發生，既有其客觀因素，於是此客觀因素受此阻抑力量之作用，必至激發而變質為革命運動。革命運動，顯然得很，乃人類政治、經濟與社會發展中病態之產果。革命底爆發，猛烈而急驟，極具破壞性，常引起社會巨大之動盪以及人民慘重之犧牲。這時，統治者自然也就隨著舊制度舊社會以俱去了。

然而，單單是革命，能夠解決人類政治、經濟、社會諸般問題嗎呢？

在人類因受政治、經濟與社會各方面的迫害起而艱苦革命的過程中，反抗的情緒支持著他們，仇恨的心裡激勵著他們，更有未來的美麗的遠景吸引著他們。這未來的美麗的遠景，像沙漠裡的綠洲，使炎日之下的旅客憧憬著，以為經過這一段苦旱的旅行，達到綠洲時，就快樂了，什麼問題都解決了，尤其是沒有經驗的青年旅客，更富於這樣的想像。

然而，歷史上的事實和眼前的事實告訴我們，理想底現實並不是這麼簡單，革命不是萬靈丹，革命可能破除積病，可是革命能使人恢復健康嗎？

革命後的俄國和中國底種種呈現，可以解答這一問題。

十月革命底成功，布爾希維克政權底樹立，耗費的代價是空前巨大的。俄國底社會經過激烈的破壞，國家底安全受到空前的威脅，人民因屠殺與飢餓而犧牲的更難以計數。在支付了偌大的代價以後，俄國人民底理想實現了沒有？如果俄國人民底理想因此而實現了，那末支付偌大的代價是值得的。可惜，實際的結果距離理想尚屬遙遠。

在十月革命底過程中俄國廣大勞苦人民犧牲頭顱揮灑熱血所換得的酬賞，是沙皇專制底顛覆，貴族底消滅，共產黨一黨專政之出現，在實際上，這些轉換多屬形式的轉換，而少屬本質的轉換。在大部分，沙皇專制和貴族特權底形式是被抹掉了，然而沙皇專制底基本精神和貴族特權底實質又借不同的形式而復活。新的沙皇代替了舊的沙皇；新的貴族代替了舊的貴族。工業不發達而農奴制度有根底的國家，不可能有眞正本質的民主政治。在農奴制度之回歸趨勢上面，只能成立新的沙皇專政制度和產生新的貴族特權。社會經濟的發展這一下層建築，潛伏地支配著政治制度這一上層建築。我們如要接開一切美麗的外衣和好聽的名詞，那末不易發現俄國現在的獨裁者在實質上與專制沙皇有何差別，也不易發現俄國共產黨人與帝俄時代的貴族有何實質的不同。沙皇個人底權威支配著全國，現在俄國底獨裁者也是一樣。帝俄時代底貴族和軍官們，在政治上享有種種特權，現在俄國底共產黨人和他們全然一樣。帝俄時代穿藍色制服的特務則被布爾希維克黨人易名爲「非常委員會」。

新的沙皇、新的貴族和特務，合力建立了一個統治更爲嚴密而且廣泛的政權。這個政權，不獨嚴密地統治著俄國人民底政治生活，及經濟生活，而且更嚴格地要求全國人民在觀念形態上的齊一性（ideological uniformity）。全國人民必須信仰馬、列、史主義，絲毫不得例外。哲學、文學、藝術，都是被用作了反射馬、列、史主義的觀念統治底工具。

在這樣的一個社會裡，統治階層根本不將人作人看待。他們不認爲人是他自己底目的，而是社會大眾底手段，個人底存在，不過是社會機構底一個零件而已，因此，個人必須被管制、被操縱。又像苗圃底園藝匠一樣，俄國底這一批政治工程師們有權隨時隨地在好聽的名詞口號之下刈除他們認爲在政治上有妨害的莠草，並且更進而把全國人民弄得無論在政治生活上，在經濟生活上，甚至於在觀念生活上，都一式一律。這些情形，都自譽或被譽爲「最新式的民主」！

當然，我們不能說十月革命沒有替俄國及其人民大眾在某種程度之內解決了某些問題，大地主被打倒了，私人剝削私人的惡劣現象不復存在，土地問題得到相當的解決。計畫經濟，尤其是蘇俄在世界經濟方面最偉大的貢獻。俄國政府在某種程度以內解決了人民大眾底衣食住行等基本生活問題。但是，這些成就，與俄國人民因暴力革命而遭受的犧牲和俄國人民所失去的思想言論行動等等自由比例起來，似乎不能說不是花費的成本過於巨大。而且，不必藉著這種方法，即是不必藉著列寧之動外科手術的方法，而是藉著進化的方法，即是藉著內科方法，可以獲致同樣的成就，並且可免動外科手術時所引起的劇痛與流血。英國就是一個典型的範例。在英國，一切大規模企業幾乎都收歸國有。社會安全消弭了社會內部底矛盾衝突。和平民主的方式代替革命暴動解決著國內的經濟問題。訴諸暴動實在是原始野蠻的遺跡。在極端專制而又工業落後的國家易於引起暴力革命。在工業發達而且民主基礎深厚的國家不易引起暴力革命，也不必實行暴力革命。通過和平民主的方式，人民之所得不少於用暴力革命之所得。從人類生存底基本要求著想，英國人民底生活情況至少不劣於俄國人民，他們更有俄國人民所無的自由。

以辛亥革命爲核心的半個世紀以來國事底演變更給我們以嚴肅的教訓。

今日許多人動輒侈言「革命」，以「革命」爲時髦。這種情形，十足表示這些人對於人民沒有誠意。孫中山先生並非在一開始的時候即立意革命，而拒絕和平轉變的方法。中山先生在早年曾上書李鴻章，指陳富強中國的四大基本原則。文長五千餘言，洞察中國積弊，貢獻治國方策，切中時病。李鴻章雖然讚許，但衰老乏力，不能進取，無法打破現狀，所以沒有採納。用和平方法既然不能達到目的，中山先生才使用革命手段。由此可見中山先生並非根本拒絕經由和平途徑達到政治改革之目的。不過，後來的形式證明「此路不通」，他才使用革命手段。中山先生比康梁高出一籌的地方，就是康梁只是改革者，中山先生以一人兼而爲改革者與革命者：他眼見改革不行，立即進而爲一革命者，他從一個較舊的時代進到較新的時代。

從前面關於辛亥革命的敘述看來，中國底歷史，步入十九世紀中葉，已經非痛加改革不可了。假如滿朝權貴接受孫中山先生以及康梁等人底要求，那末中國就可走「由上而下」的和平改革的道路。如果中國走上這一條道路，那末不僅國家不致發生重大的破壞，而且滿朝權貴底命運也不致如此悲慘的，無如滿朝權貴過分頑固、愚昧和自私，不採納孫中山、康梁等人底主張。維新的道路走不通，於是激起「由下而上」的流血革命了。

革命底結果怎樣呢？

辛亥革命成功，顛覆了滿清王朝，消弭了數千年來的專制政體，並且創建中華民主共和國。這些，都是革命底偉大成就。可是，社會的、經濟的本質之變換常常不及表面形式底變換來得迅速，專制政體可能在激劇的政變方式之中一旦消失，然而專制政體所依據之而得以存立的社會本質，經濟結構，和文化傳統，卻不是外在的機械力量所能消毀之於一旦的。辛亥革命成功，民主共和國底形式雖然出現，但是專制帝國與封建社會底本質並未隨其形式之瓦解而一旦遽去。專制政治與封建社會之餘毒繼續作用於中國，於是而有袁世凱之帝制自爲，張勳復辟，及段祺瑞之專政。袁世凱死後，他一手造成的北洋軍系瓦解，化而爲無數小袁世凱。這些小袁世凱，據地自雄，互相殺伐，形成袁世凱死後一九一六年至一九二六年十載之間北洋軍閥混戰的局面。一九二六年國民革命軍北伐，掃除軍閥，國家的統一本來可期，但中原戰爭隨之而起，共黨之禍，更爲三十年來未曾解決之一大問題。自辛亥革命以還，三十餘年來，禍變相尋，內外交攻，社會動亂，民主日困，國家的統一，隨大清帝國之崩潰而瓦解，今日國家底存在更遭嚴重的威脅。

凡此等等，都是激烈革命之不易避免的後果。這些後果，給予人民以巨大的痛苦，給予國家以巨大的創傷。但是，這個實在不應由革命者負任，而是應由頑固，保守，自私的統治者負擔的。

誰能逃避歷史演變的鐵則？愛國家、愛人民、愛自己的政治家，不應警覺，緊隨歷史的前進而前進嗎？

一九四八年、六月、於南京

——原載《青年雜誌》，卷一期一（南京：一九四八年八月）；署名殷福生

13 我們走那條路？

走民主社會、主義的路？

當前整個的世界在動亂之中，中國尤其是在動亂的焦點。在這動亂的焦點，國家和人民迷失了方向。大家找不著出路，幾乎人人徬徨歧途，精神上陷入苦悶的深淵。因而整個民族的生命能量被抑壓，全國人民正常的活動被阻滯。於是，大多數的人感到灰心失望，了無生之樂趣。只顧一己眼前現實生活的滿足，而得過且過，及時行樂的楊朱哲學，到處盛行。這是此一時代的特殊病癥。

英國哲學家羅素說：「理想原是苦厄與希望的產物，故當不幸期表面上將屆結束時，即行達到最高潮。」在這一個「不幸期」，愛國憂時之士，大多在玄思苦索，希望得到一個結論，爲中國底前途，找出一條光明的去路，各個人所得到的結論雖然不盡相同，可是在大體上有一個共同的認識，就是認爲中國必須走「民主社會主義」之路，民主社會主義是民主主義與社會主義二者結婚底產兒。這個產兒既賦有民主主義的血液，又賦有社會主義的血液，它將兩者底優點凝合起來創造一個理想的社會。在這樣的一個社會裡，既富於思想、言論、集會、結社各種自由，又無貧富懸殊的現象。因而，實行民主社會主義，既可以避免許多人藉「共產主義」，內而陰謀暴力劫奪政權以造成嚴酷的極權政治，外而藉共產主義實行領土擴張並奴辱異族；又可藉科學的進化的方法消弭資本制度所產生的社會矛盾並達到社會主義之目的。所以，民主社會主義既兼有民主主義和社會主義之長，又無「共產主義」與資本主義之短，民主社會主義底基本精神可以兩句話來概括：「政治民主化」和「經濟社會化」。「政治民主化」底精義就是「政治自由」。「經濟社會化」底精義就是「經濟平等」。這樣的主張，不獨可以解決世界問題，而且也可以解決中國問題。所以，實行「民主社會主義」，成爲今日大家高懸的鵠的。

然而，中國目前正陷入大動亂時代，在動亂的時代，「民主社會主義」是無法實現的。在陷入這個大動亂之中的人民看來，儘管有不少文人學者提倡「民主社會主義」，可是這一主義只是未來的一個美麗的遠景而已，我們現在雖然憧憬著這一美麗的遠景，可是中間還隔著一條險惡的洪流，目前無法到達。民主社會主義既然不能在動亂中實現，只能在安定的社會環境中實現。所以，要實現民主社會主義，首先必須設法消弭中國當前的動亂。

怎樣消弭中國當前的動亂呢？這是一個最令人困惑的實際問題。關於這個問題，要想得到正確的解答，不獨需要對於國內外大勢有正確的認識，而且需要有清晰的思辨能力；不獨需要有清晰的思辨能力，尤其需要有偉大的氣魄。這個問題是極須解答的，我們現在試行提供我們底解答。

走國民黨的路？

國民黨不是正在從事「戡亂」以消弭中國當前的動亂嗎？我們能否跟著這個樣子的國民黨跑呢？

國民黨底作風是這樣令人憎惡，國民黨底領導是如此錯誤，跟著這個樣子的國民黨跑，會有什麼前途？誰都可以知道，中國國民黨在過去是推動中國歷史前進的政治引擎。可是，現在自稱國民黨員而又得勢的這群人無疑成爲中國歷史前進的絆腳石，他們靠著孫中山先生起家，掌握了國家底政權，等到他們掌握了國家底政權以後，像歷代藉武裝力量推翻前朝而自行建立王朝的人一樣，憑著政治上的便利，滿足一己底私欲：子女玉帛、汽車洋房、予取予求。他們早已將孫中山先生底「遺教」拋到九霄雲外了。現在，表面上是「行憲」，骨子裡政權還是操於極端少數人之手，國家政治大事，依然習慣地決定於「手諭」、「官邸」、「會報」、「請示」。在經濟方面，自稱國民黨員的權要人物，藉著「國有」和「國營」這些幌子，將國家經濟轉移爲私人經濟，少數豪富宰制著國民經濟底命脈。

二十年來的演變，這個樣子的國民黨幾乎完全揚棄了革命的內容，而變作一落後的保守集團。顯然得很，國民黨底政權是建立於黨閥、軍閥、財閥，和政閥這四大閥之上。這四大閥底利益是與廣大人民底利益相衝突的。既然這四大閥利益是與廣大人民底利益衝突的，於是建立在這四大閥之上的政權也就與人民對立，與人民對立的政府底措施或決策，自然也就常常不顧及人民底利害了。

以國民黨爲支柱的現在政府目前是領導「戡亂」，它怎樣「戡亂」呢？藉著什麼「戡亂」呢？「戡亂」之所需，除了「美援」以外，便是取之於勞苦貧困的廣大人民。政府一方面呼籲「美援」，另一方面則在私人在美的大量存款逍遙如故，以種種藉口而不予徵用，政府對於在京滬等地的豪門鉅富似乎特別愛護——對於他們底生命財產，不敢動其毫末；可是，政府卻專向抗力最弱的老百姓下手——拚命榨取人民，徵糧徵實，向老百姓要錢要命，雷厲風行，毫不寬恕。這些行徑，無可避免地給予人民以一種印象：這個政府是保護特權階級之利益的政府，因而「戡亂」也不是爲了維護廣大人民底安寧與福利。而是爲了維護少數特權階級底利益。這樣的「戡亂」，利益未見，而災害先降，自然使得大家不感興趣；於是「反內戰」的言論也自然易於發酵。既然如此「戡亂」不能使得大家感到與趣。也就不能激發大家拿出眞正的力量。老老實實說，現在無論文人武人，憑著眞正的認識和內心的迫切要求以從事「戡亂」的，眞是寥若晨星，少得可憐。現在的所謂「戡亂」，既不是社會運動，又不是政治運動，只是奉行政府底功令而已，既然只是奉行政府底功令，所以「戡亂」變成少數公務員以及軍警的「公事」。一切「公事」都是不得不做的而且沒有生氣的事，這樣的「戡亂」，完全裸露於社會力量之外，得不到社會力量和輿論力量底掩護，甚至於被保護的豪門財閥都不願拿出一文來幫助「戡亂」。這一來，「戡亂」幾乎爲孤行權力底鬥爭，而不能發生大的力量。不能發生大力量的「戡亂」，儘管這樣以錯誤的方法「戡」下去，還能必期有光明的前途嗎？還能必然結束中國當前的動亂嗎？

走共產黨的路？

以國民黨為支柱的政府既然不像有十分的把握消弭中國當前的動亂，中國共產黨如何呢？共產黨不是口口聲聲說國民黨「反動」、「頑固」、「封建」，打倒了國民黨中國人民才得以「解放」，「內戰」才可能結束嗎？我們能否跟著共產黨跑呢？

沒有問題，共產黨在宣傳能力和組織技術等等方面比現在的國民黨高出甚多；而且他們口頭所標尚的「財富公有」、「土地改革」等等題旦也是極其正確的。但是，可惜中國共產黨在組織上與俄國共產黨底關係太深。克里姆林宮主人，自第二次世界大戰末朝以來，是日益明顯地披起共產主義的外衣，蹈著彼得大帝底舊路前進，實行領土擴張，來建立一個大斯拉夫帝國。在這一雄圖之下，他要求全世界各支共產黨，通過共產國際底組織和說教，更徹底地各自放棄各自底祖國，以俄國為他們共同的祖國——正像許多螟蛉子共同有一個父親一樣，並且各在自己底祖國內部進行毀滅自己祖國的工作，以利克里姆林宮主人這一雄圖之實現。這樣一來，各國共產黨是共產黨其名，而為俄國服務其實了，中國共產黨是國際共產黨之一支，自然也就現實地為俄國服務。無論中國共產黨如何掩飾辯護，「人民底眼睛是雪亮的」，它底原形是逃不過人民底眼睛的。今日中國共產黨與俄國底關係，在本質上既不同於美國大革命時代法國之與美國，又不同於三十年代北伐運動前夜俄國之與廣東革命勢力，無論中國共產黨人在主觀上怎樣打算，他們在客觀上已經作了俄國在遠東的軍事前哨和政府觸鬚。這些作為，正是符合彼得大帝底繼承者利用各國共產黨在各國內部進行毀滅自己祖國的勾當以利其實行建立大俄羅斯帝國之雄圖的。彼得大帝底繼承者，較他底前輩高出一等的地方，就是，除了硬用武力從外部派兵佔領弱小國家土地以外，更學會了從弱小國家內部製造佔領軍。這要算是侵略技術上的一大進步。中國共產黨在東北之所作所為，不正符合著彼得大帝向東尋求「東窗」底宿願嗎？

同一種子播散於不同地區，因受該地環境底影響而發生種種變異，同出於莫斯科克里姆林宮的共黨種子，播散到各個國家之後，多少因受到各個國家特殊環境之影響而呈現多少不同的色彩。共黨種子播散到民主傳統比較深厚的西歐，受民主政治之作用底程度較多。法國共產黨就不易掀起暴動，只參加民主競選。競選失敗了，還是不能暴動，至多只能策動罷工。中國則不然。中國因歷來治者與被治者之間的關係不善，農村經濟及土地問題未得合理解決，於是時常激起農民暴動，產生土匪流寇。這是中國歷史底宿疾，一遇機會就會暴發的。共黨種子傳播到中國，受中國這種環境底作用，使得中國共產黨底作風無可避免地帶著極其濃厚的農民暴動底色彩。因此，中國共產黨，正如他們底老前輩黃巢、張獻忠、李自成之流一樣，免不了要攻城掠地，殺人放火了。

「天地不仁，以萬物為芻狗」。共黨不仁，以百姓為芻狗。

遍觀以俄國布爾希維克政權為主要標本的若干國家之共黨政權，以及在中國共黨所謂「解放區」內並不許《大公報》一類底報紙存在，而且除了被控制的人民之被控制的政治活動以外，不許所謂「各黨各派」自由活動諸般事例看來，中國共產黨主要的目標是不惜任何手段並經由任何轉變以建立一黨暴力專政之極權政權。為了建立並鞏固這種政權，中國共產黨正像俄國共產黨一樣，藉著許許多多好聽的名辭從各方面施行控制：他們不獨控制人民底政治生活，而且控制人民底經濟生活；不獨控制人民底經濟生活，而且更進而控制人民底精神生活。中國共產黨嚴格地要求觀念形態底統一，要求社會成分底清一色，尤其要求組織上的清一色。他們在這一方面底哲學基礎與法西斯黨底哲學基礎完全相同：將個人視作手段，而不視作目的。這種哲學基礎與民主政治恰恰好完全相反。在共黨統治之下的人民，必須毫無例外地崇奉馬列史主義。馬列史主義被神聖化而成為他們底國教。歐洲中古時代底正教至上，以及異教迫害底情形，正在共黨教權底下一頁一頁地翻印出來！

中國共產黨底這種盡忠於俄國的作用，嚴格地為民族主義者所不容。因而如此腐敗的國民黨還有一部分理由「戡亂」。中國共產黨底農民暴動底本質不是糖衣政策所能掩飾的。這種暴動本質底發展，只有擴大國家底禍亂。中國共產黨之排斥異己與要求清一色的偏狹作風，不獨根本違背民主原則，而且是與中國民族性極不相容的。根據這三條理由，我們可以判斷，中國共產黨不能消弭中國目前的動亂，中國共產黨不獨不能消弭中國目前的動亂，而且他們底活動之本身，是中國目前動亂最大的人為因素之一。退一百步說，中國共產黨即使打倒國民黨，仍然不能解決中國底問題。他們眞是「成事不足，敗事有餘」的一群人，像這個樣子的一群人，我們怎能同他們在一起跑呢？他們怎能眞正實現「政治自由」和「經濟平等」呢？

走「中立」的路？

這個樣子的國民黨可惡，共產黨可怕，那末，我們走那一條道路呢？跟著所謂「第三者」跑，走「中間」的道路嗎？

標榜走「中立」路線的人不少，他們自稱或被稱爲「自由主義者」。我在這裡所指稱的這一類底人與眞正的自由主義者如胡適之先生之流在本質上是不同的。他們產生於「國共鬥爭」底局面裡，爲「國共鬥爭」所激發而產生的。在「國共鬥爭」底過程中，有許多人不滿這一「鬥爭」，希望「國共雙方」放下武器，和平解決國事。所以，這種「自由主義者」在發生上可以說是「國共鬥爭」情境中的副產物。從社會成分上觀察，這樣的「自由主義者」之出現，是以「國共」爲兩大主導力量所形成的「鬥爭」局面裡中小資產階級渴望和平底一象徵。這也就是中小資產階級底意識形態底反映。中小資產階級，由於所處階級之中間性，以及他們所處階級之動搖或瀕於破碎，觀念形態因之大多含有中間性或動搖破碎，沒有能夠形成完整的體系。他們從國民黨那兒擷取思想。他們在這一方面贊同國民黨，在那一方面反對國民黨；在某些事情上同情共產黨，在另外的一些事情上憎惡並恐懼共產黨，所以，這樣的「自由主義者」非國非共，亦國亦共。

這樣的「第三方面」、「中立者」或「自由分子」能夠形成一種實際的力量嗎？能夠消弭中國當前的動亂嗎？不幸得很，事實給予我們的答案是否定的。

依我個人底觀察，大多數自命爲國共以外的「第三方面」者，對於目前所謂的「國共鬥爭」，毫無比較深刻的理解。他們常常習慣地從心理因素上說明目前的「國共衝突」，他們以爲目前的「國共衝突」是生於雙方主腦互相仇視猜忌的心理，或是由於權力欲與領袖欲的衝動。這種解釋，誠然可以在表面上說明「國共衝突」。但是，雙方爲什麼形成這種仇視心理？什麼力量驅使雙方在這個時機發展其權力？他們就不常更深進一層地思究這深進一層的問題了。這些「自由分子」，由於認識不足，根本沒有摸著病根之所在，因而在解決問題的時分，他們所開的藥方，都是幾味尋常的草藥。這幾味草藥，服之固無大害，可是食之卻絲毫無補於沉痾。他們所開的單方，如什麼「和談」呀！「協商」呀！「合作」呀！這些雖然像煞和事佬的作風，可是無不一一罔效，無不一一表示他們軟弱無能。不獨如此，由於這一類的「自由主義者」缺乏積極的堅定的主張，於是不得不以別人底主張爲主張，這樣一來，有時便不自覺地以共產黨底主張爲主張，不經意地倒在共黨懷中去了。共黨從前爲掩飾其發動戰亂而高唱「反對內戰」，「自由分子」也如響斯應地跟著高唱「反對內戰」。這種作風，絲毫沒有表現眞正自由主義者獨立不移的精神，自然不足以服反對共產黨者之心，既然不足以服反對者之心，自然也就沒有什麼大的重量。既然沒有大的重量，自然也就無補於動亂之消弭了。

今日之「國共衝突」是中國社會、經濟、政治、文化合共發展途程中所產生的病癥加上國際因素所形成的必至結果。這稱「衝突」是一種內在的本質發展底結果，絕對不是數野心分子底心理因素所能發生作用至於如此之巨大的，所謂「國共衝突」不過是這一內在本質發展底表徵而已，過去歷史上沒有所謂「國民黨」和「共產黨」，但有許多次王朝與暴動農民底鬥爭，形成這些鬥爭的毒素潛伏在中國歷史血液裡，一直遺傳至今，毒素既然潛伏在身，自然是要迸發的。照所謂「中立分子」底方法，是將表面的皮膚縫合，實則毒素並未盡除，依然在皮內潛滋暗長，不久還是會迸流出來的。所以，「中立分子」不能解決問題，「中立」更不能解決問題。抗日戰爭勝利以後三年來的經過，便是很好的教訓。

復次，在中國內部情勢發展底現階段裡，「中立分子」還有一種宿命的悲哀。中國近百年來政治、經濟、社會、文化等因素底不良發展所匯聚而成的當前動亂，而以一部分自稱爲國民黨的人和共產黨爲動亂底主導力量。這種情形，正像第二次世界大戰以後的世界政治爲美國所代表的一部分力量與俄國所代表的一部分力量所主導著一樣。在中國內部底現階段裡，政治、經濟、社會、文化等因素自身底發展，以及加上一部分自稱爲國民黨的人和共產黨兩種主導力底主導，產生一種「極化現象」。所謂極化現象，就如物質爲陰陽兩極所攝引，趨向兩極，而不易停留在中間。這種向極現象，是今日中國政治全盤發展的基本形態和社會動力。這種社會動力現實地決定著「中立分子」底命運。在這一「趨向兩極」的社會動力支配之下，「中立分子」多為兩極攝引，附著於兩極，因而在現實政治裡發生不了力量。我們試將最近幾年來國內政局發展的經過分析一下就可以明瞭這個道理。當著國共兩黨表面一團和氣，虛與委蛇的時候，以「中立」自居的政治團體因而一時欣欣向榮，組織擴大，活躍非凡，政治地位大增。可是，等到國共兩黨底「面子」撕破，各走極端，以兵戎相見，不復需要調和拉攏的時候，這些以「中立」自居的政治團體便立即受「趨向兩極」這種社會動力底影響而宣告破裂。從這以「中立」自命的政治團體破裂出來的小單位，各依其在本質上和主張上與國共兩黨底距離之遠近而各別地被國共兩黨所攝引。實際上不復能夠保持「中立」了。客觀地說來，比較趨於急進、強調民主、姿態新鮮、強烈不滿現狀的一部分人士，為客觀形勢所驅策，便靠近共產黨。這一部分人士，無論他們在主觀上有怎樣不同的想法和目的，而在客觀上他們卻與共產黨發生黨團關係。另一部分人士呢？例如所謂青年黨和民社黨底一部分，則忸忸怩怩，表面以所謂「參加政府」等等漂亮方式，謀得一官半職，滿足個人底私欲，投降於「現狀」底懷抱之中去了。這種現象，是中國政治發生極化作用之最顯明的證例。因此，所謂「中立分子」在現階段裡不能形成一個中流砥柱而且獨立不倚的力量，因而他們在目前的動亂中不能起澄清作用以達到「經濟平等」和「政治自由」之目標了。

放棄美夢，面對現實

國民黨、共產黨，和「第三者」都不足以消弭中國當前的動亂，那末，誰才能消弭中國當前的動亂呢？怎樣才能消弭中國當前的動亂呢？

我們在前面已經表示過，中國當前的動亂，是由於中國內部歷史發展的癥結，碰上強權侵略，益以深刻國際力量底影響，等等因素合共作用所形成的。這些因素底作用一日不完盡，鎭日空口高呼「和平」，即使動機是善良純潔的，也必絲毫無濟於事。第二次世界大戰末期以來以美俄二強爲主導力所形成的世界分化和鬥爭形勢，更使得中國這一角落不能孤立於世界動力底支配之外而單獨地在目前產生和平局面。既是如此，和平的夢，像仲夏夜之夢一樣，雖然美妙輕柔的，能給予暑天酷熱裡的人們以清涼的幻覺，可是在它無法變成事實的時候，我們只有放棄它。放棄美夢，面對現實，尋求解決的方案吧！

首先，我們必須從觀念上著手。一般人常常陷入一種錯誤觀念之中：國民黨是主張「戡亂」的。因而，凡主張「戡亂」的是國民黨。這是錯誤的推論。國民黨固然主張「戡亂」，主張「戡亂」的不必是國民黨。人固然吃魚，可是吃魚的不必是人。目前的動亂不僅嚴重地威脅著國家底獨立和民族底生存，而且普遍地使得每個人身受其苦。因此，消弭當前的動亂，是每個國民所必須的，而且是每個國民底責任。在目前的動亂之中，中國共產黨固然是主動的力量，然而自稱國民黨的許多人卻爲共產黨底動亂舖下道路，助長禍亂。所以，目前的動亂，共產黨和自稱國民黨的一部分的人都有責任，我們人民所要弭平的是這一動亂，並無所親疏於此黨彼派。實在說來，自稱國民黨的一部分人既然助長禍亂，他們是沒有資格口稱「戡亂」的。今日中國人民要消弭禍亂，這一部分人也應在被戡除之列。

根據我們在前面所分析的，既然中國共產黨目前的行動足以使中國淪爲俄國底附庸而喪失獨立自主，陷人民於恐怖、混亂，和痛苦之中，如果共產黨底企圖實現，便形成一黨暴力專政的極權政治，因而絞殺中國底政治民主，所以共黨所造成的動亂是必須消弭的。消弭動亂底方法，如果有效的話，自然最好是和平協商。假如事實證明「此路不通」，那末只有退而求其他的方法。

有人以爲中國共產黨內部有不少開明民主的分子。如果能夠儘量爭取這類分子，那末可使共黨逐漸變質，走上和平民主的大道。再以和平民主的方法，實現共產主義的理想。這樣一來，既可以避免用兵流血，又可以實現「政治自由」和「經濟平等」。這種方法似乎很美麗，可惜太天眞了。

我們不能說中國共產黨內部沒有開明、進步、和民主的分子。但是，這類底分子，在中國共產黨內不能發生作用；不獨不能發生作用，而且還是被「整肅」的對象。共黨在現階段裡的宣傳固然較易吸收開明、進步，和民主的分子，而且爲了勢力擴張，共黨在某種環境裡表現得開明、進步，和民主，但是共黨底本質（nature）與這些性質是極不相容的。

共黨底哲學是「戰鬥唯物論」，他們崇奉希臘赫拉克利圖斯（Heraclacltus）底「戰爭是萬物之母」底說法。在所謂「否定之否定」，和「對立物之統一」這些說素之中就把鬥爭意念暗示進來。「階級鬥爭」底提倡，更是公開鼓勵鬥爭。在列寧底遺教裡，尤其處處說明鬥爭重要並且闡揚鬥爭底實際策略。恰恰相反，民主和開明底哲學基礎是和平。所以，抱持鬥爭哲學的人，也許在一時一地講開明民主，可是這是一種姿態或策略，在本質上是不會開明民主的。共黨本身就是一個鬥爭體系，它不是對內力強紀律以保持鬥爭精神，便是藉製造對外的恐怖來維繫各個分子底鬥爭情緒。

中國共產黨所抱持的哲學是這樣的鬥爭哲學，這樣的鬥爭哲學成了他們最固定不移的觀念形態，和行動底最高指導原則。在共黨之中，起領導作用的，是堅持鬥爭並且富於鬥爭經驗的人。同時，共黨具有世界一切政治組織中最嚴密的組織以部勒它底黨徒，這樣的一個集團，在世界和中國的大環境沒有和平安定以前，怎麼可能和平轉變呢？

國民黨則不然。國民黨沒有具支配力的意識形態。雖然，在一九二八年以後的若干年月，國民黨標尙三民主義，可是，在大部分的情形之中，這種標尙不是作爲一種形式的黨教，便是作爲獲取團體或個人利益的護符。到了現在，連這種形式上的黨就也不能維持，這種護符給許多人底實際行動拆穿以致失靈了。實際說來，國民黨沒有中心思想，更沒作爲基本出發點的具支配力的觀念形態。論組織呢？更不知從何說起。在表面上，國民黨是有組織的。在實際上，這種表面上的組織並不起組織作用。在國民黨內，稍起作用的，是些小派小系。這些小派小系，無政治理想之差別可言，似乎是純然以私人爲中心的利害結合。這些利害結合，表面上掛起一個共同的招牌，表面上「服從」一個共同的領袖，是之謂「國民黨」。

共產黨底本質不能在這個環境裡轉變，國民黨就能轉變嗎？

國家底苦難、人民底意向，和時代底浪潮，日日摧折著這群破落的大家子弟，刺激著他們內部發生變化。

空頭的主義不能拘束他們底心靈，表面組織不足以部勒他們底身體。多多少少國民黨人在徬徨、在苦悶，在渴望著新的局面出現。在等待著迎接新的時代，法國大革命時代，多少貴族投身到革命陣營裡。許多國民黨員，爲了自身底生存，爲了自身底出路，正準備著走上新的道途。一八九四年以來，國民黨像條百足之蟲，死而不僵。在這五十多年的悠長歲月之中，它由興盛而衰疲，由衰疲而興盛，由結合到分解，由分解到結合。幾經滄桑。目前，內外的因素刺激著國民黨。國民黨正處於由分解到重新結合的過程。

正因國民黨處於極盛而衰的動搖過程，才有希望轉變。

一支軍隊打敗仗，不堪再戰，並不表示這支軍隊從軍官到士兵是無能的；而是因爲這支軍隊中有些分子失去效用，並且指揮錯誤。假若將這個部隊重加編整，調整優良的指揮官，那麼還是可成一支勁旅的。國民黨也正是如此。國民黨目前所表現的，固然令中國人民極端鄙棄和厭惡，但是並非每一國民黨人都是如此，國民黨這個集團，正像中國這個國家一樣，有最頑固、保守，落後的分子，也有最開明、進步的分子：有最舊的分子，也有最新的分子：有最壞的分子，也有最好的分子。現在，外在的因素，正刺激著國民黨內部，使它發生內在的質變。保守和進步，獨斷和公意，舊和新，壞和好，正在國民黨內部鬥爭著。假如保守、獨斷，和腐舊的勢力戰勝了，那麼國民黨只有愈趨於下坡路以至於滅亡。假如進步、民主，和新生的勢力戰勝了，那麼國民黨一定可以復興。此時，正是國民黨自我衝突的時代。國民黨內部進步和新生的力量成熟到飽和點，克服了爲人民大眾所厭棄的自私、頑固，和落後的分子，徹底揚棄這舊的軀殼，消除助長共黨暴亂因素的一天，便是國民黨內優秀的分子洗刷他們自己，重新站在人民面前，與黨外正在成長的新勢力結合，共同消弭中國當前動亂的一天。

一個人因病發熱不能從外部用冰塊根本止息他發熱。中國目前的動亂既然因從社會內部產生而不能藉主觀的「反戰求和」來消弭，那麼只有不得已地藉著軍事方法來散熱。中國歷次因人口過剩而食物不足所引起的動亂一直到人口互相抵消以至食物足夠時才能終止，這些實例便是很好的明證。戰事所製造的苦難固然爲身受其禍者深痛惡絕。但是，在戰亂從社會歷史中必然產生而無可避免時，我們只有於事發之已然力謀求其縮短。今日縮短戰亂的方法，不是空口吶喊「反對內戰」，這是無補實際的。有效的方法就是集中愛國家、愛民主、愛自由的力量，遏止出賣國家、企圖獨裁、妨害自由的武裝暴動；並肅清助長武裝暴動的腐惡勢力，而且抑制其魚肉人民的罪行。這樣雙管齊下，才能使動亂縮短。

建設民主社會主義的新國家

也許有人要說，這種辦法豈不是「替國民黨幫兇」嗎？這種想法，未免太自卑了。國家是中國人民大眾底國家。中國人民有愛護自己底國家，維持大眾安寧底權利。現在外而直接間接受到俄國人底威脅，內而遭受暴力底迫害，貪官污吏底壓榨，大眾底生活不能維持，我們國家主人翁起來捍土衛國，攘拒暴力，清除貪污，維持自己底生存。難道這是「替國民黨幫兇」嗎？國民黨不是中國底主人，它至多不過是國家底公僕之一。假若這個公僕妄想以主人自居，非分獨裁，專擅國家大事，而且政治不良，弄得國勢貧弱，以致強鄰覬覦，民生疾苦，激起共黨乘機裹脅貧苦人民，發展武裝動亂，天下騷然，那麼我們還要以主人底身分來斥責國民黨哩！

戰亂固然是一種罪惡，可是它卻可能具有加速新陳代謝的作用。戰亂固然有時使社會倒退，可是有時也能使一個新的社會產生出來。十九世紀中葉的太平天國之變，固然使得國家和人民遭受重大的創傷，可是這個大變卻動搖了舊社會，淘汰了無能的滿人，「內輕外重」的局面形成，漢人得以掌握重權，爲後來的辛亥革命和中國新社會底建立鋪下一條大道。在十九世紀五十年代以後，太平天國勢力和腐舊的滿清王朝幾十年的苦鬥裡，成功的不是太平天國，也不是腐舊的滿清王朝，而是後來孫中山先生所領導的主張民族平等和政治自由的勢力。目前的戰事過程難道不能衍生同樣的催生作用嗎？假如能夠發生同樣催生的作用，那麼讓腐舊的勢力隨著腐舊的社會一齊死去，讓暴虐、陰毒、狡詐、變幻無常的集團爲他們陪葬，而令新生的民主自由進步的力量從這苦難中茁長起來。

狂風暴雨過後，出現的是風和日麗的景象。在這一歷史性的動亂煙消雲散以後，腐舊的勢力與暴惡的勢力一起寂滅。中國人民新生的力量抬起頭來，在和平安定的氛圍裡，藉持久的努力，逐步建設以「政治自由」和「經濟平等」爲內容的民主社會主義的新國家！

——原載《青年雜誌》，卷一期二（南京：一九四八年九月）；署名殷福生

14 我對國共的看法

國民黨專政二十年，它底毛病完全暴露在中國人民面前，所以我們用不著去批評它。可是還有若干人，尤其是許多青年們，沒有認清中國共產黨底眞面目，對它還存著某些希望。

假若指揮世界各支共產黨的俄國共產黨眞是馬克斯底忠實信徒，並且是爲實行馬克斯底理想而奮鬥，那麼必將受到全世界勞苦大眾底歡迎。可是，無數的事例，尤其是南斯拉夫事件，極其顯然易明地告訴我們：俄國共產黨走著與馬克斯相反的道路，他們是在馬列主義底掩護之下，跟著克里姆林宮底領袖們走上彼得大帝底舊路。時至今日，每一個具有人類基本智慧的人都應該可以判斷，俄國共產黨對外將國際主義置於民族主義之上；對內則將民族主義置於國際主義之上。他們要求在共產國際指揮之下的各國共產黨各自放棄民族主義，爲俄國底利益而犧牲各自底祖國在外交上甚至於在事事上的利益，來實行世界無產階級一家的國際主義。可是，俄國共產黨在國內則崇拜著斯拉夫底「民族英雄」，並要求全世界共黨支部向莫斯科看齊，以俄國爲「世界無產階級底大家庭」。在這樣一種「統一矛盾」的運用之下，克里姆林宮主人打起馬克斯的招牌要征服全世界以建立一個大蘇維埃帝國。爲了實現這一雄圖，他對於世界軍略要點都有實際的謀劃。而各國共產黨則在莫斯科統一指揮之下個別地利用自己祖國內部的弱點幫助他完成這一企圖。古老東方，並沒有逃出這一偉大計畫之外，所以「社會主義的」俄羅斯在美國慷他人之慨之下訂立雅爾達協定，以「恢復帝俄時代的權益」。在彼得大帝底繼承者這一發展計畫之下，即使中國共產黨底領袖們心目中想成鐵托，他們在客觀上是否幫助俄國戕害自己底祖國呢？而且，他們又有什麼把握避免南斯拉夫目前所遭受的厄運呢？

俄國共產黨三十年來的歷史所表現的，是嚴格地要求思想的清一色、組織的清一色，和社會成分的清一色。在俄國，藉著政府長期的教育和宣傳以及在消極方面的種種嚴格的制裁，人爲地使得全國二億左右的人民信奉馬列史主義。馬列史主義之於俄國人民，像希臘正教之於中古時代歐洲若干國家裡的人民一樣，成了必須一致崇奉的國教。在俄國，只有共產黨，或受共產黨支配，或以共產黨員爲原料的各種團體才能存在。任何不同質的組織都在排斥消滅之列。在這個國家裡，基於一種說法，消滅無產階級以外的任何階級。無產階級是社會底唯一成分。在這樣的社會裡，正同在法西斯統治之下一樣，「個人」只被視作「手段」，而不視作「目的」。政治工程師們有權隨時隨地消滅妨害政治要求的個人，正猶之乎園丁可以隨著需要而割除他認爲有妨礙的花草一樣。等到思想、組織，和社會成分這三種「清一色」藉著布爾希維克政權強力做到了，俄國底職業宣傳家們，爲了誘惑世界別國嚮往民主自由的人民轉變民主運動而從事以俄國爲模範的共產鬥爭，說俄國底這些作風正是民主的，而且是建立於經濟平等和階級平等之上的眞正「新民主」。「民主」一詞裝上這樣的內容，固然十足表示人類具有運用名詞的自由，可是，在實際上，處於這種「民主」範圍之內的人民，本身變成工具，沒有規定以外的言論、集會、結社的自由；工人沒有罷工的自由；人民只有無條件地信奉馬列史主義的自由，而絲毫沒有批評或反對這種主義的自由。中國共產黨人，像全世界受莫斯科控制和指導的共產黨一樣，也是要求這三種「清一色」的。在所謂「解放區」，有沒有「各黨各派」活動？有沒有《大公報》行銷？顯然得很，照這種情勢發展下去，如果共產黨打垮了國民黨，那麼另一個統治更爲嚴密的極權政權會在中國大陸的廢墟上建立起來。

古往今來，奪取政權是常事。而中國共產黨爲了奪取政權，則採取任何可能的手段，毫無道德倫理和國家存亡的顧忌。只要可想像地有利於政權之奪取，中國共產黨人並不考慮是否犧牲國家，更不惜以百姓爲芻狗。所謂「土改」、「清算」、「鬥爭」，至少在目前是煽動老百姓以達到軍事動員目的之手段。二十年來的悠長歲月之中，共黨浸沉於殘殺破壞擾亂之中。鬥爭愈激烈，久而久之，手段反而變成目的。革命應該是爲人民大眾謀求福利的行爲。共產黨人這樣置國家底安危於不顧，置人民底痛苦於不顧。破壞多於建設，仇恨多於仁愛，革命之功未成，而殘民以逞之罪已著了。

武力征服底後繼常爲獨裁政治。歷史上無數實例可以證明這一原則。因爲在軍事動亂中所形成底權力有

「動者恆動」的慣性（inertia）。這一慣性在武力征服終了以後要經過許久才能止息。假定共黨「武裝革命」成功，繼軍事征服力量而起的，必然是一獨裁政治無疑。在這樣的政治之下，民主自由離著我們豈不更爲遙遠？

從上面的分析看來，中國共產黨無論標尚何種理想目的，他們所採取的手段則是有害而可怕的。中國共產黨之所作所爲，現實地，在一方面大有利於俄國人向東亞的發展，大有害於中國民族底獨立和生存；在另一方面激烈地擾亂社會秩序，嚴重地戕害國民經濟生活。

根據這些理由，共黨底暴亂是必須遏止的。

由於共黨周密而持久的宣傳，由於國民黨之令人厭惡，由於現狀之令人不滿，以致許許多多的人以爲目前方在進行的大動亂是「國共之爭」，而以國民黨爲骨幹的政府之從事「戡亂」是「內戰」。但是，從我們歷史的、政治的、經濟的分析看來，目前進行的大動亂是必發之症。患病是常要發高熱的。如果我們能夠從病源上著手診治，那麼病症消除，高熱自然隨之退去。這是最好不過的事，假若情勢過於緊急，那麼除了從正本清源上著手以外，同時又藉軍事行動來消弭禍亂，也是迫不得已之舉。國民黨並不是中國的主人，它至多不過是國民公僕之一。中國人民才是中國的主人。如果國民黨腐敗無能，不足以爲中國人民服務，不足以保衛國權，不足以維護人民的利益，那麼我們做主人翁的應該責備他們「辦事不力」。爲了整個民族的前途，爲了實現政治自由，爲了達到經濟平等，全體人民必須挺身而起，有效地縮短以至於結束當前的大動亂！

——原載《創進》，卷一期十二（南寧：一九四八年十月二日）；署名殷福生

15 趕快收拾人心

近來東北戰事失利。政府當局也不再諱言，而變相的物價高漲，更是每個升斗小民所切身感受到的事實。廣大人民陷入恐懼情緒和生活煎逼之中。這些眞眞實實的情形，眞實得不是少數人愛聽或不愛聽所能抹煞，更眞實得不是任何粉飾之詞所能粉飾的了。

國家在這樣風雨飄搖之秋，老百姓在這樣痛苦的時分，安慰在哪裡呢？希望又在哪裡呢？享有特權的人享有特權如故，人民莫可奈何。靠著私人政治關係而發橫財的豪門之輩，不是逍遙海外，即是特權豪強如故。對於這輩人民公敵、共黨匪徒最大的幫手和功臣，不用說到現在還沒有人替老百姓施用政治力量強制他們捐輸貲財以戡亂救民，甚至不曾用指甲輕輕彈他們一下。人事上也偏私如故，似乎沒有國人置喙的餘地。國家弄成這個樣子，老百姓人人裝著一肚皮悶氣。人心失盡，如何得了！若不再爲四萬萬國家主人翁抒發這股悶氣底萬分之一，何以對畢生以救國救民爲己任的國父在天之靈！何以對爲革命事業而犧牲生命的千萬烈士之魂！更何以對全國受苦受難的同胞！

在剿匪戡亂過程中，許多人只知注意應付的技術，注重裝備，注重有形的物質條件，而不注重精神條件，更不注重政治改革。「軍事是政治底延長」。這是人人應該明瞭的常識。沒有健全的政治，怎會有健全的軍事？沒有有生命有內容的政治，怎會有有生命有內容的軍事？國事發展到現在，應該可以使人痛切覺悟，欲求戡平共黨禍亂，挽回目前軍事上不甚有利的態勢，固然不可不從注重加強軍隊之有形的裝備著手，而更重要的，則是由軍事力量所從出的政治改革著手。這是什麼意思？

十九世紀中葉以後，共黨勢力猖獗於德國。德國怎樣應付呢？孫中山先生已經說過，德國首相俾斯麥毅然實行國家社會主義，將共黨藉以猖獗的題目從共黨手中奪過來，於是共黨在德國復能有所作爲，俾斯麥不愧爲一手腕靈活的偉大政治家。今日中國正遭逢太平天國之變以後最大的變亂，這一變亂，固然有國際陰謀爲之擴張助長，然而歸根究底還是由於中國社會內部毛病太多。共黨匪徒在骨子雖然藉暴力劫奪國家政權，但是在表面卻利用這些毛病來裹脅號召。因而猖獗難制。現在我們要根本戡平赤禍，在原則上必須效法俾斯麥對付德國共黨的辦法；把題目從共黨手中奪過來。目前少數人這樣享受一切特權，生活驕奢淫逸，沒有一個人去當兵，一文錢也不肯出，而卻完全要窮苦的老百姓抽丁納糧，如何使人心平氣服？如何不令反對者有所藉口？

國事演變到這個地步，勢必犧牲極端少數的人，來挽救最大多數的人，如能將這個局勢扭轉過來，革命與反革命底試金石，就看是走多數派的路線還是走少數派的路線。如果走少數派的路線，只顧全少數人底利益權勢，那麼儘管口裡喊革命，事實上是反革命。如果走多數派的路線，顧恤多數人底利益，即使口裡不標榜革命，老百姓還是知道他是革命的。假若吾人能天下爲公，用人唯才，疏遠小人，罷黜一切害民之官，嚴辦豪強特權之輩，減輕人民的負擔，將千千萬萬人民底負擔放在極端少數豪門鉅富身上，令民困得以稍蘇，那麼人民耳目必然爲之一新，前方軍心立即因之而大振，區區共黨匪徒，不足平也。

退一百步說，長江以南，尙足可抵歐洲十餘國，人口有二億以上，出海便利，物產豐饒，交通發達。較之北伐時代的憑藉，其優厚不可同日而語。爲什麼要悲觀？無他，根本毛病就在自身。如果吾人能確實掌握並動員這一廣大地區底人力物力，那末戡平赤禍，實綽有餘力。而確實動員這一廣大地區底人力物力，最根本的關鍵是收拾人心。而收拾人心，絕對不能靠一紙公文命令，必須負責者首先作上述幾件大快人心之事，振奮沉悶已久之人心，示天下以無私，拿事實證明戡亂剿赤並非保衛特權階層底利益。而確係爲保衛領土主權之完整，爲保衛人民之自由平等，爲保衛中國底歷史與文化。這樣一來，形勢必爲之丕變。

趕快收拾人心。只有這一個機會了！

——原載《中央日報》，第二版（南京：一九四八年十一月四日）

16 政治自由與思想自由

從歷史的長期過程考察，政治自由與思想自由，二者有著相互的密切關聯，但是，二者關聯底形態，卻又各不相同。思想自由之動態的（dynamic）累積，可能形成觀念動力，這種觀念動力，可能潛在地甚至於顯明地轉化而爲實際動力，這種實際動力，可能掙脫舊社會底桎梏，進而掃蕩舊社會，來創造一個新時代。所以，在一苦厄的舊時代行將崩潰而革命運動行將爆發底前夜，總有思想運動或宣傳鼓吹爲之前導。政治背景之影響思想發展的形態，則又與此不同。在一政治自由的背景裡，思想自由隨之發展。中國底先秦時代，十七世紀的荷蘭，都是很好的例子。不然的話，如果一個國家沒有政治自由，一定也不會有思想自由；即使在名義上有之，也不是貨眞價實的，或者，只是在長時期政治控制之下所形成的一種貌似的自由而已。

我喜歡引哲學家羅素底話來表示思想與時代底內在關係：「理想原是苦厄與希望的產物。故當不幸期表面上將屆結束時，即行達到最高潮。」魏晉南北朝時代，社會混亂已極，人心悲苦，咸求苦厄底擺脫，於是玄遠之學底發展，以及當時若干人士對於人生底體驗之深刻，在中國思想史上放出奇光異彩，十九世紀末葉至二十世紀初葉在中國民族大醒覺運動中，康有爲倡導變法維新於先，孫中山宣揚民族思想和民主思想於後。法國大革命前夜，路易十五朝政敗壞，貴族和僧侶等特權階級剝削廣大人民。盧騷著《愛彌兒》（*Emile*），否定教會底主張，提倡自然宗教，從人性底解放上闡揚自由之說；又著《社約論》（*Social Contract*），倡人權平等之說。他給予法國大革命以深刻的影響，甚至不可一世的梟雄拿破倫對於盧騷也五體投地的恭維道：「若無盧騷其人，則法國可無革命。」十九世紀中葉，俄國沙皇專橫益甚，大地主肆意壓榨農民，社會充滿了黑暗。托爾斯泰和屠革涅夫等文豪本人道主義和社會主義思想，從事創作，暴露當時社會底黑暗。影響所及，直接或間接掀起社會革命底洪流，促速沙皇統治底最後瓦解。在歷史上，像這類思想之有助於政治改革和社會改革的例子實在是太多了。

在政治自由的環境裡，毫無問題，思想一定得到充分的自由，因而思想無拘無束地發展起來。前面所提到過的先秦時代最令我們憶戀，周室底政權削弱，天子形同傀儡，四海分崩，中央集權解體，諸侯各自爲政，於是諸子百家，異說爭鳴，思想極度自由解放。因而這個時代成爲中國思想史上極度燦爛輝煌的時代，給予後世深遠的影響。可惜，這個時代在中國歷史上有如曇花一現：這個時代底精神並沒有承續下去。以後若干年月，寂然無聞。魏晉南北朝底思想，本質固然玄遠高妙，可惜與佛學化合，沒有在人生現實方面產生積極的影響。二十世紀三十年代，中國底中央政權孱弱無力。袁世凱死後，他所建立的軍系瓦解，國家陷入軍閥底混戰之中。舊式軍閥大帥知識簡單，只知爭奪地盤，不知統制思想，因而思想尙有自由發展的空隙。五四運動展開，揭櫫「科學與民主」底旗幟，胡適之和陳獨秀二位先生可以說是這個運動底中心人物。胡適之和陳獨秀先生除了發動文學革命以外，胡先生又介紹杜威底實用主義，提倡以科學方法整理國故；陳獨秀先生則首倡社會主義，他後來並且成爲中國社會主義運動之實際的領袖。經過他們底領導，其時，請外國學者來華講學的，並且介紹歐美底新學說新思想，幾乎成爲一種風尙。外國學者來華講學的，有羅素，杜威，和德理舒等人，羅素來華演講現代數理邏輯，爲中國研究此學的播下良好的種子。杜威講實用主義和教育原理，給予中國思想界和教育界以不少的影響。德理舒則發表他底「生機主義」，爲生物學提供一個新的看法。至於歐洲政治思想之被介紹到中國來的，有無政府主義，基爾特社會主義，安那琪主義，等等。眞個是「名目繁多，不勝枚舉」。總而言之，五四時代，無疑是中國現代思想史上一個大啟蒙大解放時代。這個時代（也只有那時代，以後就沒有了）給予中國今後學術思想界以重大的影響。至於在英美政治自由的環境裡思想之得以自由的發展，那更是顯著得不用例釋的事情了。

反之，如果作爲思想發展之實際背景的政治環境不自由，那末思想便無自由可言。這樣的實情，在中國有悠久的歷史，在歐洲幾乎佔據了整個中世紀，不獨佔據了整個中世紀，而且現在還出現一個集其大成之典型的範例。

我們已經說過，先秦時代，思想自由，百家爭鳴，於是形成中國學術思想史上燦爛輝煌的一頁。可是，秦始皇一統天下，討厭這些紛紜眾說，認爲思想上的歧異有害於政治的統一，於是，實行對於思想自由的大迫害，幹出「焚書坑儒」的暴行。秦朝不獨禁止許許多多小家小派，甚至連孔孟之道，和四書五經也在禁止之列，實行徹底的愚民政策。專制魔王之摧殘思想自由，固然得以逞快於一時，可是他底「江山」也就不旋踵而失掉。漢朝繼秦代之後，可以說是接著完成大一統的工作。統治者明瞭政治上的一統，需要文化思想上的一統爲基礎，因而對於文化思想上的政策，於基本原則也是「接著」秦朝來幹的。不過，漢朝底統治者比秦代在文化思想的統治技術上要進步些。他們知道僅僅是禁止思想學說之流行，造成人民精神世界的眞空是不夠的，而且是很危險的。因爲，「自然忌眞空」。於是，除了一方面禁止他們所認爲「歧異」的思想以外，另一方面要拿一種東西作爲「正統」來塡補這可怕的眞空。於是所謂「罷黜百家，一尊孔孟」的好辦法拿出來了。這一妙法，一直被歷代的統治者採取著，因而影響甚至於支配中國思想界幾千年之久；一切思想都須以「孔孟之道」爲歸依，其他異於孔孟之道的思想學說，一概遭受政治的壓制，簡直難以自由發展。到了明清之世，統治者更妙想天開，拿八股文章來「取士」。這麼一來，在學人士子底精神枷鎖上，更套上一層枷鎖，使他們從少到老都消耗精力於此道以取得一點功名富貴，而不暇他顧了。

歐洲中古時代是一個嚴格的思想統制的時代。在這一個時代，宗教權力與政治權力密切結合。宗教領袖，不獨統制人民底精神生活，而且直接或間接地統治人民底物質生活，又轉回頭來藉物質生活底統治以加強並鞏固其對於人民精神生活底統制。在這種宗教的統制時代，一切必須向宗教教義「看齊」。凡屬違反教義的思想學說一概都在排斥禁止之列。而教義底解釋是教皇和僧侶階級底特權，平民解釋教義簡直是大逆不道的滔天罪行。因而，舉凡文學，哲學，科學，藝術，都是宗教底侍女。這些東西存在底意義與作用就是爲了說明教義底正確性。所以，「證明上帝底存在（existence of God）」，如聖安哲蒙（St. Anselm）等人所做的，成爲中世紀經院哲學底主要課題之一，聖母和聖嬰好像是這個時代繪畫之僅有的題材。神像雕刻與寺院建築之設計更是佔有了藝人大部的心靈。

可是，人類是動物而不是化石。人類底精神發展，正像赫拉刻利圖斯（Heraclitus）所看見的河流一樣，是常流不息的。宗教的統治者，想藉人爲的方法來固著人類底思想，或防範人類底思想出範，實在比固著洪流或防範洪流底氾溢還要困難，還要違反自然。要氾溢的終歸要氾溢。人類精神文化底發展，走著它自己底道路，即使遇到外在的阻力，它還是要前進的。因而，「異教迫害（heretic persecution）」，和「宗教審訊（inquisition）」就發生了。犧牲於這些卑劣手段之下的科學家和思想家，不知凡幾！布魯諾（Bruno）被燒死。伽利略（Galileo）被拷打。史賓諾薩（Spinoza）被迫害。

我寫到這裡，也許有人覺得，我在以上所說的，多是中古時代時情形，或現代以前的情形。現在科學昌明，神權墜落，當然不會有這樣的情形了。不，現在有一個典型的實例明明白白地擺在太陽底下，只是大家睜著眼睛熟識無睹罷了。恐怕不獨是熟視無睹，還有些青年甚至於中年，以耳代目，以情感代理智，以反應代思考，輕信有計畫的宣傳，相信那兒才有眞「平等」，才有眞「自由」，而「心嚮往焉」哩。

那群政治魔術家和劊子手合共形成的偉大的傑作，只能欺騙上述的青年和中年，而不能欺騙世上所有的人。人類底智慧不比人類高。魔術只能欺人於一時而不能欺人於久遠。至少在三十年前，那群政治魔術家和劊子手們，在第一次世界大戰中乘沙皇底軍事潰敗和社會混亂之機，從舊的統治者手裡奪過政權而把自己變成新的統治者。新的統治者在統治技術上比舊的統治者要高明要嚴密得多。他們在東歐那一工業落後和農奴充斥的貧窮國度裡，逐步藉「實行社會主義」之名來完成他們底統制體系。在文化建設上，做的很是徹底。消極方面，他們徹底摧殘沙皇時代的意識形態，排斥宗教，藉電訊和交通的控制而隔絕外來的知識傳播，並且大量迫害舊日的文化人。我只舉個例子就可想見一般，帝俄時代有位美學家叫做亞力山大．布洛克（Alexander Block），革命以後被布爾希維克黨人聘往某大學教授美學，但是，規定他必須以馬列主義爲依據。這位可憐的老美學家，無論如何想不出音樂底韻律與馬列主義有什麼關係，因而，他竟飢餓以死！

積極方面呢？全國一億八千萬以上的人民，必須毫無例外地信奉馬列主義，如像在不久以前希臘正教之必須奉爲國教一樣。馬列主義爲「眞理」之最高的標準。它是權衡一切學術思想之唯一有權威的尺度。一切學術思想，與這一尺度合之則留，不合則去。舉凡文藝、哲學、音樂，甚至於自然科學，都必須反映馬列主義，暗示世人它是唯一無二的正確主義。但是，怪可憐的，這樣被看作至高無上和尊嚴無比的馬列主義之內容卻又不指導實際政治，恰恰相反，它底內容是常常隨著實際政治上的需要而「修正」的。而修正馬列主義之權，正像修正宗教教義之權不操諸無權無勢的平民而是操諸有權有勢的教皇和僧侶階級一樣，只爲政府或作爲政府權力之泉源的黨底中央所保有，尤其爲既是政府底領袖又是黨底領袖的元首所保有，並不爲無組織關係的學者所保有（假定有這種人的話）。至於在政治鬥爭場合裡失敗的人，本身尚被「清算」，當然更沒有資格贊一詞。權力和「眞理」在這兒是完美而密切地結爲一體了。

這不是中古宗教統制所形成的黑暗時代之重現嗎？在這樣絲毫沒有政治自由的領域上，思想還有一絲一毫自由嗎？自由，正如平等一樣，是民主底必須要素。這裡既然沒有自由，還配說是「新民主」嗎？

政治自由是思想自由底前題。愛好自由的人們，不要尋求空中樓閣，自己努力把自己腳上所踏著的土地，變成自由的宮殿吧！

——原載《創進》，卷一期二十（南寧：一九四八年十一月二十七日）；署名殷福生

17 書生之用

「百無一用是書生」這是常聽到的批評書生的話。目前時微世衰，有心之士，了然於國族病態之所在，徒以見難而不能救，只有嗟艾歎惜。這種現象，更使人覺得「百無一用是書生」。而書生對於這種批評似乎只有默然承認。

這是國家民族眞正的危機。書生亟應從新認識自己。

在中國底傳統裡，對於讀書人的看法，向來以「士爲四民之首」。這種看法不是沒有相當理由的。從經濟的觀點來看，一般讀書人是社會上的中小資產階層。中小資產階層是穩定中國社會的重要成素。從國民教育方面著想，中國底讀書人是國民中受教育最多的人。他們保有中國民族底智慧之累積。他們是人民中比較有識見或有理想的成分。因而，中國底讀書人在人民大眾中易於發揮領導作用，所以，中國底讓書人被稱爲「四民之首」。

作爲「四民之首」的讀書人，無論在實際上或非實際上，對於國家民族都有巨大的功能。

孔仲尼是一個書生。他藉集大成而創建的說教，無論是好是壞，影響甚至於支配了中國底政教二千多年，在這二千多年之間，稍有教養的時君世主，都要以他底說教爲宗歸，至少口頭不敢表示反對。至於在外國，書生底功用同樣顯著。盧騷是一個書生。他底人權學說誘致法國大革命。甚至於不可一世的英雄拿破倫都要向他表示無限景仰之忱。拿破倫說「若無盧騷其人，則法國可無革命。」從這句話可知書生盧騷所產生的實際影響。馬克斯是一個書生。他窮困已極，長年在英倫讀書著作。他底思想重大地影響著一八四八年至今百年來的世界：它使西歐震動；它使一個國家變色；它使億萬人民爲之犧牲。列寧要打他底招牌，全俄人民都要崇奉他。洪秀全是一名落第秀才，他居然在廣西金田造起反來，席捲了東南半壁江山，弄得滿清顯貴手忙腳亂，招架不住，幾乎把江山送掉。中國近代的維新運動是康有為和梁啟超這群文人經生掀起的。他們底運動雖然失敗，可是他們所播下的種子卻繼續萌芽。研究醫學的書生孫中山揭竿革命，辛亥革命居然成功了。辛亥革命底成功，不是一件小事，而是二千多年來最大的事。這一個運動推翻了幾千年的專制政體，使遠東出現了一個民主共和國體。一九一九年北洋政府賣國求榮，當時在北京的一群書生，掀起五四運動，北洋政府底基礎為之動搖，種下了後來北伐勝利的種子。

凡此等等，都是讀書人底績業。誰能說「百無一用是書生」呢？

書生底功用實在不止於此。當著統制階層腐敗昏聵，小人當道，弄得政治敗壞，民不聊生的時候，挺身而起，與惡勢力搏鬥的，常常是書生。當著內憂外患紛至遝來，國勢阽危的時候，不計成敗利鈍，奮起救亡圖存的，常常是書生。這樣的事例，至少在中國歷史上是太多了。

東漢和帝以後，皇帝幼弱無能，或昏庸腐敗。宦官乘機僭竊國家大權，狐假虎威，擅作威福。他們在中央勾結黨羽，在地方遍植爪牙。真是「小人道長；君子道消」。惡勢力一天一天地抬頭。政治一天一天地敗壞下去，以致坐待民亂蔓延，天下分崩。范曄所描寫的當時宦官底氣焰煞是逼人。因而，正如朱穆所言：「宦官子弟親戚，並荷榮任；凶狡無行之徒，循以求官；恃勢怙寵之輩，漁食百姓，窮破天下，空竭小人！」

宦官們這樣為非作歹，讀書明理的正人君子，怎麼看得過眼呢？於是，一般有是非之心的讀書人，無論在朝在野，為了澄清政治，紛紛起而糾正。「東漢末，宦官之惡遍天下；然臣僚中尚有能秉正嫉邪，力與之為難者。楊秉為太尉時，宦官任人及子弟為宮，佈滿天下，競為貪淫，朝野嗟怨。秉與司空周景劾奏。牧守以下匈奴中郎將燕瑗，青州刺史羊亮、遼東太守孫煊等五十餘人，或死或免；遂連及中常侍侯覽具瑗等，皆坐黜，天下肅然。秉又奏侯覽弟參為益州刺史，暴虐一州，乃檻車徵參詣廷尉。參懼，自殺。秉並劾奏覽。桓帝詔問：「公府外職，而奏劾近官，有何典故？」秉以申屠嘉召詰鄧通事為對。帝不得已，乃免覽官，李膺為司隸校尉，中常侍張讓弟朔為野王令，貪殘無道，懼膺按問，逃還京都，匿讓家，藏於合柱中。膺知狀，率將士破柱，取朔付洛陽獄；受辭畢，即殺之。韓演為司隸校尉，奏中常侍左倌罪，並及其兄太僕稱，請托州郡，實客放縱，侵犯吏民，倌、稱皆自殺。陽球爲司隸校尉，奏中常侍王甫，淳于發及子弟爲守令者，奸滑縱恣，罪合滅族：太尉段熲附佞幸，宜並誅。乃悉收甫子永榮，少府萌，沛相吉，球自臨考，五毒備至。萌曰：「父子既當並誅，乞少寬楚毒，假借老父。」球曰：「死不塞責，乃欲求假借耶？」萌乃大罵。球使窒萌口，捶撲交至，父子悉死杖下，熲亦自殺。球乃磔甫屍於城門，盡沒入其財產，妻子皆徙比景。此廷臣之劾治宦官者也。」外僚劾治宦官的事例也很多。從這些事例看來，倒是在專制時代，國家還保有最低限度的法治，雖皇帝也不能袒護近臣。

正直的士大夫者流這樣劾治宦官，宦官自然要反攻，迫害名士。爲了應付這種迫害並伸張正氣，正直的士大夫者流，一致團結起來。他們要「激揚名聲，互相題拂；品覈公卿，裁量執政。」這是何等氣魄！這是何等抱負！首倡這種運動的中心人物爲郭林宗、陳蕃、王暢、和李膺等人。而贊助他們的主要分子則爲當時的太學生：「太學諸生三萬餘人，郭林宗、賈偉節爲其冠，並與李膺，陳蕃、王暢更相褒重。學中語曰：『天下模楷李元禮，不畏強禦陳仲舉，天下俊秀王叔茂。』又渤海公族進階，扶風魏齊卿，並危言深論，不隱豪強。自公卿以下，莫不畏其貶議。」他們底這種言論記載，古人倒有些畏懼！

至於統治階層昏庸顢頇，把江山弄垮，大局已瀕於難得挽救的時候，讀書人挺身出來，見危授命，勉力苦撐的事例，更是史不絕書。文天祥和史可法是盡人皆知的例子。即如滿清末葉，出來收拾洪楊之亂的，不是見敵即逃驕奢淫佚的滿清官吏，而是平且講求「經世之學」的一群書生，如曾國藩和彭玉麟這一般人。他們底學養、氣度、抱負，和堅毅不拔的精神，那裡是頤指氣使的滿清官吏可比呢？

這些讀書人之所事，或成或不成，或顯或隱，都是抱著一個理想而前進的。他們這些書生，達固然可以兼濟天下，不達也足以使得中國歷史與文化中的內在精神得到潛伏的發展（underlying development）。這一內在的精神之潛伏的發展，是中華民族不滅亡的重要因素。而促使這一精神發展的，不是急功好利之徒，而是被人視爲迂闊無用的書生。

「天不生仲尼，萬如長夜。」

世界沒有讀書人，人類永遠停止在原始狀態。

中國沒有幾許頂天立地的讀書人，民族早已滅亡了。

只有不尊重智慧的國家才輕視書生。尊重智慧的民族，一定尊重書生。而尊重書生必須從書生自我尊重開始。而在這一苦厄的時代，書生自尊的出發點是：

「任重而道遠，士不可以不宏毅。」

——原載《中央日報》，第二版（南京：一九四八年十二月二十六日）

18 和戰問題底正解

和平之實現，是世界底遠景。人類底戰爭，是由小而大，由局部而全面的。這樣推衍下去，人類社會諸力從衝突而趨於均衡，最後依據黑格爾所說之法則，戰爭必然從戰爭本身消滅，所以，無論經由內在的實質，或是經由外在的衝突，世界底前途一定歸於和平。世界底大勢□□每一角落，中國還能例外嗎？因而政府大局提出和平的表示，而一般國民，一聽到這一表示，便如響斯應，紛紛呼籲和平。這是動極思靜，久亂思治，和剝極必複的好現象。這種現象發展下去，會使國家走上和平之路的。

和平是政府底目的，也是全國人民一致的意見，這是沒有問題的了。然而，我們必須明瞭，僅僅有此目的和意見，還是空洞的。如要達到和平的目的，我們必須有主動地實現和平的力量在握。共產黨這個東西，千變萬化，詭計多端，並鄙棄信用。他們只認得「力量」。除了「力量」以外，相對於他們而言，都是不根本重要的，一概不在考慮之列，我們拿什麼力量才能實現和平呢？民意當然是很重要的。但是，民意只是一種精神力量。如果這種精神力量沒有具體化，還是不能發生實際效用。必須將民意具體化，變成戰鬥力量，才能眞正保證和平之實現。二十多年來的經驗告訴我們，中國共產黨這東西，絕對不講是非，只講利害。如果我們沒有戰鬥力量制伏他，他那裡會眞正和平呢？所以，不能戰則不能和，要能戰才能和。

要怎樣才能戰呢？這可以分兩方面來講。就國家整個的局勢看來，老實說，不改革不能戰，必須改革才能發生力量，有力量才能戰。現在政府控制之下而未遭共黨蹂躪的土地還是大部分，人口有二億以上，江南的財富和交通佔全國首位。剿共的口號也正確。爲什麼發生不出力量呢？爲什麼反而不如北伐時代呢？這裡的原因，隨便哪一個老百姓都能隨口說出。如果到這個地步，我們還不肯虛心冷靜反省承認，那還有什麼可說呢？改革之事，在若干人看起來似乎緩不濟急，然而卻是勢在必行的。既然人人迫切要求改革，那末改革就成爲這一時代的普遍意志。一個要求成爲普遍意志，力量之大，一定如洪流巨川，奔瀉千里，沛然莫之能禦。頭腦客觀的政治家，除了運用政治智術以外，一定更能體察這一客觀的趨勢，而加以把握，並因勢利導。如果犧牲少數人底權益，並順著要求改革的普遍意志以行政事，那末一定使閉塞禁錮的潛力都能發揮出來。這種偉大的動力一形成，扭轉危局，那末才能保障和平。

其次，就政治領導的集體而言，必須有堅強群固的團結，而不可自亂陣容，意見紛歧。「團結就是力量，團結才能奮鬥」。孫中山先生彌留的時分，很育心地說：「我死了以後，敵人要瓦解你們的。」現在敵人正在以各種方法來瓦解我們。我們還能不即時警覺嗎？老老實實說，客觀情勢如此，大家團結一致才有生路，分裂歧異不免於滅亡。而團結的方法，在消極方面，就是不能做敵人快意的事，不能做敵人希望我們做的事；在積極方面，除了加強領導中心，保衛領導中心以外，要痛改過去舊式的作風，認眞恢復黨底民主集權制。只有認眞實行民主，才能集思廣益，才能消融異見，才能集中力量，而從內心團結人心，以同生死，共患難。惟有在中心領導之下團結奮鬥，我們方能贏得貨眞價實的和平。

國父孫中山先生遺言：「和平，奮鬥，救中國」，這是我們今日的行動之最高的指導原則。實現和平，無疑是我們底目的，但是，更爲重要的，是實現和平的過程與手段。和平不能讓別人給予，必須我們有主動實現和平的眞實力量。讓人給予的和平是假和平，沒有力量作後盾的和平，就是投降的別名，我們必須堅決奮鬥，然後才有眞實的和平。所以，中山先生緊接著「和平」二字之後，說要我們「奮鬥」。而「和平，奮鬥」之目的，是爲的要「救中國」。三年來的反侵略戡亂軍事，爲的是保衛中國領土主權之完整，爲的是免人民被關進鐵幕作異族奴隸，爲的是保持人民自由和平的生活方式，總而言之，爲的是要「救中國」。所以，我們忍痛打下去。如果可用政治方式達到這一目的，共黨誠意接受，那末我們底目的已達，軍事行動自可停止，國內和平即可實現了。

——原載《中央日報》，第二版（南京：一九四九年一月五日）

19 歷史的蛻變會重演嗎？

假若吾人所居住的世界不是漫無目的的，那末我們就可假定人類歷史底發展有它自己底歸趨，這一發展的歸趨，作爲一種理論，支配著歷史演程中的一切特殊事件，這一切特殊事件，無論怎樣變化，終究是向著歷史發展底歸趨前進的。這種情形，正像一條河流，無論怎樣波迴萬轉，或經過多少陰灘暗礁，終究是會奔赴大海一條。

從這一高處來看中國近百年來的歷史蛻變，是饒有興趣的。再從這一段歷史蛻變以瞻望將來，更給予我們中國菁英以無窮的激勵啊！

一九一一年辛亥革命在滿清王朝傾覆之中成功。革命雖然成功，可是國家統一的局面也就瓦解。大清帝國統一局面底瓦解，本不自辛亥革命底成功始，不過，到了辛亥革命，這一分崩離析的運動發展成熟到表面化的階段罷了。

中國統一局面底瓦解，實在已經種因於百年前洪楊之變。一八五〇年洪楊之變大作，席捲東南半壁，京師岌岌可危，驕奢淫逸成性的滿清權貴，束手無策。在無可奈何之中，他們才請出曾國藩這般漢人，領導當時一批英雄豪傑，費盡九牛二虎之力，打敗了洪楊，創「中興」支局，結束這場滔天大禍，然而，帝國底分崩離析，卻也就種其遠因於此。

滿人入關統治中國以後，對於漢人猜疑防範抑壓，無所不用其極。在太平天國之變以前，漢人作官位不過四品，更不用說入閣拜相或掌握重兵這類赫聲功名了。所以，在太平天國之變以前的二百年間，滿人以戰勝者自居，享受富貴特權，任意支配國家大事，而漢人則爲被征服階層，不能抬頭。

可是，太平天國運動展開，漢人大翻身底機會就終於到來！

在應付太平天國之變底過程中，滿清王朝雖然利用這一部分漢人擊滅了另外一部分漢人，可是這一部分勝利的漢人卻本質地代替另外一部分失敗的漢人而構成對於滿人的威脅。原來洪楊在廣西金田起事，利用上帝會，裹脅流寇，嘯眾亡命，兵鋒所至，聲勢猛銳，滿人手下腐敗無能的八旗子弟招架不住，成隊的潰敗，整排的投降，迭失名城，連大將常大淳、江忠源、張國樑之流也戰死，半個中國都已太平天國化，到了這種圖窮匕見的地步，虛矯掩飾的滿清權貴們，眼看著自己底江山不保，才不得不起用「家奴」。在這樣天下動盪，四海危□，朝夕莫測局勢之下，曾國藩才出馬。

曾國藩並非什麼雄才大略不可一世的奇人，他不過是出身農家的一名儒生。如果一定要說他有什麼特點，那末除了律己謹嚴，私欲較少，和意志堅強以外，就是作事不違背常識而已。太平天國起事之初，軍隊底紀律似乎還過得去，到了後來變質，姦擄燒殺，無所不作，人民避之惟恐不及。不獨如此，他們又標榜洋教，毀壞寺廟，摧殘文物，這些超時代的行徑，大為當時的文人□生所不滿。曾國藩看準了這兩點，於是拿「保衛鄉土」和「保衛文教」兩大口號來號召天下。果然，天下英雄，聞風興起，投奔曾師麾下，齊心協力為保衛鄉土和保衛孔聖人來□除洪楊這群「亂臣賊子」。

這個工作是非常艱鉅的。洪楊之輩，雖然被官方當作。「□匪」或「髮逆」，可是這批「匪逆」並非尋常匪逆可比。在他們陣營裡，有許多文武雙全的腳色。比方說石達開，除了能夠帶兵打仗以外，更寫得一手好文章，做得幾首好詩。李秀成尤其是天才的運動戰專家。他底一□飄忽無常神出鬼沒的運動戰術，簡直使官兵莫名其妙。曾國藩和他底部下左宗棠、胡林翼之流，碰著這批獐頭，煞是吃力。曾國藩看見官兵暮氣太深，根本失去戰鬥力。於是從辦團練，練湘勇開始，這就是湘軍之始。後來李鴻章□□曾氏幕□□□練起淮軍。合力剿洪。在十餘年長期的過程中，曾左彭胡李這般人，幾經驚險的場合，幾經艱難困苦。終於，在一八六四年攻陷南京城，消滅了太平天國運動，清室底政權也因此僥倖得以保持。

滿清王朝底政權雖然因此得以僥倖保持，可是漢人底勢力卻也從此抬頭了。漢人領導的太平天國運動固然消滅，但是消滅太平天國運動的還是漢人。這一部分漢人，在剿匪過程之中和剿匪勝利以後，入閣拜官，做封疆大吏。從此，滿人底實權，逐漸轉移到漢人手裡，「內輕外重」之勢也就慢慢形成了。

一九〇〇年義和團在京師內外胡鬧，無知無識的滿清朝貴於憤恨外國使節不贊成廢立之餘，嗾使義和團加以報復。他們以爲義和團可以打滅洋人。慈禧太后公然詔令殺滅洋人。當時在東南作封疆大吏的，多半是漢人。兩廣總督李鴻章接到這個詔書，便說：「其亂命也，願不奉詔。」他不獨不「奉詔」，而且與兩江總督劉坤一，湖廣總督張之洞等倡「東南自保」之說，這一次的行動，更將「內輕外重」的局勢表面化了。更將漢人幫著逐漸瓜分滿人底政權而揚棄滿人政權的內容表面化了。

袁世凱就是這個漢人逐漸抬頭的環境裡所產生的一個幸運兒。由於漢人逐漸得勢的形勢已經形成，袁世凱才得以爲朝廷重用。他在二十三歲的年紀就帶兵平定朝鮮叛亂，以後在小站練兵，銜總督大臣，官運一天大似一天，權力一天重似一天。到後來他竟成了滿清王朝底催命鬼，這豈是足智多謀的西太后始料所及的事呢？

辛亥革命底前夜，孫中山先生在國內外策動革命。一九一一年，革命黨人在武昌起義。實實在在說來，這時革命黨人底軍事實力很是脆弱的，從純軍事立場來說，區區民兵，是不堪訓練有素的北洋正規新軍之一擊的。在這個重要的時分，如果手握六鎮四標的袁世凱是個忠心耿耿的「社稷之臣」，立即統率大軍，沿平漢鐵路南下攻擊，說不定中山先生底革命事業還要遲滯二十年才能成功哩！無如袁世凱已經不是這種臣子了，他心中別有他底一套打算。正當武漢義旗高舉，革命火頭大有燎原之勢的時侯，攝政王載灃催促袁帶兵南下鎮壓，他卻託辭足疾，按兵不動，乘機大敲滿人的竹槓，把軍政大權都攬在自己手裡。這一遲滯，革命勢力遂燒遍南北。辛亥革命就成功了。

辛亥革命成功，太平天國之變固然像一場惡夢似地過去，滿清這些朝貴也完了。惡人和壞人彼此對消，一起幻滅，最後出現的是中華民主共和國。

類似的歷史蛻變過程，能否有類似的重演呢？這只有留待今後的事實去證明了。

——原載《中央日報》，第二版（南京：一九四九年一月十五日）

20 停止戰爭，保持自由

共產主義者除一度因權謀之必要而與納粹主義者勾結以外，常常痛詆納粹主義者。共產主義與納粹主義固然有一些不同的地方，可是相同之處亦復不少。最顯著的是二者都主張極權獨裁政治。所不同的，是共產主義者底極權獨裁政治乃以所謂無產階級爲基礎。納粹主義者底極權獨裁政治是從種族優越論出發的。

無產階級是橫層面的。世界各國都有無產階級，正如同一地層之存在不必受國界底限制一樣，所以共產主義運動易於感染，易於滲透，因而易於形成一種國際性的運動。種族是歷史底產物，歷史底產物是受時間和空間限制的。納粹主義既然是從種族優越論出發的，所以納粹主義底運動易受種族界線底限制，因而也就在本質上不能成爲一種國際性的運動。

共產主義和納粹主義雖然有這根本的不同，可是既然都是主張極權獨裁的政治，所以其爲民主主義底敵人而與自由主義不能相容則一。極權獨裁主義與自由主義在政治上之不相容，不過是表面的形式。二者之所以不相容，還是由於各自屬於不同的文化傳統，觀念形態，以及人生理想。

民主自由主義者底人生理想是將個人之本身看作目的。極權獨裁主義者底根本哲學是把個人當作手段。納粹主義者曾說：「一切爲了德意志」。納粹統治之下的人民沒有自由意志；沒有自由生活；他們底一舉一動都得爲了德國。依照同一形式，共產主義者絕對不容許別人反駁地說：「一切爲了無產階級底利益。」社會上每個分子都得爲無產階級底利益而活動。而保衛無產階級底利益最切要之途徑，就是建立並保衛無產階級專政的政權。所以在這一個政權之下，人人都得絕對服從，並且爲它犧牲一切自由。

民主自由主義和極權主義之間的這種判別，是極其重大而根本的。在希臘文化影響之下的西歐或民主自由的英美，因爲把個人看作目的，於是極端尊重個人底自由。在這些國家裡，人民獲致充分的自由：他們享有思想自由，享有言論自由。因爲有這些自由，所以人智得以充分發展，學術思想極其進步。而在鐵幕之內則迥然不同。在那裡，馬列主義成爲桎梏人民思想而且絕對不許批評反對的國教。社會底每一角落，每一分子，都遭到嚴密的控制。個人被當作工具，沒有自由的生活方式，沒有思想自由，沒有言論自由。個人之存在，不過政治工程師們手上的一磚一石而已。

中國近半個世紀以來底歷史發展，是向著民主自由的大道艱苦曲折前進的。康有爲和梁啟超先生倡導維新運動及君主立憲，這是中國現代民主自由運動底胎動時期。維新運動失敗，孫中山先生領導辛亥革命，推翻數千年專制政體，創建中華民主共和國。民國成立以後，五四運動展開，「民主」被揭櫫爲與「科學」同等重要的口號。民主自由的呼聲，現在已成爲全民底要求了。時至今日，民主自由才算稍萌幼芽。這點自由的萌芽是數十年來無數仁人志士流血流汗、肝腦塗地、犧牲奮鬥以栽植出來的。

若干在現政府區域之內生存的人，也許自由還不夠充分，想要求更多的自由。這種要求是應該的。然而，我們不可忽略了一件更緊急更現實的問題。就是這不夠充分的自由能否保持，現在正面臨一個嚴重的考驗。我們如不以幻想自欺，而冷靜地想想，假如我們被關進鐵幕，還能享受這點自由的生活方式嗎？假若我們現在處於一個無產階級極權獨裁專政的政府之下，每一個人被當作工具驅使，還能保持這一點令人不滿足的自由嗎？

這樣的現狀確是令人不滿意極了！行將死亡的，當然應該讓它快快死亡。然而，我們卻不能讓半個世紀以來艱苦栽植出來的自由幼芽也一齊被洪水沖去。這點自由幼芽如也被洪水沖去，那末我們獲得充分自由的希望只有更加渺茫。爲了獲得更多的自由，我們必須全力保護幾十年來成長的民主自由幼苗。要保護這民主自由的幼苗，唯一有效可行的方法，就是恢復國家的和平。而恢復和平底先決條件，就是大家請共黨趕快停止這慘酷而浪費的戰爭。

——原載《中央日報》，第二版（南京：一九四九年一月二十一日）

21 職業學生之職業

國際共黨軍事間諜職業學生，在共黨匪徒底發縱與指使下，混跡爲若干大中學校，深藏爲廣大學生群眾之中，密匿於外圍組織底掩護之內，爲共黨匪徒從事爲各種擾亂破壞的活動。在這些活動展開的初期，由於職業學生採取隱密的作法，致使社會一般人士未能分辨職業學生底間諜活動與一般純潔善良合理運動之不同，而常常將二者混爲一談。可是，近來職業學生底活動由隱密面表面化，社會有識人士才體察出職業學生底有毒活動與一般純潔善良學生底合理運動有別。但是，由於職業學生散佈的毒素在蠍眾中發酵，使得學生的合理要求往往中途變質，向著爲共匪暴動作煙幕的道路發展。爲了挽救青年，爲了清除學生之敵，吾人必須將職業學生之職業明白而嚴正地指出。

中國在這新舊變革過程之中，歷史上一切宿疾都爆發出來，而幾十年的國內戰爭和八年的日本軍事侵略，更加深並擴大這些宿疾底爆發。這些宿疾之爆發，使得社會不安，經濟貧困，民生困苦。生長在這種苦難環境裡的知識青年，面對著這樣可慮的現實，要求政治經濟的改革，這是極其正確的而且應予同情鼓勵的行動。只有這些富於正義感和有勇氣的青年起來，才能蕩滌污舊的中國，而創造一個新的中國。然而，可惜得很，一旦有職業學生發酵於他們之間，便使得他們底正確行動變質。職業學生常常假借偶發細故，滋生事端，聚眾要挾，擴大事態，掀動風潮。於是，使得許多學生運動，變得毫無意義，毫無價值，只現得擾亂社會治安，破壞法紀，致爲社會一般有識人士所齒冷。

目前正在職業學生導演之下的一幕是所謂「反對美國扶日」運動。他們爲什麼要「反對美國扶日」呢？他們底理由是美國扶助日本復興，就要重行侵略中國。這個理由很像是正大光明的。但是，共產國際聯軍侵害東北領土主權，已經搬走東北物資機器，覬覦邊陲，並且正在嗾使其第五縱隊深入我心臟，遂行其滅我國家、亡我民族之企圖，凡此等等，俱是我國家所遭受的現實的迫害。職業學生果眞是愛國，何以不起而倡導反對？何以置目前現實之危機於不顧而只強調日本未來侵略之遠景？明白了這一點，所謂「司馬昭之心，路人皆知」了。

職業學生爲執行國際共黨匪徒所賦予之特殊任務，在學生之中，有計畫地以各種宣傳方法製造空氣。此種空氣造成觀念層面底壟斷局勢。此種觀念層面底壟斷局勢既成，便使學校師生對外發生離絕作用，並進而迫害愛好民主崇尚自由之師長及同學。使之如不離去，便須就範。政府及社會，惑於尊重讀書入之傳統觀念，對之莫可如何，一再優容，於是堂堂學府，等於租界。彼等得以學校爲掩蔽所，作爲向外作「城工活動」之中心。這樣一來，政府後方潛伏的蘇維埃便無形建立了。彼等留駐此蘇維埃之內，潛心監視師長言行，默察同學之行動。對於與彼等接近者，或加利用，或鼓勵其奔赴「解放區」，充當共匪幹部。在共黨匪徒軍事勢力未能到達之區域，彼等之活動，少取硬性的暴動手段，而多用軟性的民主自由爲掩護。對於某某問題的要求，又常以絕食爲手段：絕食一則可以爭取大眾同情；二則可以教育外圍分子，加強其集團。可是挨餓的是大批無所謂的外圍分子，而不是職業學生自己。因爲絕食既是職業學生底職業之一，怎會餓得著他們呢？

職業學生底這些職業，當初都是利用中國社會傳統地尊重讀書人並對於青年學生不懷戒心的這種心理祕密發展。吾人曾一再爲文，希望社會及教育當局力加注意。今茲上述職業學生之職業暴行，已一一暴露。教育當局，京滬治安機關，以及若干學校當局，亟宜火速予以清除，勿令彼等將學校變成城工部的前哨，以破壞教育，毀滅國家。

——原載《中央日報》，第二版（南京：一九四八年六月十八日）

22 備戰謀和呢？還是弭兵求和？

自從政府倡導和平以後，全國人民同聲響應：各地通電贊同；各處紛紛組織和平促進會。這可見中國人民在長期戰亂之中，厭戰已極。他們不願國內再戰下去，而要求作戰雙方。無論誰是誰非，趕快停止軍事行動，以和平談判的方式解決一切問題。這是人民普遍的意志，沒有人可以違反。政府之所以倡導和平，蔣先生之所以毅然引退，從一方面看來，也是順應這一普遍意志的。所以，和平底原則之正確，是沒有問題的，大家不會再有異議了。

然而，在和平原則確立以後，更重要的問題，是進一步地問：怎樣去實現和平？對於這一具體問題之解答，大家底意見就不像同意和平原則那樣一致了。在實際政治裡，手段常常可以倒過來影響原則，甚至於改變原則。有時候，原則很正確，毫無問題，而經由的過程或採取的手段有問題，往往使得原則也發生問題。例如，人有了盲腸炎，請醫生診治，這一原則總該是沒有問題了。可是，如果診治方法不高明，反而會喪命的。所以，在和平原則為大家同意之後，更重要的問題，是怎樣實現和平的具體方法。

直到目前為止，關於實現和平底方法，意見雖然很多，大致說來，可以歸結為兩種：一種是主張備戰謀和：另一種是主張弭兵求和。

主張備戰謀和，意思就是說，和平是要實現的，可是必須我們有力量，守得住，站得穩。再具體一點說，就是必須在軍事上撐持得住。要在軍事上撐持得住，就不可放棄防務，不可不努力備戰。現在備戰，目的上與從前根本不同。現在備戰，並不是為戰而備戰，完全是為止戰而備戰。目的既然是為了止戰，所以與謀和不獨不相衝突，而且是相輔相成的。

主張弭兵求和，意思就是說，兵凶戰危，生靈塗炭，國家弄成不了之局，若是再繼續備戰、只有延長禍亂而已，不能實現和平。如果即時罷兵，停止徵糧徵丁，那末戰事由一方面打不起來。一方面不能打仗，和平立即就可實現了。在這種主張之下，持論更徹底的，是一部分身負立法重責的人士，進一步主張拒絕新美援，他們認為如果沒有美援，政府就沒有軍火物資可供作戰，戰事根本就打不起來，和平不求而自會實現。

這兩種主張，是那一種正確呢？

後一種弭兵求和的主張，如果動機是出於悲天憫人的人道主義，倒是很值得尊重的。因為戰事再打下去，老百姓的確是受不了。這種想法，誠然合乎人道主義，就可惜太不了解中國共產黨底作風了。中國共產黨現在依然積極徵兵徵糧，拚命準備軍事行動。我們自撤防務，停止備戰，共產黨會不好意思，不進兵渡江而席捲東南嗎？如果東南也被關進鐵幕，人民將會嘗到什麼滋味？人民能否自由生活？在共黨控制的所謂「解放區」中，被「解放」了的老百姓，能自由地呼籲和平嗎？舉一反三，由此我們就可以知道：如果我們停止備戰，恭迎共產黨統治中國，中國人民將處於一個極權政府的嚴厲統治之下，失去行動、思想、言論、集會、結社的一切自由。這樣的「和平」結果，陷人民於漫無止境的長期高度壓制之下，其痛苦也許不下於戰亂的痛苦。

至於一部分身負立法重責的人之主張拒絕新美援，他們底動機也許是討好共產黨，減輕他們底「罪戾」。這種卑鄙怯懦、無恥的面孔，何能現於光天化日之下？怎配表率中國人民？他們以為這樣的卑劣行為可以騙得了共產黨嗎？這些人在共產黨眼裡，都是舊社會底反動渣滓，共黨等到統治鞏固以後，要慢慢「收拾」這些人的。

拒絕美援，使政府失去自衛能力，讓陰謀暴惡勢力長驅直入，統治全國，這樣的「和平」與投降有何不同呢？投降之事，還用得著提倡嗎？而且，將美援拒絕了，中國完全陷入孤立的深淵，任人宰割，究竟便利了那一個大國呢？拒絕美援的人？眞是好一群義務國際間諜！我們老百姓不要這種出賣國家利益，毀絕民族生機的敗類。

這樣看來，弭兵謀和底方法，會引導到投降之路，並不能實現眞正的和平。要實現眞正的和平，只有努力增強力量，使我們底力量足以抵抗任何陰謀與所有的暴力，□和我們底力量足以使對方任何陰謀不能施展，使所有的暴力歸於無用，那末他才會眞正考慮和平的，而要使我們底方量足以抵抗陰謀與暴力，只有積極備戰謀和。

——原載《中央日報》，第二版（臺北：一九四九年三月十五日）

23 新中國出現的一天

這是一個激劇的動亂時代。在這個時代，最大多數的人，除了遭受生活的困苦和安全的威脅以外，青年們尤其在精神上感到窒悶。這個動亂時代究竟如何歸結，現在似乎還不易斷言。然而無論怎樣歸結，我們總在這歸結底勢力圈以內，或是影響範圍以內。因此，這個時代底演變，我們不能不加以注意。我們不僅要加以注意，而且更希冀這個時代底演變依照著我們所希冀的方向前進。假若我們底力量足夠，那末我們不僅作這種希冀而已，並且還要推動這個時代。

近若千年來，中國人民被腐舊社會底勢力所毒害，被少數人所發縱的私愚政治所抑壓，被經濟的貧乏所困累，弄得半生不死，了無生氣。大多數人被這樣的現實環境養成得過且過的心理，他們不談理想，沒有計畫。他們甚而不僅不談理想，沒有計畫，而且視理想爲高調，以計畫爲空談。這些人底一切作風，只是隨歪就歪，亦若今日活著，明日不知是否能活下去。大家有意無意認爲現實環境具有絕對無可抗拒的威力，因而行事爲人，只隨順既成的事勢而應付敷衍。不肯作根本改革之圖。這種因「以爲人類完全被環境決定」的念頭所衍生出來的心理，表現於苟簡粗放的生活方式；表現於社會底許多黑暗角落，尤其表現於近十年來短視而無原則的鬼混政治上。所以，整個民族國家愈來愈走下坡略，以致形成今日不了之局。

這樣下去，不是全民族慢性自殺以致同歸於盡，便是被潛伏於中國社會內部而爲外力助長與戰亂誘發的新的陰謀暴惡勢力所吞噬。

我們置身於這樣生死存亡的危險關頭，如果還沒有失去求生的意志，如果還不甘等待宰割，那末打破現狀，努力奮發，又有何法可想？

怎樣努力呢？

在努力底開始，必須打破人類完全受環境支配的惰性心理。環境固然支配人，但是人力也可以多少改造環境。西方人士充滿了這種基本信念的。因而，在對自然方面，西方人相信「人定勝天」，「人類征服自然」，所以他們能在天水渺茫的大海裡尋求想像中的新大陸，將沙漠化為膏腴；在對社會方面，他們深信社會可以改造，於是掀起了幾次偉大的革命運動。

這種信念在本質上是積極進取的。西方人以這種積極進取的信念作人生底出發點，所以創造出今日的西洋文明。我們中國人民要求生存，要求好的生存，固然必須與舊社會鬥爭，以及棄絕建立於這垃圾堆上的統治機構，可是也不能為新的陰謀所欺騙，為新的暴力所屈服，而必須追上西洋文明。西洋文明是人類智慧底結晶，人類智慧底結晶不受地域底限制，而是人類所可共同享受的。

怎樣才能追上西洋文明呢？清末的時候，許多講求「洋務」的人，不是模仿西洋嗎？何以沒有什麼效果？這些人底失敗，在多少抱持張之洞輩所說的「中學為體，西學為用」這類似通非通的見解。因為這些人抱持這種似通非通的見解，所以認為文物、典章、制度、哲學、思想、人倫、禮教，還是中國的最好，而外國的長處只在「船堅炮利」，所以只設立製造局。以製造「堅船」與「利炮」，至於西洋人之所以能製造「堅船」與「利炮」，又是從何「體」而來的呢？他們就不去「考究」了。由這種似通非通的見解所產生出來的這種半調子「洋務」，眞是貽害匪淺！

假如我們要追上近代西洋文明，那末必須了解近代西洋文明最根本的徵性是什樣。西洋文明最根本的徵性，就是「科學與民主」。歐洲近三百五十餘年的歷史，可以說是民主科學對專制愚昧鬥爭的歷史。民主把西方人逐漸從專制底軛軛中解放出來。獲得自由與平等。科學則使歐洲人逐漸走出宗教的獨斷，正確地認識自然與社會。民主與科學，好像人之兩手，建成了西洋底現代文明。

只有實行民主，在消極方面，才能洗刷中國舊社會底餘毒，抵制即將來臨的陰謀暴力極權統治；在積極方面，才能釋放人民底智慧與活力，使社會、政治得到均衡而正常的發展。只有研究科學，才能使中國人從思想上的長期曖昧不明中解放出來，發展理性；才能對於自然和社會求得眞確的瞭解；並且研究如何脫離舊的生活方式，進步到利用自然，以改善物質的生活。

在歷史底演程上，胡適之和陳獨秀所領導的五四運動，是內在地繼康有為和梁啟超所領導的維新運動而發生的要求進步的革新運動。五四運動所揭櫫的口號正是「科學與民主」。從維新運動之提倡變法與洋務，辛亥革命之建立中華民主共和國，經過五四運動之標尚科學與民主直到最近實現民主之成為普遍要求，這五十餘年來，中國是一直向著民主與科學底大道前進的。民主尚未實現，科學底研究方在萌芽，因此我們還須繼續遵循這個大道前進，趕上西方，將中國帶上現代化的道路。

也許有人覺得，目前國家方在危疑震撼多事之秋，哪裡有機會眞正實現民主和切實研究科學呢？現在提倡眞正實現民主和切實研究科學，豈不是太迂闊嗎？乍然從表面看起來，這樣的提倡，似乎是太迂闊了。可是，世界發展的大勢和清末變法維新以至於今日中國歷史發展的趨向，合共決定著中國非照這條道路前進不可。中國今日之病，正是病在大家只知圖謀淺近直接的功利，中國近年來的政治尤其是毫無掩飾地暴露這種最淺薄的現實主義。近年以來，很少有人願意去走稍微間接和迂遠的道路，因而，國家社會，弄得這樣敗壞。長期的歷史行程告訴我們，看似迂闊曲折的道路，常常導向宏遠的目的地。我們要求中國走進現代國家之林，得以存立於今日物競天擇的世界，只有沉住氣，堅忍地向這條道路走去。而且只有向這條道路走去，才能眞正而且永久地結束中國底長期動亂，使中國人民獲得光明與幸福。

我們必須知道，民主不僅是一種制度，而且是一種文化。這種文化，表現在政治上，是民主政治，或是會議制度；表現在人民底生活中，是一種人生態度，或是生活方式。一種文化，不是一朝一夕所能形成的，它底形成，必須經過悠長時期的醞釀塑造。所以，中國要實現民主，也不是一蹴可幾的，必須耐心地經過漫長的歲月。法國底專制政體之存在不若中國底專制政體存在時間之長。但是法國由專制過渡到民主，經過了八十多年的努力。科學底研究，在西方從亞里士多德時代開始，更是經過了長期的努力，才有今日燦爛輝煌的成績。中國正式研究科學，尚是近幾十年之內的事，根基還淺得很。因而，中國要想趕上西方底科學程度，也還需要相當時間的努力。

這樣看來，實現民主和研究科學，都是漫長的道路，必須若干時間才能到達。青年是立於人生旅程底發軔點上，青年具有旺盛的理想力。這樣漫長的道路，只有讓青年去跑。

在石頭夾縫裡長出的樹木，往往比在好肥土裡長出的樹木更堅強，更經得起風霜。青年們，沉住氣，耐住性，堅強奮鬥，努力於實現民主，研究科學。發展理性，自我成長吧！我們艱苦地從石頭夾縫裡長出參天枝葉的那一天，就是新中國出現的一天！

——原載《中央日報》，第二版（臺北：一九四九年三月十六日）

24 販賣和平者底真面目

主張和平的人有好幾種。

老百姓大都要求和平。老百姓爲什麼要求和平呢？原因非常單純，他們怕打仗。無論打仗出於什麼理由，除了北伐和抗日戰爭以外，他們都沒有興趣去過問。遠者不論，民國成立以來，將近四十年於茲，國內幾乎年年打仗，大小戰事眞是數不清楚。在這數不清的大小戰事進行的時候，作戰的任何一方，莫不標尙好聽的名詞與口號。可是，打到頭上來，吃虧的終歸是老百姓，弄得老百姓民窮財盡，死亡溝壑。所以，現在，老百姓見了打仗就頭痛，無論說什麼理由都沒有精神去聽。和平實現了，就不打仗。不打仗，就不徵兵徵糧，不死於溝壑。這就行了。所以，一聽說和平，他們就歡迎。如此而已，別無其他。

政府也倡導和平。政府爲什麼倡導和平呢？理由也並不太複雜。大家有眼睛的都看得出來，東北、濟南、徐州，一連串重大的軍事失利，經濟危機日深，人民大眾呼籲和平，不願打這沒有盡頭的戰事，眼看戰事難以爲繼，局面不易維持了。所以，盱衡大局，不能不順從民意，倡導和平了。

共產黨在政府倡導和平之後，也跟著喊喊和平。這是爲什麼呢？因爲他們自稱是人民底革命組織，一舉一動，以人民底利益和意向爲前提。人民既然希望和平，那末人民底革命組織自然也當隨著喊喊。共黨是否誠意和平呢？共黨之喊和平，是目的性的呢，還是手段性的呢？這些問題，共黨自己最善於解答，吾人大可不必代勞。

以上三種人之所以提出和平，動機並不太複雜。稍有常識的人，一望可知，彰彰易明，似乎用下著多事分析。而動機比較晦暗難明的，則是其餘的幾種人之所以主張和平。

同一的形式，可有不同的內容，未可混爲一談。同是「和平」一詞，對日本人用之，則被目爲漢奸。而對共黨用之，則爲民主，爲前進，爲開明。美詞連篇，不勝枚舉。在這一利於和平的空氣之下，蘊藏的內涵可就複雜了。

許多人做了不能見人的事，久而久之，在下意識中形成一種「自卑情結」。富於自卑情結的人，常常用自高的方式表示出來，這在心理分析術上叫做「自卑情結之自高的表現」。例如，長得矮的人往往喜歡穿高底鞋，便是。有許多在過去做過齷齪工作的人，一旦身爲負立法大責的人民代表，但歷史不清不白，總是有點尷尬。而主張和平既是民主、前進、開明的表現，於是他特別起勁，主張把土地人民，拱手奉送，不惜以土地人民做他個人遮羞的代價，其卑劣可恥，已經不是倉頡創造的文字所能形容於萬一的了。

其次有種所謂「大學教授」，老實說，學問實在差的可憐，教書了無興趣，靜極思動，想乘機換換口胃，活動活動，一旦和平市場大開。生意興隆，他們便擠身而入，做超和平買賣。這種買賣，既可傳「名教授」之大名，而且或可能得共黨歡心。一舉而數得，何樂不爲？

至於以販賣和平爲專業，猶黑幫客之以販賣袁大頭爲專業，以及盲目隨聲附和之流，那就不必廢詞了。

嚴肅地說，老百姓要求和平，動機純正。他們要求和平，是爲的免於恐怖，爲的免於死亡，爲的能安居樂業，如此而已。請許多人千萬別要誤解，以爲老百姓之要求和平是爲的歡迎他的統治。老百姓絕對沒有這樣的夢想。中國老百姓大都在十八層地獄之下，他們內心固然不滿現狀，可是也絕對不敢奢想超度升天「解放」，他們只想作最起碼的人而已。所以，他們之要求和平，不是要出賣自己，更不是要做新的奴役。而前面幾種人之呼籲和平，則是以犧牲人民爲代價，爲自己過去的醜史遮羞，或者作自己投機買賣底資本。像這樣的一群人，那裡會求得合情合理的永久的和平呢？這樣的一群人之所作所爲，完全是損人利己，不獨無補於和平，而且還足以妨害人民所希望的眞正和平之實現，妨害人民所希望的眞正和平之實現，我們人民應該把這種丑類拉到光天化日之下，叫他們底醜相暴露出來，使他們無以混跡於和平陣營，無所逃於天地之間！

——原載《中央日報》，第二版（臺北：一九四九年三月二十二日）

25 中國的前途問題

冠三、思聰二兄：

昨天又蒙兄等遠道來看我，我既感激而又慚愧。感激的是兄等底高情盛誼，慚愧的是我少學無能，值不得兄等這樣顧念關切。兄等今日之所事，自形跡上看來，也許是平凡而不足稱道的，然而，在造平凡不足稱道的事跡背後，所蘊涵的，是這一時代的青年人對於他們底國家所抱的理想和熱望，並且真的在幹：將他們底理想一點一滴地付諸實踐。因而，這些看來平凡的事跡其實多麼不平凡啊！

幾千年來，前人種下的惡因，例如不良的土地制度、專制政治、輕視「機變之巧」的科學等等，積累而成歷史的宿疾。百餘年前工業文明所形成的政治、經濟、和軍事力量，以鴉片戰爭為開端，侵襲這古老的帝國。外力底侵襲激起內症底表露，加上改革政體所形成的社會動盪，無數大小內戰，八年大規模的民族戰爭，繼之以戰後的殘酷破壞，這些激力，使得中國歷史的宿疾，如今總爆發了。

人有疾病，總是要高溫的。現在正是發高溫的時候。然而，中國底歷史，會從它底腐爛的高原期，逐漸走向低點的階段的。過此階段，必有一新階段到來。百餘年前中國在世界大環境裡開始由舊蛻變到新。百餘年來中國和她底人民一直就在這蛻變裡受著蛻變陣痛的苦難。如今，到了蛻變激劇的峰頂。既然已到峰頂，離著坡下的平坦大道還會遠嗎？

新時代快要到來，中國歷史更快要到它底轉捩點。中國人民向何處去呢？目前就要決定。然而，無論如何，在這快要決定的關頭，我們不能聽憑命運安排，我們必須自己努力，把歷史發展底方向舵扭向我們所認為正確的方向，這是我們之所以要努力底意義了。

我們不要因目前的局勢而悲觀，我們年輕人要看遠一點。未來的遠景給予我們無窮的希望和誘惑。此時，布爾希維克的洪流，波濤洶湧，正在洗刷中國底舊社會，以及摧毀建立於這舊社會之上的統治形態。這種蕩決滅裂的行動，固然是大眾討厭，而且使人民痛苦的，而更重要的，是看大破壞以後他們底作法如何。假若他們像東歐許多國家一樣，用陰謀暴力劫奪了政權以後，馬上建立一黨專政的極權政制，那末，中國人民也許還要受苦受難十年，至多再來一個二十年吧！在漫長的民族生命史上，二十年算得什麼？法國人民為了自由，奮鬥了八十多年，我們才五十年哩！就北方目前的政治發展形勢看來，新的一黨專政的極權政制之統治，似乎是在逐步建立之中，也許中國人民還要受些苦難。然而，半個世紀以來無數仁人志士用血汗種植的民主自由種子，已經在人民裡生根，已經蘊藏在知識分子心中，尤其為這個時代底青年熱烈追求的對象。這豈是陰謀暴力所能摧毀的？

如果用流行的辯證法名詞說，二十年來的政治是「正」，目前是在「反」的階段。到了我們底理想實現時，就是「合」了。這「合」底內容，既非頑固自私，剝削強榨，又非陰謀暴力，極權專政。而是「政治民主」，「經濟平等」，和「個人自由」的民主社會主義的社會之實現，這是我們總的路線，也是這一時代底青年努力的鵠的。二兄以為如何？敬祝

康樂

弟殷海光 三月十四日

（附申思聰復函）

海光兄：

讀到你的來信，感到無限親切和興奮。這種情緒不僅限於友誼上的，而是在我們經常所被困惑的問題上作了進一步的了解，以及由於被困擾的思想得到深一層的開脫後的輕鬆。

我的確不曾悲觀過，雖然悲觀已成為這個時代的流行病。這是客觀事象的突變，幻滅等等以及它的巨大影

響力致使一個人無法把握自己方向之舵的可哀的結果。

我以為布爾希維克的激流雖則以無可比擬的力量在沖刷著舊社會的統治基礎，摧殘著現存的社會制度，而仍然不可能形成最進步的力量而為人民造福。基於以下的幾點觀察和認識，裁相信還有許多人，尤其青年，是站在我們這方面的：

共產主義者必然使其政治統治形式愈向一黨專政的狹隘局面中深入，愈深就愈要喪失廣大的民意基礎。蘇聯一九一七年革命成功後就連續運用嚴酷的清算手段。每遇到政策重大轉變或外在環境有巨大壓力的時候，這種清算手段就愈顯得頻仍和殘忍：先足以確切的，有效的，硬性的黨的組織消滅了黨內思想的「異端」，再以特別猜忌的心理將這些方法運用到黨內來。中國共產黨從他成立以來也連續不斷地從事這種工作，以達到他的黨的指導的，組織的力量的高度集中。從一方講這種專制的極端發展徹底地戕害人民的自由意志而使之愚昧：另一方面即使為了高尚的革命目的，要絕對消除卑下的個人動機之作祟，是很難能的。因為在殘酷的清算工作進行的過程中，成見、仇恨、強烈的權力欲是與之俱來的。人類思想的發展本來是多方面的，無限制的，排斥權力的干涉尤其是近代思潮的特徵。而共產黨卻要用全力把自由思想挾持在一條窄狹的道路上使其就範；把主義寫成教條使人民以宗教的熱情去崇拜，其頑固和愚昧的可鄙的，其方法的毒狠和暴虐是歷史上罕見的，因之將招致其難以避免的厄運。

從許多事實證明，使我不能相信共產黨在中國的軍事和政治力量確是革命的群眾所造成的。中國農村裡善良百姓們並不熱衷於政治口號所喧嚷的，也從未在一種新穎的政治信仰的旗幟下表示過明朗的積極的態度。他們沉默寡言，刻苦忍耐，他們焚香祈禱的只是富衣足食，安居樂業，別無過高的期望。近年來的戰爭和破壞造成農村的破產和廣大人民的顛沛流離，啼飢號塞的淒慘景象，政府所實行的徵兵徵糧政策固然給人民以不堪的負擔，而共產黨的參軍獻糧運動同樣地並非出於人民的意願。參軍獻糧運動是在非常恐怖的氣氛之下進行的，只是在表面上沒有運用綁架的方法而已，據我從已經「解放」的家鄉得到的消息，參軍的人是被指定後才簽字的，當他們享受了開會歡送的榮譽之後才思索如何從開拔的行列中逃走的問題。共產黨的武力在廣大人民心目中仍是一支「打天下」的軍隊，一如其對於軍閥戰爭時期的看法一樣。參軍不過是「吃糧」「當兵」，獻糧則是一種極痛心的不得已的犧牲。中國的社會條件並沒有給共產黨醞釀成熟到無產階級「除掉枷鎖別無可失」因而自動奮起革命的「階段」。

民主主義是近代思想的主潮，歷次世界大戰都顯示民主主義的輝煌勝利，它必然要更堅毅地和繼起的惡勢力奮鬥。凡民主所包含的具體內容：理性，多黨的公平競爭，自由的生活方式，都將成為布爾希維克主義者的大敵。中國的民主運動已具有數十年的歷史，到今天已經蔚為人民的普遍要求，縱使中國不幸而被關進鐵幕之後，一旦共產黨的虛偽的宣傳被戳穿，這種廣大心聲的沖霄的呼喚，豈是恐怖的高壓或戕害所能制服得了的？

我極其贊成吾兄的政治民主，經濟平等，個人自由概括了我們努力的總目標。我們現在所能努力的非常有限，但歷史賦予我們的任務是沉重無比的，我們有時代的使命，我們都無可逃避這沉重的負擔，否則只有陷國家於萬劫不復之境，請常來信示教！

弟申思聰　三月二十日

——原載《中央日報》，第六版（臺北：一九四九年三月二十三日）

26 歷史的啟示

臺灣，在中國歷史上曾經是不幸的象徵：然而，也曾是希望底象徵。

距今三百零五年以前，中國民族最悲慘的悲劇告一段落。一六四四年三月的春天，崇禎皇帝在北京煤山上吊死，這一悲壯的死難，象徵著中國社會內部的鬥爭到達了沸點。而這可悲的社會內部鬥爭，卻便利了異族，中國人民做了二百六十多年的奴隸，直至三十八年前孫中山先生起來，中國人民才得到自由解放。

明末的時候，年歲飢荒，官吏貪暴，而朝廷□還是文酣武嬉，權貴們還是享樂如故。當時有遠見的憂國之士，像江南武生李璡這一流的人物，建議□抑豪門財富，竟爲特□□所駁斥。自然的災害嚴重和人爲的政治私□交相作用，社會的動亂一天擴大一天。在這樣的背景之下，李自成和張獻忠這班野心分子起來。領導飢民暴動，於是，禍亂橫決天下，不可收拾。而明朝二百七十六年的統治，也隨著思宗之上吊而瓦解了。

思宗死後，流寇亦敗，滿人底鐵騎分路南下。弘光、隆武和永曆這些皇帝，先後逃到華中和華南，建立小朝廷。反滿後期的民軍，在各地□起，繼續抵抗。而最有計畫的要算鄭成功所領導的這一支力量了。一六五八年，鄭成功立志恢復故土，自海道出師北伐，居然侵入長江，佔領鎮江，進圍南京，□揚蘇常諸地，旦夕待變，東南大震，清廷使緩兵之計，鄭氏大敗而歸。然而，他沒有因此灰心，反而作更遠大的打算。這個打算底重心，就是設法將臺灣作爲復興民族底根據地。

鄭成功於北伐不幸失敗以後，即計畫略取臺灣。然而，當時鄭成功底環境哪朋今日這樣順利呢？他所遭遇的困難多著哩！臺灣當時被掌握在荷蘭人手裡。所以，他首先必須克制的一個大困難，就是從荷蘭人手裡奪回臺灣。一六六一年，成功偕同陳永華和羅蘊章這些部下，率領兵船百餘艘，士兵二三萬人，冒險犯難，與荷蘭人作戰。臺灣天險，防禦堅固。荷人船堅炮利，成功苦戰九個月，才□□荷人，規復臺島。

成功規復了臺島，他怎樣幹呢？自然，他堅強地在這裡樹立起反滿政權，誓死復興民族。爲了實現這一理想，他在臺灣大□宏頤。雖然，他不幸短命而死，在臺的日子不滿一年，可是，在這短短的歲月之中，他在臺灣底□政上，始奠定了良好的開端。「成功既有臺灣，□□□□二□□□角，又□□士陳永華爲謀士：□屯墾，□戰械，制法律，定縣官，興學校，起池館以待故明宗室遺老之來歸□。」這種作風，足見他是一位有辦法有理想的人才，他底兒孫比不上他，終於爲清人所敗滅。□□，鄭氏這一門，畢竟樹立了反滿復明的政權二十三年之久。

鄭氏底事業雖然失敗了，可是，他底行誼卻給後來謀復興民族的人以最寶貴的歷史啟示。

今日吾人在臺灣的處境，較之鄭成功時代，簡直優越的太多了，抗日戰爭勝利以後，臺省很順利地回到祖國底懷抱。在建設方面呢？更不用說，日人治臺五十年，無論如何，在物質建設方面底成績是斐然可觀的。所以，我們今日□□復興民族，在臺的環境上，是比鄭成功好的多多。

現在所成問題的，在哪裡呢？問題在我們能不能保持日治之下五十年來建設的成績，並且更加充實發展。老實說，十幾年來的政治風氣眞是暖透了！尤其是□□以來的「劫後」之風，更養成一大批只撿便宜，專門坐享其成的人。那群人像一群蝗蟲。一聽□□就轉哪裡吃□。現在不能說臺省在著十方□的□□沒有些□進步。問題就看這建設的進步速度是否比得上「吃□」速度。要將臺省變成復興民族底根據地，我們必須以最大的魄力遏止這種吃空□向□□□□力量。

歷史無論是否循環的，而現在的局勢□□□樣容易使人聯想起它們。□清□□□□□□□。鄭成功在臺灣一度□民族底復興充滿了希望，這一次呢？我們應該□□希望實現！

——原載《中央日報》，第二版（臺北：一九四九年三月二十八日）

27 李自成入北京

三百零五年前的三月，李自成進入故都北京。

李自成入寇北京，逼得崇禎皇帝在北京煤山一根繩子吊死。大明江山瓦解。李自成確曾快意一時，偕同牛金星這般「前進」文人在北京城裡混了四十一天，可是，這卻便利了異族。當著李自成想過皇帝癮而腳步還沒有站穩的時候，漢奸吳三桂為了一個女人帶引清兵入關。結果，李自成被異族剿滅了；中國人民悲慘地做了兩個世紀又六十多年的奴隸。

三百零五年後的今年三月，類似的戲劇又在那民族歷史舞臺中心的北平上演。

明朝底統治到了思宗手裡，已經開始由動搖而崩潰。思宗在位的日子，年歲飢荒，盜賊蜂起，天下大亂。而皇親國戚，豪門顯貴，視若無睹，依然一點也不肯放棄他們底特權，一點也不肯放棄他們的既得利益。於是，賊氛愈來愈大，李自成和張獻忠這般野心人物，起來領導飢民暴動。禍亂殃及大江大河南北，明末二十年之久無一寧日。終於，一六四四年三月李自成攻破北京，明室覆亡。

李自成攻破北京以後，眞個是氣焰萬丈：「自成氈笠縹衣，乘烏駁馬，入承天門。偽丞相牛金星，尚書宋企郊、喻上猷，侍郎黎志升、張嶙然等騎而從。登皇極殿，據御座，下令大索帝后，期百宮三日朝見。」像李自成這樣打天下的草莽英雄如此得意，還情有可原，而「□□」的「前進」文人牛金星之流，更是得意忘形，樂不可支。牛金星隨李自成入據北京以後，便：「大轎門棍，灑金扇上貼內閣字，玉帶藍袍圓領，往來拜客，遍請同鄉」儼然宰相排場。

豈知好景不常，李自成入據北京以後，自己想大過其皇帝癮，預備登極。牛金星這種「前進」文人，想嘗嘗「一人之下，萬人之上」到底是什麼好滋味，於是三次勸進，誰知在這曲戲唱的正起勁的當口，山海關告急，禍從天降，吳三桂勾引滿兵從東北殺奔過來。李自成打腐敗已久的大明王朝倒滿有把握似的，可是異族一入關，他便招架不住，丟了北京，向南逃竄，回復流寇生涯去了。

異族滿入之得以入關，主要的原因是李自成輩費了將近二十年的功夫把大明統治勢力弄得崩潰所致。依情理而論，他們對於滿人有相當功勞，滿人對於他們應該酬報酬報一番才是。誰知事有大謬不然者。滿人進佔北京以後，對於李自成則禦尾窮追，一直追到他消滅於西南才止。滿人藉了流寇動搖明室天下和漢奸底幫助入主中國，多爾袞反而說，滿人的天下，非得之於明朝，而得之於闖賊。史可法雖然忠君愛國，想恢復江山，保衛民族，已經獨木難支大廈了。

歷史究竟是否循環，這個問題，只好請歷史哲學家去研究。而三百零五年自相類似的戲劇，可巧又在北京上演。全國人民應須注意，這場悲劇，只剛剛上演了明朝江山被動搖的這一半，還有「滿人入關」這一半在後頭哩！

我們要請大家留意的是，當時的滿人，不過一新興小民族，武力更不足道，滿人之得以入關多少是機會造成的。而今日的滿人呢？豈是昔日的滿人所可比擬的！

不願做奴隸的同胞們，我們應該怎樣對待這場戲劇？

——原載《中央日報》，第三版（臺北：一九四九年三月三十日）

28 運用美援與言論自由

第二次世界大戰以後，壯年男丁大量傷亡，工業建設遭受慘重破壞，戰區生產事業大部停頓，農產品銳減，因而緊隨戰爭底勝利而來的，是普遍的飢餓與貧困。飢餓與貧困，是製造世界騷亂與不安之最基本的因素。如果世界底騷亂繼戰爭底勝利而起，並且繼續發展擴大下去，那末戰爭勝利底果實便化為烏有，人類底眞正和平也就無由實現。為了消弭這一隱憂，並且恢復戰後的創傷，遠離戰區而且經濟力量雄厚的美國，拿出它底物質，金錢，和技術，來補助戰後許多國家。這一補助，是以歐洲為重心，而旁及遠東與中國。

美國所給予中國的援助，無論是在金錢物資方面，或是在技術方面，比起它所給予歐洲的，眞是小巫之見大巫，相差是很遠的。一九三一年發生的東北九一八事變，是第二次世界大戰底序幕。七七事變爆發，中國北起長城南迄南海，都陷入戰禍之中。國際又不能制止，於是德義起而效尤，掀動歐戰，歐戰逐漸蔓延到太平洋，珍珠港事變突發，遂成演全球戰爭！而在這全球戰爭□海軍拖扭□□，不能轉用，才形成民主國家在太平洋上的勝利，而結束第二次世界大戰。所以，中國及其人民，對於第二次世界大戰的貢獻，較之歐洲諸國，毫無遜色。而所得美援，較之歐洲，卻如是之少。可見中國及其人民所犧牲者大，而所收穫者少。

美國對於中國底援助，比之歐洲，的確是相形見絀。然而，中國是一個窮國家，中國人民經過八年的戰亂，尤其貧困不堪。美援物資，雖數量不夠，可是，如果善為利用，對於國計民生，對於戰爭創傷之恢復，也不無小補。不過，我們曾否善為利用呢？這是很成問題的。

抗日戰爭勝利結束之初，美援物資之運華的，比現在多得多了。而當時是怎樣運用呢？一部分物資，是被用來平衡政府收支。平衡政府收支，固然可使政府得到財政上許多便利，然而，與人民大眾元氣之培□則無甚裨益。一部分除供辦理救濟的人員享用以外，餘□放在倉庫之中，任其糜爛腐臭：或屯積碼頭之上，任其日曬夜□，□□□□，久而久之□□□□江□於政治不良所產生。處理美援物資的人，在作風上根本是官僚作風：在動機上是自私自利，爲豪門特權階層報效；在辦事上是不講效率。這種政治腐敗的因素，猶如腐爛細菌，到一處□□□□；辦一事壞一事，所以區區美援物資，不足以供其糟蹋。美國人將這種現象看在眼裡，自然會減少甚至停止援助了。而這種現象爲什麼能存在呢？就是政治沒有眞正民主，不讓老百姓自由講話，如果讓老百姓自由講話，公開檢舉，這種黑暗現象，就會減少了。

美援物資即將□□運來臺省，這對於中國，尤其臺省，應該是一大好消息。民間流言，臺省對於美援物資底處理，並不比上海諸地高明，仍然有人民需要物資之時而一任大批物資關在倉庫中腐爛的情事。吾人希望這種「流言」，確係「傳聞失實」，臺省方面不會有這種要不得的現象。而且最近省政府決心改組物資管制的機關，□派政聲很好而效率很高的人員來負責，也可以保證今後不致陷入過去之錯誤。美援是給予中國人民的，是給予爲抗戰受害的中國人民的，是給予廣大窮苦人民的，決不是給予少數官吏。只有善用美援，才能招來更多的美援，而善用美援底唯一眞實標準，就是看廣大貧苦人民是否受益，而不是少數人受益。而要廣大人民受益，必須讓老百姓有監督物資分配□用處理的權利，必須讓老百姓確實□□□□□自由，必須讓老百姓有□。

——原載《中央日報》，第二版（臺北：一九四九年四月四日）

29 臺灣設防第一！

現在，北起東北，南迄浙贛，赤氛遍地，中原板蕩，局勢發展至此地步，若干年來政治上之朽敗暴露無遺。而加速這種政治朽敗之暴露的，厥爲軍事措置上的錯誤。軍事措置之所以錯誤，主要的乃由於軍事的官僚主義所致。

軍事的官僚主義與政治的官僚主義，爲同母所生之雙生子。二者具有同一的本質：都是只顧表面而不務實際的官僚主義。官僚主義表現於軍事上，則爲固執莫名其妙的優越感；不肯虛心檢討自己弱點；更沒有客觀承認對方長處的大勇；不知彼己短長；不肯亦不能正確估計自己實力；一味鋪張揚厲；著眼點只在維持表面上的場面；只顧表面得失；一味虛驕客套，不喜亦不聽旁人揭發短處；至於自發自動實事求是的創造精神更是談不到了。

因爲軍事的官僚主義之本質如此，所以戰略底指導與部署亦多著眼於維持表面之聲勢，而忽略實際軍力所能負擔之限度，一有挫敗，盡量隱祕，不許揭露；及至大敗而特敗，無法隱祕之時，已不可救藥了。抗戰勝利以後，政府負責人將全國最精銳的部隊孤懸東北，還可說是受戰略的影響。年前鄭洛之撤守，已感稍遲，□徐州會戰之猶露兵於三面包圍之中，則其爲一串的軍事官僚主義的心理之作祟，則爲絲毫無可推諉辯護之事實。等到錯誤發覺，勉自承認之時，國家元氣已經大耗，精銳已經盡失，影響所及，竟至因兵力不敷，銳氣受挫，而江防不守！

由於這種軍事的官僚主義的心理作祟，不肯客觀認清敵之所長，不願虛心承認我方之短，僅憑毫無眞實依據之優越感以臨敵，尤其不肯冷靜根據自己眞正的實力以作適當限度之攻守打算。於是，遠在前方設防，而後方則兵力單薄，防務空虛。殊不知共軍乘虛蹈隙，變生於肘腋之間，禍亂作於心腹，糜爛起於內部。共軍竄越黃河，擾害腹地，幾於橫行無阻。後方遭受此種嚴重威脅，軍事當局不及時警覺，承認已處劣勢，而縮短戰線，猶強自虛飾，於後方大股共軍無法肅清之時，依然一味顧全顏面。支撐支離破碎之前方及孤立據點。一旦兵力耗盡，便土崩瓦解，全軍覆沒，不可救藥，悔之莫及。

三年來「戡亂軍事」之所以失利，主要因爲乃此種軍事官僚主義之作祟。吾人如於遭受此種重大挫敗之餘，猶不肯虛心認錯，徹底檢討，從心理上根本洗刷這種軍事官僚主義，則前途希望何在？

鑑於三年來表現於軍事上的重大失敗，我們亟需痛自反省，認眞糾正過去的錯誤。自共軍橫渡長江，南京放棄之後，國軍在東南、華中，繼續奮力抵抗。吾人衷心希望國軍在此艱困之情形下，發揮高度愛國精神，爲保國衛民而戰勝國際第五縱隊。然而，在另一方面，吾人應記取三年來之教訓，必須從遠大處著眼，積極從事鞏固後方，確保後方，現在，環顧全國，唯一可遠戰禍而可作復興民族之根據地的，只有臺省。臺雀軍事當局，於此危疑震撼之秋，必須即時警覺，高瞻遠矚，積極切實從事臺省設防工作。「兵可千年不用，不可一日無備。」設防尤然。

也許有人說：臺省遠處海外，戰事尚在浙贛線進行，此時而言臺灣設防，勿寧言之過早。此種近視論調，最爲害事。近十餘年來，國事之所以敗壞，軍事之所以無辦法，就是因爲在軍事與政治上鬼混之輩，毫無遠見，不肯作三日以上之打算，遇事只求眼前對付過去。等到大禍臨頭，一逃了事。現在，我們還有何處可逃？浙贛線上與敵週旋之戰士，吾人固禱祝其勝利。然臺灣爲最後堡壘，不可不及時作萬全之準備。臺省軍事當局，不可再蹈過去的覆轍。臨事張惶，正宜乘國軍在大陸上苦戰之機，迅速將臺灣形成一堅不可摧之堡壘。則大陸上能反攻滅共，固然甚佳；萬一不幸繼續失利，吾人亦可據有臺省堅強堡壘，保有民族一線生機，俟機觀變，以圖大舉，光復中華民主共和國。

——原載《中央日報》，第二版（臺北：一九四九年四月二十八日）

30 為保衛自由而奮鬥

自由，正在中國受著空前的危厄！

共產極權專政奴役的洪流，正在沿長江濫氾橫決過來！

自十九世末葉迄今，中國逐漸向著民主與科學的途程前進。

一八九八年康有爲之領導維新運動，主張變法圖強，君主立憲，這是中國近代民主自由運動底萌芽。維新運動，不旋踵被那拉氏摧抑。孫中山先生領導的革命運動之發展更爲激進。一九一一年辛亥革命成功，滿清王朝崩潰，數千年的專制政體隨之瓦解，中華民主共和國成立，民主自由的旗幟在東亞大陸上首次樹立。然而，專制餘毒不除，封建餘孽不死，袁世凱帝制自爲，辮帥張勳復辟，北洋軍閥混戰不休，民國命脈，不絕如縷。內憂外患，交相煎逼，□□西洋文化之影響，進發而成立五四運動。五四運動展開，民主與科學底旗幟大張，給予此後中國民主自由的運動以深遠的影響。五四運動以後二十年間是民主自由底蘊育時期。二十年間的蘊育，在第二次世界大戰期間，受世界民主思潮的激發而湧現，致成今日波瀾壯闊之勢。

綜計五十餘年來，中國人民是朝著民主自由的大道行進的。這一行進，顯然不夠迅速，然而即使這不夠迅速的行進，中國人民所償付的代價已經夠大了，在這行進的途程中，中國人民歷盡艱辛困苦。戊戌政變，六君子犧牲於前。辛亥革命，倒袁護法，無數志士仁人，犧牲於後，捐棄頭顱，揮灑熱血。幾經奮鬥，才換得今日的些許成績。

然而，今日，民主自由，正受到空前的危害。五十年來無數志士仁人流血犧牲換得的民主自由的幼芽，目前正處於狂風暴雨中。自由的幼芽，能否繼續發長呢？還是被共產極權專政的風暴所摧折？這是目前最緊急的問題，這個問題馬上有待我們解答。

中國共產黨，正像俄國共產黨一樣，是暴力極權專政底化身。中國共產黨來了，使用暴力控制每一個人底行動；用宣傳來壟斷言論自由；用「毛澤東的思想」作一切思想底準繩，用極權政治統制一切。老年人被當作廢物，中年人被監視；青年人被訓練和組織利用；婦女不能過家庭生活；兒童教育則爲消滅一切個性的手段。農人要「獻糧」；壯丁要「參軍」；生活稍微可以自給的人立即變成乞丐。種種等等，不一而足。這樣一來，民主自由，就完全滅絕了，五十餘年來無數仁人志士流血流汗所栽培的民主幼芽，將從根拔去。中國人民要陷入暴徒統治的野蠻黑暗的深淵。

中國共產黨底老師集自馬基亞弗尼以來的各種陰謀詭計之大成。中國共產黨人學得了這些陰謀詭計，並且拿這些陰謀詭計來欺騙人民。二十餘年來的經驗告訴我們，當從中國共產黨人口裡高唱什麼口號的時候，也正是他們心中立意反對那個口號的時候，抗日戰爭爆發，人民惡言「階級鬥爭」，全民抗戰的情緒高漲，共產黨於是也跟著高唱「共同抗日」；然而，不旋踵而襲擊國軍，破壞抗戰。抗戰初期，共黨高唱擁護什麼什麼人，抗戰一屆結束，便馬上對之提出「嚴重警告」。毛澤東倡所謂「新民主主義」，動輒講「以人民作主」，其實共黨所謂「人民」就是他自己底別名，「以人民作主」，就是以共黨作主之謂。共黨佯言「民主」之日，正是企圖毀滅民主之時。共黨底基本戰略，就是通過某一東西來取消這一東西。

自由民主在中國受到最嚴重的威脅。中國人民爲奴爲主，即將分野。愛好自由民主，不願作奴隸的人民，應即一致聯合起來，爲保衛自由而堅強奮鬥！

——原載《中央日報》，第二版（臺北：一九四九年四月二十九日）

31 外援與自救

西方有一句諺語：「天不助不自助之人」，這話底意思就是說，人要能夠自力自助，才能要到別人底幫助，假若自己不能幫助自己，那末，便休想得到別人底幫助。歐美人士都相信這句話。這句話成為他們底人生基本信條之一，因而深刻地影響甚至於決定著他們對人對己的態度。

天助自助之人，這句話在表面看來，似乎只限於人與人之間的依存關係，而其實則含有天演淘汰的深意。赫胥黎之天演論出，西方人士深信「物競天擇，適者生存」底學說，凡能適應環境能力的生物，便能繼續生存下去，並且綿延發展其種族。凡沒有適應環境能力的生物，必歸天演淘汰，絕滅無遺印第安人便是好例，這種現象，是「天演公例」，沒有什麼是否合乎道德底問題。自十九世紀以來世界發展底大勢觀之，凡屬智慧低下，行為墮落，工業不發達，秩序混亂的民族，逐漸為人所奴役，逐漸歸於消滅。而工業發達，知識精確，政治優良的民族，則恆居於領導地位。天南地北，無一例外。

自赤禍大張以來，外援之聲，不絕如縷。然而。始終未能見諸實行。當前之赤禍，非僅關係於中國一國之禍福存亡，實關係於東亞之禍福，影響於世界之安危。長江為遠東之萊因河，長江不守，直接威脅東南亞之安全。今長江已為赤色部隊輕易突破，更向東南擴張。假令情勢更形惡化，西南亦不能守，則赤色勢力貫通兩粵，直薄東南海疆，而掀起該一地區之民族問題，使之起而響應。於是，共黨可掌握世界人口最稠密之區域，合上俄國及鐵幕以內人口，可得十四億左右，此數佔世界全數二分之一強。是則赤色勢力控制世界大多數人口動力。一旦世界有事，赤色統治機構將驅迫此十餘億人口，匯合而成壯闊無比之人海，以與英美相抗，淹沒西方勢力。屆時，太平洋西弦，北起東海濱省，南迄海疆，完全為赤色勢力氾濫橫決，美國即能控制若干零星島嶼，烏足與大陸相抗？

假令聽任赤色勢力在中國如此蔓延，則東亞全部赤化，東亞全部赤化，則英美在東亞勢力將遭受徹底之掃蕩，西方文明亦完全絕跡於東亞，東亞重受蒙古式之黑暗野蠻統治。人民沒有自由，全體淪爲奴隸。演變所及，必至暴力極權統治之勢力，擾害全世界之和平，威脅全世界之安全，破壞全人類之幸福。

今日要免除世界之危機，必先拯救東亞，而拯救東亞，必先拯救赤禍氾濫中心之中國，欲拯救中國，必須即時予中反共。反極權之力量以有效之援助。此義民主國家並非不知，而其所以尚袖手旁觀者，以其考慮援助之效率問題。過去援助所發生之效率，每下不能令人不深致疑慮，以致今日一切援路皆爲之阻塞。此吾人今日所不可不痛自反省者。

今日吾人欲世界反極權，反赤化之民主國家之支援，以與此窮兇極惡之赤色勢力相抗，必須「盡其在我」，首先圖謀「自救立法」。目前局勢雖屬險惡，經濟雖然困難，但較之北伐時代，尚優裕多多，際此危急存亡之秋，急宜重新整頓破碎河山，徹底刷新政治，整飭已墜之紀綱，不獨應令有力者出力，而目尤應令有錢出錢。苦心支撐的先做一點成績出來，使民主國家知道吾人內部尚有一股新生反共力量成長，前途大有希望，則外援必可不求而至。

——原載《民族報》，第二版（臺北：一九四九年五月七日）

32 為何而戰？為誰而戰？

政府與共產黨作戰，如果從共產黨進攻歸綏說起到去年十二月底止，斷斷續續打了三年多。如果從政治協商會議時代底和平商談之破裂說起到去年十二月底，爲時亦有兩年之久。但到去年下半年竟隨處聽著「爲誰而戰」的話，既然不知道「爲誰而戰」。那也就不知道「爲何而戰」了。

從本年四月二十一日起又發生戰爭了。雖然共產黨在四月十日以前並未停戰，但自蔣總統發表元旦文告後和平呼聲高唱入雲。既然主張和平，共黨就可放棄戰爭。何況共黨說和平是人民底需要，怎可又來進行戰爭呢？經過了三個月的和平呼籲，二十日的和平商談，現在再進行戰爭，究竟是爲何與爲誰，實在有弄一個清楚的必要。如果不然，再像從前那樣糊糊塗塗地打，又是打不好的。

要講明戰事底意義，我們以爲應從和平底需要說起。雖然和平是人民底需要，但以歷史事實而言，從來就有戰爭。這也不能說戰爭不是人民底需要吧。誰能否認新進的抗日戰爭是人民底需要呢？戰爭是一種手段，乃達到某種目的之不得已的手段。但，發生戰爭，和平便歸於消滅，所以爲了達到某種目的，有時也不得不放棄和平。但是戰爭進行以後，覺得和平亦可以達到目的，於是又改變過來，倡導和平。這就可見人民有高於戰爭與和平的目的，而戰爭與和平都是達到同一目的的手段了。

人民底目的爲何？第一是生活。這一點，不容否認，也無須多說。談到生活，人民無論謀生活也吧，過生活也吧，都非自由不可。所以人民底第二個目的就是自由。自由在消極方面爲不受壓迫的意思。所謂壓迫，通常就國內而言。但也不能容許國外的壓迫。這就需要獨立了，即民族獨立，國家獨立。否則變成亡國奴，何能自由？所以獨立是人民底第三個目的。

國家由人民組織而成，政府為國家的機關，即所以代表人民實現其目的者。經過制憲行憲，根據選舉組織的政府，當然要注意人民的生活、自由、獨立。所以政府代表人民，要為人民底生活，自由，獨立三個目的而努力建設工作，這是很對的。

但是共產黨不然。他在口頭上說什麼新民主主義，共產主義，實際上卻是毛澤東主義。我們知道，共產主義以階級爭鬥為方法，口頭說改善人民生活，手上則用暴力破壞方式。暴力破壞方式在客觀上必至毀滅人民生活。這在「解放區」有很多事實可作證明。總括一句，共產黨所到之地，富人竟窮了，窮人變得更窮，富人變得不能生活，窮人依然不能生活。這不是毀滅人民生活嗎？其次，因為共產主義主張無產階級專政，而無產階級政黨又只有共產黨一個，所以走上了獨裁底道路。「解放區」統制一切，舉凡言論、出版、集會，結社乃至居住信仰等等，都不自由。人民完全處於恐怖之中，生命財產毫無保障。這種事實也非常之多，不必舉例。最後，因為共產主義是國際主義的，而今日世界上只有蘇聯是標榜共產主義的國家，所以國際主義在實際上變成了蘇聯至上主義。共產黨擁護蘇聯勝過愛護中國，不惜犧牲中國以為蘇聯。這就走上賣國道路了。它發表過很多賣國言論，也做過很多賣國事實。所以共產黨統治中國後，中國便納入鐵幕之內，成為蘇聯底附庸，情況正同東歐各國一樣。

從此可知共產黨底一切都與人民底目的相反了。它毀滅生活，摧殘自由，放棄獨立。其不代表人民，是很明顯的。然而它還開口「人民」，閉口「人民」，並且以「解放」為言。這是做賊者反喊捉賊的偽裝慣技。政府知道這點，要為了人民，與共產黨鬥爭，以保障生活、自由、獨立三者。

用什麼方法來與共產黨鬥爭呢？這只有和平與戰爭兩種。八年抗戰後的中國，適於和平方法。這是政治協商會議時代底和平商談之所由來。在八年抗戰後再加以三年戡亂的中國，尤其適於和平方法。無如共產黨堅持其階級鬥爭和無產階級專政底反民主思想，加以它還信武力，好戰成性，變成了窮兵黷武主義者，使得和平方法一再失敗。所以從前的戡亂戰爭和現在的反共戰爭都成為必要了。

那末要問戰爭是爲何與爲誰，便不難答覆了。爲何而戰？很明白是爲生活而戰；爲自由而戰；爲獨立而戰。爲誰而戰？很明白是爲人民而戰，爲國家而戰。總括言之，並簡單言之，反共是爲國家底獨立完整而戰，爲人民底自由生活方式而戰。

——原載《民族報》，第一版（臺北：一九四九年五月十日）

33 臺灣與東南戰爭

共產黨自四月二十日破壞和平商談以後，便把他準備好了的渡江部隊開到長江以南來。由於荻港守軍和江陰要塞司令之可恥的投降，南京、鎮江、常州、無錫等地都不戰而退。共產黨底大軍遂向上海、浙江和江西進攻，展開了東南戰爭。

現在僅僅二十餘日，由於我們底戰略撤退，共產黨軍隊在東南地區中佔了很多的地方。皖南、蘇南、浙西快要完了，同時又進擾贛東。共產黨軍隊除猛攻上海外，復由浙贛邊境向閩邊猛進。浦城、崇安、建陽有成爲前線的可能。所以福建可能轉瞬要繼江蘇、浙江和江西之後，變成戰場。

臺灣是中國底一個行省，共產黨破壞和平商談所發動的戰爭，對它當然有密切的關係。這是無須多說的。但這個行省是一個海島，孤懸於外。從前戰爭在東北和華北乃至華東進行時，對它影響還小；現在戰爭在東南進行，影響就大了，因爲臺灣這個海島，距東南很近。基隆至上海有四三五浬，就算是遠的。而淡水至福州只有一二八浬，臺南至廈門也只有一四七浬。

因此，共產黨進攻東南的戰爭，不僅在政治上威脅臺灣，使人感到共產黨越打越近，臺灣有失掉安全的可能；而且在經濟上威脅臺灣，使人感到臺灣與中國大陸底交通和貿易有被共產黨截斷的可能。臺灣有很多貨物要運輸到上海、福州、廈門等地去；同時又要把上海、福州、廈門等地底很多貨物運輸到臺灣來。如果共產黨攻下了上海，佔領了整個的浙江和福建，臺灣在經濟上要遭受到很大的不利。

就共產黨軍隊由浙贛邊境進犯福建的趨勢看來，大有欲攻下福州廈門，乘機渡海直入臺灣的樣子。這不是杞人憂天，而是非常可能的事。福州廈門底船舶很多，由那裡到臺灣來的距離很近，只要幾個小時便可到達。共產黨知道臺灣爲復興民族的根據地，對於他底統治是一種威脅，那末以他底鋒銳之師出其不意，乘其不備而攻下之，豈不甚爲必要嗎？

因此種種。臺灣對於東南戰爭要特別注意，深加警惕。並且對於保衛東南的戰事要竭力主持，以阻遏共產黨底攻勢和竄擾。今天對於共產黨底進攻，應以持久戰和消耗戰爲對策。東南戰事局是愈穩定，對於整個的反共戰爭愈有利，對於臺灣也愈有利。所以臺灣對於東南戰爭不能採取隔岸觀火的態度。

因臺灣與東南戰爭有特殊關係的緣故，我們以爲除了從軍事上繼續支持政府反共作戰外，還有從其他方面支持政府反共作戰的必要。所謂其他方面，特別是文化方面和社會方面，在東南戰爭劇烈進行之中，除開報紙與和平商談時期略有不同外，刊物是仍舊的。反共的座談會和講演會不見舉行。總之民間沒有反共的輿論。至於街頭宣傳、群眾大會、示威遊行、募款慰勞等事。一點也看不到，作工的照常作工，務農的照常務農，做生意的照常做生意，好像東南沒有戰爭一樣，這種情形，不表明臺灣對於東南戰爭在隔岸觀火嗎？

也許人要說這是鎮靜底表現，或者埋頭苦幹底表現吧。我們贊成鎮靜，贊成埋頭苦幹，但也贊成文化動員和社會動員。鎮靜是不感驚恐，不張惶失措，埋頭苦幹是不尙空談，不鋪張場面，並非不動員之謂。我們以爲不動員的鎮靜和埋頭工作，均有痲木不仁之嫌。戰爭打到眼前來了，如果感覺沒有失常，應表現爲「膚受之訴」。何況近代戰爭是全體性的，需要全民動員呢？共產黨區域早已實行總動員。我們底政府已有總體裁之決定。那末在臺灣與東南有密切關係的情形下，當東南戰爭如火如荼地展開之時，臺灣就有動員底必要了。

以動員支持政府正在艱苦進行的東南保衛戰，是臺灣當前的中心工作。老實說，不僅支持東南保衛戰，還要準備可能瞬即到來的保衛臺灣的戰爭呢！我們不要等到「兵臨城下」纔動員，必須從早著手。趕快以文化動員和社會動員來支持東南戰爭，並準備臺灣底保衛戰爭吧！希望負有動員責任的人加以注意。現在是時候了，拖延不得，疏忽不得。

——原載《民族報》，第一版（臺北：一九四九年五月十四日）

34 認識當前戰爭之本質

第二次世界大戰結束，人類普遍要求和平安定的時候，東亞卻進行著最大規模的戰事。這個戰事，在事實上根本就是第二次世界大戰底延續，和第三次世界大戰底開始。其規模之宏大，動員人數之眾多，作戰區域之廣闊，較之歐陸戰事並無遜色。而國內許多人尚且之爲「內戰」，國際方面更多人作這種看法。這種看法，實屬錯誤至極：不獨貽誤中國，而且會貽誤民主國家。最近中國共產黨底軍事暴力向海岸發展，遂使第三次世界大戰提早底危機，益形顯露。

在共黨軍隊突破長江防線以前，論兵的人多半根據歷史事例，因襲陳說，以爲共黨必以主力向內陸做縱深的發展，然後在長江上游渡江，佔據荊襄形勢，切斷長江中上游交通，阻絕東南，再圖進取。然而，共黨這次用兵一反古道而行，四月中旬，共黨部隊輕易突破長江防線以後，迅速擴大戰果：竭力延伸兵力，擊破浙贛防線，掠取杭州，威脅南昌，竄擾閩北，現又猛攻上海。

這一新的發展態勢，殊堪注意。共黨這種戰略，目的顯然是略取東南之同時，向海岸伸張，控制海岸重地，威脅太平洋西弦。共黨爲什麼採取這種戰略呢？當然有幾種理由。東南沿海一帶，是中國現代化的根據地，民族工業萌芽於此，這一地帶人文薈萃，與海外交通便利，經濟地理條件優越。尤其是自一九二八年北伐運動成功，國民政府建都南京以後，中央政權底基礎即建立於此。因爲現代的東南便代替了已往的西北，成爲中國政治、經濟、交通、文化和軍事底重心。如果將東南掠取，便是從根本上顚覆中央政權，使它沒有翻身可能。

共黨向東南區域發展並爭奪海岸，還有比這更爲重大而深遠的作用。凡屬稍有常識的人都可能知道，中國共產黨是東歐一強大鐵幕國家用以征服東亞的一支第五縱隊，中國共產黨底一舉一動，無不俯首貼耳忠實聽命於這一強大鐵幕國家。這一強大鐵幕國家執政元首完完全全追隨於彼得大帝等人之後，兼併弱小，實行領土擴張。彼得大帝以及俄國歷代野心君主對外的基本政策之一為向西開「西窗」，向東開「東窗」，爭取東方不凍港。往太平洋發展。第二次世界大戰以後，俄國從雅爾達協定「恢復帝俄時代的一切權益」中，獲得了旅順與大連港口。但是，戰後美國代替了日本在遠東的勢力。俄國認為這足以妨害她向太平洋的發展。因而，她可能嗾使其第五縱隊中國共產黨軍隊，向中國東南侵襲，控制中國海岸，先事立穩腳跟。這一策略，積極地在未來太平洋對美作戰中取得先發制人的優勢，消極地可以防制美國利用中國沿海港口作海軍基地和空軍基地。這一策略引申起來，共黨如果可能，在掠取沿海地區以後，必進而侵襲臺灣。因為，如果臺灣落入共黨之手，鐵幕國家便截斷了美國從日本至菲律賓及西南太平洋的交通要道。這還不是第三次世界大戰底開始嗎？

現在還有許多人，囿於過去的戰爭觀念，以為必需交戰團體正式宣戰，正式擺開陣勢對打，才算是戰爭發生，這種觀念是根本落後的，抱持這種觀念的國家，必至自食後果。操縱中國共產黨的鐵幕國家底戰爭觀念不是如此的，這個國家對內對外一舉一動都是本乎所謂的「動的哲學」。注重動態的發展，注重本質的變化，不拘形式，不拘格律，線條尤不分明。因此，她底基本策略是盡量掀起鄰近國家底內部戰亂，製造親附的勢力，或佔領軍略要地。這樣逐漸轉化，慢慢變質。徐徐移轉，潛伏布置。等到民主國家察覺的時候，她底軍事優勢早已形成，要防止也來不及了。這樣看來，中國共產黨目前之向東南海岸疾進，猛攻上海，窺伺臺灣，不就是第三次世界大戰底開始嗎？

今日欲防止世界戰禍擴大，民主國家應該高瞻遠矚，及早協助中國防守東南，並加緊臺灣設防！

——原載《中央日報》，第二版（臺北：一九四九年五月十九日）

35 民主與寬容

最近一部分人士在廣州發起中國反侵略大同盟。這個同盟底宣言說：「我們決心以革命策源地的廣州爲反共救國運動的起點，團結全國各黨派及各界愛好民主自由的人士，發起中國反侵略大同盟，務期發揮超黨派的組織力量，徹底肅清中國共產黨，抵抗共產國際的侵略，確保國家的獨立，維護民族的生存。」又說：「我們要依據四大自由：㈠思想自由；㈡信仰自由；㈢免於匱乏的自由；㈣免於恐懼的自由，和四大平等：㈠生活平等；㈡勞動平等；㈢犧牲平等；㈣是非平等的主張，作爲全國人民共同奮鬥的總目的。」

這些話是非常重要的。在這一段話中，顯示著廣含包容的超黨派的精神，以及尊重自由和平等的民主精神。這些精神，與共產國際第五縱隊底精神剛好是針鋒相對的。中國共產黨堅持一黨專政。在他底武裝暴力統治的地區，根本不容許其他政黨自由活動。這正如在俄國一樣，除了共產黨以外，沒有其他黨派底存在是合法的。而中國反侵略同盟則強調「團結全國各黨派及各界愛好自由的人士」，這種精神是比共產黨廣含包容多了。

中國共產黨人標榜經濟平等。無論他所標榜的「經濟平等」是否爲欺騙人民的動員手段，而在共產黨暴力極權統治之下，人民是完完全全失去自由了：人民沒有思想自由和信仰自由。共黨常常高唱自由，然而，共產黨所給予人民的思想自由和信仰自由，只是信仰馬列主義的自由，或是信仰什麼「新民主主義」的自由，在絕對信仰這些主義的大前提之下，你可以鸚鵡學語，可以讚揚歌頌，可依照規定而闡揚發揮，也可以言談宣傳，並且依照這些主義來編造歷史，編造哲學，甚至於編造自然科學，以及人間一切學問。出乎這個大前提以外，你如果越雷池一步，便立即說你底思想有毒素，立即被「整肅」，被「清算」，甚至於有性命之憂。這還有什麼思想自由和信仰自由之可言呢？至於「免於恐懼的自由」，那就更談不到了。在所謂「解放區」的鐵幕之內，那一個善良的人民不是噤若寒蟬？那一個善良的人民不是潛伏於共特恐怖統治之下而莫敢張聲？那一個善良的人民不是被迫到六親不認，朋友不敢往來？這是什麼「自由解放」？這不是人間地獄嗎？

我們要能切實抗抵共黨暴力專政，必須認眞給予人民以自由民主。自由民主底要素之一，就是寬容，什麼是寬容呢？「寬容即是容忍，准許他人有行動或判斷的自由，即對於異於一己的或一般人所公認的行徑或見解予以心平氣和的、不執偏見的容忍。」中國共產黨人黨見最深，統治思想尤嚴。中國反侵略同盟主張廣含包容，而且強調四大自由，自然是富於存忍的精神。拿容忍對抗不容忍，勝負誰屬，無待辨析。共產黨常常拿「自由解放」作宣傳口號，這種宣傳口號，在專制國家常常易於奏效，而在英美民主國家則簡直不發生影響，這是什麼原因呢？在專制國家，自由民主的氣息稀薄，人民渴望自由民主，因而共黨宣傳在他們腦海裡掀起美麗希望的波浪。可是，在英美民主國家裡，人民本來享有充分的民主自由，比俄國人民多千倍萬倍，因而共產黨那一套假宣傳，在這樣的國家，自然一點也不生效了。所以，要抵制共產極權，只有讓人民享受充分的自由民主。而讓人民享受充分自由民主底基本前提，就是要能寬容，如果對人民不能寬容，則所謂民主自由也者，一概都是空詞廢話。依此，要救中國，必須針對著共產專政，給予人民以民主自由，而眞的實行民主自由，必須有最大的寬容。只有對人民寬容，才能消弭政府與人民底對立，使人民和政府打成一片，共同渡過患難，到達光明之路。我們希望最近成立的中國反侵略大同盟底工作，是民主自由運動的眞正起點。

——原載《中央日報》，第二版（臺北：一九四九年五月二十八日）

36 中國底前途

一、這不是預言

這個題目很容易使人聯想到我是在這裡預言中國底未來。我沒有這個意思。嚴格地說，「預言」祇應存在於神話之中。中國社會歷史的動變，是人文因素，自然因素，或外在條件與內在條件，等等所與因子（given factors）交互作用而形成的；而這些所與因子本身又在動變。沒有人是全能的智慧者，怎能對於這些繁複的因子所構成的可能演變作「預言」呢？經驗世界底存在及其發展不是必然的（necessary）而是適然的（contingent）。所謂「適然」，就是可以然而不必然。既然如此，我們對於經驗世界裡的事象動變底推測，多少是含有冒險成分的。然而，人類是一種喜愛冒險的動物。自亞里士多德以來經驗科學底若干成就，可以說是智慧的探險之結果。人類對於與自身有切身利害關係的事物之了解，尤須具有探險的精神：切身的利害，使得人類大膽提出假設來試行說明對當前的問題，並且求得解答；有的時候不獨是用思想智慧來解答，並且利用行為實踐來尋求解答。

我們底國家，目前陷入大規模的動亂之中。中國底人民，目前墜入痛苦的深淵。而在這樣的一個危難臨頭的時候，國家和人民前途究竟怎樣？大家應該走那一條道路呢？對於這類底根本問題，到現在這是眾說紛紜，莫衷一是。整個的民族像迷途的羔羊，徬徨於世界底十字路口，中途又遭遇劫掠的暴徒，不知應向那一個方向前進才好。因而，這類問題底解答，是刻不容緩的事。既然如此，我們就不能十分顧慮知識底不夠充足，而努力向前探求解答。

二、根據幾種主要的因子來推測中國的遠景

決定中國底前途的因子雖然很是複雜，可是，主要的因子有這幾種：海洋文化、民主思潮、俄國革命，和中國社會內在的置境。假若世界動變非不可知者，那末我們就可以根據這幾種因子來推測中國底遠景，並且由之而試行探求中國人民底出路。

歷史是一完形（gestalt）。歷史底發展是整個的，是有前因後果的線索可尋的。如果我們知道中國歷史發展底原因，那末便也可概然地推測它以後的演變。我們要推測中國底前途如何，必須對於百餘年來的歷史相干事件作一簡短的回顧。

鴉片戰爭可以說是西方勢力正式叩擊中國底門戶和海洋文化大規模入侵中國底開始。自從一八四二年江寧條約簽訂以後，西方勢力深入，海洋文明逐漸滲透。海洋文化是肇始於希臘古代地中海文化，經文藝復興，科學進步，與工業革命而發長，藉近代海外拓植而擴大的文化。海洋文化底本質與中國文化底本質不甚相融。中國文化自唐以後，因發展至飽和點，很少吸收新的成素而幾乎陷入停滯狀態。到了近代並隨政治、經濟、社會底動搖而動搖。這種置境，受海洋文化底激發，一方面引起變革，另一方面則趨於崩潰。這種崩潰趨向，表現在宗法社會底沒落，專制體制瞖崩解；而在另一方面，中國人民有要求政治革新，要求建立新社會，創建新文化醒覺。舊有文化，社會結構，與政治制度之動搖與崩潰，以及保守這些舊東西之努力，與革新、進步這兩種力量在半個世紀以來之盈虛消長，影響並決定著中國局勢之演變。

江寧條約簽訂以後，中國這東方古老帝國底門戶洞開，假面具被西方底勢力揭穿，於是外力踵至，喪權辱國，割地賠款的事件一連串的發生。外力底入侵，在一方面固然激起頑固和保守勢力底反抗，可是在另一方面卻激起新生意識底湧現，促使新生力量底成長。這種新生意識是要求改革與進步的。當有一部分士大夫看見西方「船堅炮利」，於是從事「洋務」，這算是中國人初步接受比較大規模的「科學」。另一部分士大夫則更進一步。他們看見西方之所以富強進步，不獨是由於物質科學發達，而且是由於政教制度特有優點。因而，他

們進一步主張改革中國底政治。一八九八年康有爲領導維新運動。他要求德宗皇帝「紆尊降貴，延見臣庶，革盡舊俗，一意維新」，「國事付國會議行」，明定國是，制頒憲法。這可算是中國人民要求「民主」底開端。那拉氏干涉，維新運動失敗。近鄰日本，明治維新，日俄戰爭中日本勝俄，給予這一部分知識分子以鼓舞。梁啟超稟承師志，正式倡導君主立憲制。但是，中國局勢底發展至這個階段，種族革命與民權革命逐漸化合在一起。這個時侯，溫和的君主立憲已經不能夠滿足人民底要求。於是，孫中山先生所領導的革命運動在海外激劇發展，終於有一九一一年的辛亥革命成功。辛亥革命成功，數千年專制政體傾倒，中華民主共和國出現。專制體制雖然傾倒，專制底餘毒未除；於是，袁世凱帝制自爲。蔡鍔起來打倒了袁世凱。袁氏死後，他手創的北洋軍系分裂，形成十年間北洋軍閥底混戰。這個時候，許多人認爲僅僅從表面作政治改革是不夠的，必須從根本上作社會改革。於是，馬克斯主義研究會，各種鼓吹社會主義的學說和從事社會主義運動的團體，紛紛出現。這些力量，匯集於北洋軍閥勢力所不及的南方，終於形成北伐運動。北伐運動成功，本可以實行社會改革。然而，現實的政治欲望使得新起政治勢力與社會殘存的舊勢力妥協。共黨的陰謀篡奪，和激烈的反共鬥爭加速一九二七年革命聯合陣線內部底分化，更使得這一方面加緊與舊有勢力結合。新起政治勢力爲要鞏固南京政權，與江浙金融資本家結合，於是種了豪門官僚資本的惡因。抗日戰爭期間，這一政權爲了鞏固在四川的地位，與地主豪紳結合，於時加深地主在豪紳政治實際中的作用。國大代表與立法委員選舉則將豪門政治與紳權政治的結果表露無遺。所以，品類不齊，光怪陸離，無奇不有。這種短視的現實主義的政治作風，和因革命陣營分裂，力量互相抵消而遲滯了中國社會依照計畫的改革二十餘年，而且由於二力相激相盪，加上日本軍國主義者之侵襲所造成的社會動亂與經濟破產，使得中國潛藏的宿疾一齊爆發。於是，中國陷入目前的大混亂中，人民痛苦已極，一切價值標準，道德律令，都失去了拘束力。國家好像是已經走到山窮水盡的境地！

依上面所敘述的看來，百年來，尤其是近五十餘年來，中國人民底課題是一步一步地發展的：始而是要求圖強，接受科學，從事「洋務」；繼而是覺得僅僅從事這類皮毛工作很是不夠，還需改革政治，實現民主；政治政革獲得部分成功，中國底問題依然沒有解決，於是更進一步，覺悟到必須從根本上改革社會。文章一步緊一步。要求圖強是爲了國家民族底自由解放；要求民主就是要政治自由。而吃飯問題之不得解決，是中國二千年來變亂底基本原因。而要解決吃飯問題，除了要求民族獨立和政治自由以外，更需改造社會。所以，一言以蔽之，百年來中國人民底課題是要獲得「自由與吃飯」。但是，在這艱苦奮鬥的漫長途程中，中國人民所遭受的困難與犧牲很重大。目前，中國社會內部蘊藏的宿疾像火山一樣地爆發了。我們還能向要求自由吃飯的道路前進嗎？

三、中國共產黨束施效顰

我們必須承認，二十餘年來中國共產黨底勢力之所以能夠興起，是客觀地由於中國人民要求社會改革——儘管共黨領導人物底目的是別有所在的。中國共產黨底許多作爲是中國人民試行創建新的文化，樹立新的是非準繩，重建中國社會之表現。中國共產黨藉以發展的基本策略也是「自由與吃飯」。所謂「解放」，就是求自由。所謂「共產」，就是要求吃飯。中國的客觀情形是如此，可階中國共產黨人利用這一客觀情勢破壞造亂則有餘，重建新中國社會與滿足人民之自由與吃飯的需要則未足。不獨如此，中國共產黨這些作法，先就使整個民族失去獨立，作俄國人底奴隸，吃飯問題沒有解決，先製造了更多無飯可吃的貧民；而其對於半個世紀以來中國人民所企求的民主自由，尤其是橫掃而來的一個空前威脅。共黨暴力所到之處，恐怖氣氛瀰漫，民主自由煙消雲散。

中國共產黨對於中國文化的措施，幾乎完全以十月革命後的俄國爲藍本。不幸得很，現在俄國底文化是世界上最富於強烈拒斥性的壞文化。現在俄國底文化不是俄國人民智慧發展底表現，而是鞏固共黨政權的精神武裝工具。這個工具底唯一作用就是從哲學、文學、科學、藝術，……等等方面來反射，並說明共黨獨裁政權底必然與合理。比起秦始皇焚書坑儒的愚民政策，它是在技術上較爲進步；而在用意上則完全相同的一種新愚民政策。俄國共黨爲了鞏固它底統治，一方面徹底掃清帝俄時代的文化；另一方面藉著嚴密控制交通與電訊構成一個鐵幕，並以一切宣傳工具和教育機構，關起大門根據實際政治的需要來人爲地製造這種桎梏思想的愚民文化。這種作法，與世界文化底發展方向，完全是背道而馳的。現在世界文化中大佔優勢的還是海洋文化——在不久的將來是空權文化。海洋文化藉工業文明而擴展。工業革命底結果，科學的交通技術打破了自然地理條件底障隔，縮短了世界各部分底相對時空距離。這種進步，促進了人類文化底相互交流。人類文化交流底趨勢，最後必可將世界帶上民主大同之路。未來空權文化發展，更加速這一趨勢發展。可是，俄國底鐵幕政策則與世界文化發展底這一大趨勢背道而馳。這種拗逆人類智慧與物質擴展的作風，豈能持久？俄國底這種統治看似嚴密，其實很脆弱。她不能和民主國家硬碰硬地正面作戰。一旦作戰，鐵幕洞開，俄國人民看清楚了裡裡外外的世界，消融於世界文化之海裡，政治魔術被戳穿，她底統治便解組了。

中國共產黨呢？外力底支配和中國社會內在的條件決定著它不能眞正走上民主自由的道路。外而它模仿俄國底一套；內而多少含有農民暴動的本質。因而，它以武裝暴力及恐怖政策統治中國。在思想文化上它嚴格地排斥中國固有的傳統——無論它是好的或是壞的——妒嫉五十年來自由主義者在學術上成就，因而也加以排斥，用淺薄得可憐的公式口號代替一切，奉所謂「新民主主義」爲聖經。這種作風，完全是「絕聖棄智」。秦始皇焚書坑儒底辦法是夠本色的。中國共產黨從俄國學來的是以書坑書，以儒坑儒。焚書坑儒，雖然沒有思想言論自由，至少還有不思想不言論的自由。而以書坑書，以儒坑儒，則連不思想不言論的自由也沒有。共產黨逼著人作一樣的想法，說一樣的話，走一樣的路。共產黨人不獨要統治有形的物質世界，而且還要統治無形的精神世界。他們不獨要管理人底身體，而且還要管理人底腦筋。總而言之，在共產世界裡，沒有一粒自由空氣。

最足以標別（characterize）共產黨的一點就是共產黨是以實現經濟平等爲職志的。中國共產黨實現經濟平等底途徑，除了無可避免地具有若干農民暴動的色彩以外，主要地也是師法十月革命以後的俄國。十月革命以後的俄國實現共產主義之最大特徵就是國家化（nationalization）。國家化至多只是實現經濟平等底必須條件，而不是充足條件，更不是必要而充足的條件。這也就是說，在世界經濟發展底現況之下，大致說來，經濟不國家化，生產工具不爲國家或政府所保有，那末經濟難以走上平等之路；可是，經濟國家化，生產工具爲國家或政府所保有，卻不一定就能實現經濟平等。俄國之經濟國家化，生產工具是否得到經濟平等呢？這是很成問題的事情。我們顯而易見的現象，就是，俄國自十月革命以後，將土地資本或生產工具底所有權從私人地主或資本家轉移到共產黨政府手裡。在農奴制度底舊根底之上，帝俄時代底農奴到現在還是農奴。共黨用最殘酷的方法剝奪了大地主底土地，也用最殘酷的方法剝奪了小自耕農底土地，驅迫他們走上便於管理的集體農場，嚴格地迫使他們獻出穀物。在共產政府底絕對統治之下，政府方面變成資方，千萬工人變成勞方。這裡的工人沒有罷工自由。勞動剩餘價値無條件地被共黨政府榨取，除了供共黨官吏享用，及對內統治費用之外，大部分用來擴張軍備：「社會主義的俄國」人民過著遠比「資本主義的英美」人民生活程度爲低的日子。凡此等等，算什麼「經濟平等」呢？而中國共產黨人，在實現其「經濟平等」目的時，在原則上跟著俄國走。共黨即使百分之百地學會了他們老師底那一套，也不能實現眞正的經濟平等，何況在中國的共產黨之所作所爲，無可避免地具有農民暴動的色彩呢！共黨所實行的「土地改革」在本質上是軍事動員底手段，這離著經濟平等，不知其幾千萬里！

俄國及其同情者宣傳經濟平等是政治自由底先決條件。只有人人經濟平等才有政治自由可能。若干自命爲中立者，則以爲俄國有經濟平等，英美有政治自由，各有所長。這都是不通之論，經濟平等和政治自由，二者是互爲必須條件的。固然，沒有萬人麵包得不到萬人自由，但是，沒有萬人自由，何由而得到萬人麵包呢？在獨裁政治之下，農人變成農奴，工人變成工奴。他們底麵包完全靠獨裁政府給予。獨裁政府隨時可以停止發給政治反對者底麵包。所以獨裁政治之下，爭取自由反而變成獲得麵包底必要前提。如果說在英美大財閥控制之下的政治自由是假的，那末其爲假之程度，恐怕遠不及俄國共黨控制之下的經濟平等之爲假底程度。中國共產黨於實現經濟平等途程中在原則上既然效法俄國，那末，除了在國內動亂時期一定走上清算鬥爭之路以外，即使他統制了全國，也不過將中國變成一大農奴工奴國而已。中國人民，那有幸福之可言？

共黨近來常唱反美論調，高唱民族獨立，好像他們很是愛國。其實，這完全是一種政治策略。依事實觀察，除了俄國共產黨以外，全世界共產黨都不愛祖國，而只愛「無產階級底祖國」。俄國是「無產階級底祖國」，所以全世界底共產黨愛俄國。基於這一前提，當著任何國家底任何利益與俄國底利益相違時，該國共產黨即犧牲祖國底利益以謀俄國民利益。克里姆林宮對於國際主義與民族主義二者之間的「矛盾」之「統一」運動原則是：對於俄國則將民族主義置於國際主義之上；對於外國則將國際主義置於民族主義之上。俄國共黨政府在俄國國內，提倡民族主義。保羅，彼得大帝，都被稱頌爲「民族英雄」。在俄國國內，國際主義是爲斯拉夫民族主義而服務的工具。國際主義從屬於民族主義。而在俄國國外呢？民族主義則從屬於國際主義，共黨要擊碎一個一個的民族，讓一個一個的民族消蝕在共產國際之中，終而納入俄國底懷抱。成爲俄國領土或政治殖民地底一部分。要達到這個目的，最根本的辦法，就是破壞各國固有歷史文化。所以，中國共產黨拚命摧毀中國固有文化，改變中國底歷史：從意識上取消中國民族底存在，從精神上消滅抵抗的阻力。這還說什麼愛國呢？共黨底這種辦法對於中國民族之獨立不是空前重大的威脅嗎？

根據上面的一番分析，中國共產黨之所作所爲，既危害民主自由，又無以實現經濟平等。既無以實現經濟平等。又嚴重地威脅著民族獨立。這些作法，不獨違背中國人民普遍的意志，又不合中國現代歷史發展底趨向；同時，又和站在他背後的國家一樣，根本違反世界發展底方向。既然如此，那末中國共產黨底作法行得通嗎？能夠持久嗎？

四、中國歷史發展又繞了一個彎子

我們在前面已經說過，中國近百餘年來的歷史發展，尤其是近五十年來的歷史發展，是要求接受科學，要求民族獨立，政治民主，和經濟問題底解決。中國人民之所以向著這些目標前進，不獨是由於外在地受世界大環境底迫使，不獨是因著要適應環境以圖生存，而且是由於內在地發衍出這種需要。中國人民不向著科學、民主，和經濟平等的道路走去，絕對沒有前途：自身底精神的物質的生機死滅，在大世界環境中終歸於淘汰。外在因素和內在因素剛好相符，交互地使中國人民不得不向著科學、民主，和經濟平等的目標前進。因而，這種要求逐漸形成一種普遍意志。這種普遍意志逐漸轉化而成一種潛在力量。這種潛在力量是非常巨大的。中國人民富於含蓄性，有時遇到阻力，這種普遍意志好像消失，其實是暫時隱而不見，時機一到，即行觸發，沛然莫之能禦。共黨現在之所作所爲，拗逆中國歷史底發展，拗逆世界底潮流，當然是會招致失敗的。自古無不崩潰的統治。凡統治之違背人民意志，歷史發展，和世界潮流的，一定不免於瓦解。目前的實例，不是最具體的說明嗎？任何權謀智略，不足以挽回昔日的榮華，不是最眞切的寫照嗎？

也許有人說「凡存在的就是合理的」。許多人坐江山二十年，被共黨打敗。共黨現在大獲勝利，造出這樣的局面，自然是不無道理的。這種看法好像是「不無道理」的。可是，稍加分析，便知其不然。共產黨目前的勝利，與其說是政治勝利，不如說是軍事勝利，這種軍事勝利，一部是出於它自己底努力，而一大部分是由於共黨順著中國近百年來政治、經濟、文化，社會諸方面底崩潰所形成的既倒趨勢而衝下來有以致之；再加上外而國際的支援，內而他底對手之不斷效勞所助成。所以，與其說是共產黨是「合理的」，不如說培養共黨的環境更不合理。與其說共產黨有辦法，不如說它底對立體低能。然而，共黨底根本作法既然與中國歷史發展底趨向違背，與人民要求理性、自由，和吃飯的普遍意志大相違背，又不合世界文化發展趨勢，那末它乘環境之無理與對立體之低能所造成的軍事勝利能持久嗎？自然是不能持久的。正在急劇崩解中的，是腐舊毒惡的勢力。共黨目前之所作所爲，則是這種腐舊毒惡的勢力之反動。無論建立於腐舊社會之上的統治形態或其反動的共產黨，都是產生於腐舊社會裡的同母弟兄。因而，二者將隨腐舊社會之滅亡而滅亡。目前中國底動亂，正像瘧疾的人之發高溫一樣，這是一個病理現象。人不會總是發高溫的。瘧菌死亡以後，體溫恢復正常，身體自然康復，腐舊毒惡的勢力正在急劇崩潰之中，藉這一勢力而滋長的暴惡勢力自然也因沒有毒素營養隨著一齊衰亡。在比較民主、自由、康樂、進步的社會裡，共黨之不若在落後、黑暗、專制貧困的社會之中易於發展，便是一很明顯的反證。

在南京失陷以後，一部分人才宣言聯合自由民主的人士者共同反抗侵略。中國不是早就有這個需要嗎？爲什麼二十年前不如此？為什麼十年前不如此？為什麼五年前不如此？簡單地說，歸因於一個「私」字，唯恐別人起來了，自己不好獨霸江山。假若早就聯合自由民主的人士，中國也許早就可以走上和平轉變的道路。人民可能免除於目前的浩劫，而逐漸建立起一個眞正民主、自由、理性、開明、公平，合理的社會。在南京陷落以後再談聯合自由民主的人士，已經太遲了。國家底元氣斲喪的太厲害了，人民底抵抗力太脆弱了。因而，中國底歷史發展還得繞一個彎子。人民還得受極權、暴力、恐怖的統治若干歲月。

五、「逆天行事」，其能久乎？

雖然如此，「驟雨不終朝」，狂風暴雨過後，一定是天宇開霽的和風麗日。許多知識分子，震於共黨一時武裝暴力的得勢，便以為中國從此完了，因而動搖，畏葸，甚至於投降。這就是因為他們沒有看透黑暗中有光明，山窮水盡之後有柳暗花明。我們在前面說過，海洋文化以及未來的空權文化促使人類文化交流而趨向世界民主大同。中國半個世紀以來歷史底發展和人民普遍的意志，是要求自由，和吃飯。內外這兩種力量底合成力是非常巨大的，二者從外而內從內而外共同作用於中國，使中國在變。而中國共產黨，師法俄國，拗逆這種世界大勢和中國人民底普遍意志。這就是所謂「逆天行事」。逆天行事，其能久乎？將來顛覆共黨暴力統治的，也就是世界動力和中國人民普遍意志這兩種力量。依此，中國共產黨底崩潰，可能由於兩種情形或這兩種情形之合力促成。

由於海洋文化底發展以及即將興起的空權文化底發展對於世界起決定作用，使得世界底每一角落底動變無不息息相關。從社會動力學（social dynamics）底觀點看來，世界和平底眞實基礎是世界諸力底均衡發展。世界諸力發展底諸函數曲線相交之一點，叫做均衡點（equilibrium point）。這一均衡點表徵諸力發展底均衡狀態（equilibrium state），保持這一均衡狀態，世界便呈現和平狀態。而保持這一均衡狀態的有效方式厥唯民主。國際間有民主，國際諸力得以均衡發展，便有國際和平。一國之內有民主，國內諸力之發展得以均衡，便有國內和平。反之，如果世界諸力發展不平衡，那末世界必陷於動亂。一國之內諸力發展不平衡，該國內部將必陷於動亂，任何形態的獨裁極權政治激使社會諸力發展不均衡。在一國之內，一個人或一部分的人或一個黨派或一個階級底權力擴張到達極點，而其餘部分的人則居於從屬地位或被抑壓地位，那末這個國家內部諸力之發展失去均衡。物體求重心。社會諸力求均衡。一個內部一部分力量發展太過，另一部分力量遭抑制，因而失去均衡，於是互相衝突。一國內部諸力互相衝突，這個國家不是向外宣洩而形成侵略，便是形成國內動亂。古往今來，國際和國內的動亂都是由於這種原因所生。過去的德、義、日合力向世界伸展，引起世界其他部分底諸力之抗力，於是第二次世界大戰爆發。在第二次世界大戰期間，雙方諸力以戰爭形態，相抵相消，戰爭息止，諸力回復平衡狀態，世界和平出現，德、義、日向外伸展的力量歸於幻滅。然而，又有一新興巨力量繼起威脅世界和平。俄國內部數十年來所形成的一股力量特別發達。這股力量又經由俄國內部而向世界發展，是否因此將遇世界其他部分之抗力？一定會遭遇的。這是力學的必然。俄國與德國底侵略之不同，只在一個是置基礎於種族優越論之上，另一個是置基礎於階級國際論之上。在二次世界大戰以後，俄國內部蘊積的這股力量乘世界底混亂，貧困，和疲憊向外積極伸展。而以美國爲代表的另一股力量則力求戰後世界底復甦。史達林一步一趨地走著彼得大帝與希特勒底舊路。他會因此遭遇希特勒同樣的命運嗎？那只是時間問題。他所蒸發的俄國力量之向外發展，遲早要引起世界其他力量底抗拒，他逆天行事拗逆人性的辦法。比希特勒有過之無不及，一旦與世界比較合理的力量遭遇，勝負之數，不問可知，在世界反反理性，反反自由，反反民主的力量再度集結形成的那一天，就是新希特勒摻敗之一日。若干年後，氣焰過分囂張，權謀過分使用的俄國政治統治集團，將歸於土崩瓦解。俄國統治集團本身既然土崩瓦解，與俄國統治集團一體的中國共產黨，豈有不隨之而土崩瓦解之理？我們別要怕毛澤東目前這樣囂張。秦始皇、拿破倫，而今安在？「其進銳者，其退速」。愈是發展得偏端過火的東西，愈是不平衡，因而愈是容易傾覆。毛澤東之流底這種反常的作法將和另一部分人之所作所為一樣，不過一歷史的插曲而已。吳稚暉先生說：「十五年後，一定有我，沒有你。」這是先見之明。

六、遠景的到來靠消極與積極的努力

但是，這並不是說，共產主義的理念，與共產黨之失敗一同消失。共產主義的理念與共產黨根本是兩件事。正猶之乎基督教義與基督徒根本是兩回事一樣。自歐洲中古以至近代，經過無數次戰爭，將武力與基督教底血緣打斷了。時至今日，基督教廷，不復擁有武力，不復施行異教迫害。基督教徒，只限於用口宣傳福音。世界再經過一次激烈的戰爭，擊潰俄國及各地共黨陰謀暴力極權的統治。那時，共產黨人變質，馬克斯主義的政治成分減至於零，也許，那時的共產黨人，和平地宣傳馬克斯主教之共產主義的福音吧！

假若第三次世界大戰爆發，與俄國一體的中國共產黨也遭世界圍攻。到那個時候，可能殘存的大陸反赤力量與共黨統治區域以內抑制潛伏已久的要求自由、理性，與吃飯的力量配合，推倒共黨統治。或者，共黨因統治區內要求自由、民主、理性與吃飯的勢力太大，感到恐怖政策危害它底政權之存在，逐漸修正其政策，因而鬆懈其統治。到這個時候，世界發生問題，新的社會便從共黨極權統治的舊社會之內脫穎而出。

我們知識分子應有雄渾的襟度和宏遠的眼光。我們不要以為這種想法迂遠。我們還有什麼近利可圖呢？圖近利的人，不是被共黨打倒，便是變成政治垃圾了。長江雖千迴萬轉，最後不是匯歸大海嗎？中國文化體系是崩潰了，不復能起積極作用。然而，它給於中國民族之潛在的影響，不是陰謀暴力所能消滅的。幾千年來的歷史告訴我們，中國民族是一個飽經憂患之民族。這個民族在表面似易征服，而在精神上則甚難同化。當著壓力重大，環境困逆的時候，中國人民常常將他們底眞實意志收藏於密，潛滋暗長。時機成熟，便如春水湧泉，一瀉莫遏，起來改變現狀。所以，無論是蒙古人或滿洲人，無論是貴族或軍閥，統治了中國以後，經過了相當時期，總是被人民推翻。古往今來，憑著這種內在的精神潛力，中國人民消蝕了多少強橫的統治者，顚覆了多少陰謀暴力集團！淺薄狹隘的毛澤東及其黨徒，逞快於一時之倖勝，不明白這個道理，又走上錯誤的歷史道路，行將自食其果。

我們必須認識清楚，從許多人利用腐舊社會建立其政權，到引起共黨反動，由共黨底反動又引起要求民主、自由、理性，與吃飯者之革命，這是中國現代史中一整個的演變過程。這一過程，用流行的辯證法的名詞來說，舊有統治形態是「正」，共產黨是「反」，到將來理想社會之實現便是「合」。

我們看到的中國底遠景是如此的。這個遠景確乎是很光明美麗的。但是，這個遠景怎樣實現呢？我們不能等待天國的自動降臨。我們自身底努力大有助於這美麗的遠景之到達。怎樣去努力呢？這可以分作兩大方面：第一、是消極的方面；第二，是積極方面。當然，目前最重要的事，是努力射擊戰爭，把共黨侵略堵止。無論如何，我們要盡可能地保持西北、西南，及海疆等險固地區，作為我們保衛自由的基地，這一層如辦不到，我們底工作只有愈加困難。然而，這只是消極的工作，積極的工作呢？在反共過程之中，我們必須揚棄中國腐舊社會底餘毒，以及建立於這腐舊社會之上的統治形態與意識形態。我們必須努力使人人明瞭，我們今日與共黨作戰，是爲了保衛上述民主、自由、理性、獨立，與求有飯吃而戰。換句話說，我們是爲了掃除障礙以建設一個理想的新社會而戰，爲了建立一個新的文化形態而努力，絕對不是再爲了保持腐舊的統治形態，舊意識形態，及其殘餘勢力而戰；爲了這些東西而戰，我們還會有前途嗎？這些東西之所作所爲，還不夠人民痛恨嗎？他們底存在，不是幫助共黨發展嗎？在事實上，二十年來的統治形態，已經走到沒落底盡頭了。在與共黨交手底過程中，鐵一般地證明了這樣的政治、經濟、軍事、教育，是根本不能應付共黨底攻擊了，根本是過了時的朽木了。如其不然，何以失敗到這步田地呢？所以，二十年來的統治原有形態延續一天，就是多替共黨幫忙一天，就梏梏了新生反共力量一天，使老百姓多受活罪一天。

所以，今日要阻遏赤流氾濫，除了努力射擊戰鬥以外，更要積極地把握住每一個機會從每一個角度來洗刷餘毒。只有洗刷餘毒，才能緩和赤流氾濫，才能使射擊戰鬥收到應得的效果。今後若干歲月，我們必須在這條道路上艱苦前進，讓一個新中國在我們底艱苦前進中出現！

——原載《中央日報》，第五版（臺北：一九四九年六月二日）

37 外傷與內潰

國事弄到這種地步，禍福安危大家都有分，實在不容我們再緘默不言了，時至今日，我們若再不對關係於國家民族生死存亡的根本問題多作公開的檢討，研究出一條正確的道路，那末前途怎樣，不問可知。

我們現在對共產國際第五縱隊作戰，與抗日民族戰爭，有一種極其重大的差異。民族戰爭有比較顯著的敵我之分，和前後方之別。社會戰爭則沒有比較顯著的敵我之分，和前後方之別，今日我們與共黨作戰，有很濃厚的社會戰爭之成分。固然今日反共戰爭同時有民族戰爭的意義。但無論如何，這一民族戰爭是以很強烈的社會戰爭之形式表現出來。既然如此，今日的反共戰事敵我之分較不顯著，且無前後方之別。因而，我們早已應該警覺，反共戰爭含有抗日戰爭所沒有的特殊困難。我們底智慧，應該集中於解決這種困難。

在抗日民族戰爭中，敵我涇渭分明，戰線井然可辨，前方與後方壁壘森嚴。我們不能說外在民族戰爭不能誘發內在的社會戰爭。但是，在許多次民族戰爭的某階段中，內在的社會戰爭之因素爲民族戰爭激起的敵愾情緒所抑壓，因而社會戰爭不易爆發，在這次抗日戰爭中就是如此。因此，無論軍事怎樣失利，不怕地盤如何縮小，我們總有穩固的後方，總有可靠的軍心。總有可恃的民氣。所以，我們以相對劣勢的裝備，在極度困厄的環境之下，能夠苦撐八年之久，終於獲致最後的勝利。

吾人今日與共黨作戰，是否有這種便利呢？這個問題，關繫乎反共戰事最後的勝敗。我們必須摒除一切虛矯之氣，予以冷靜的分析。

在國軍遭受重大挫敗以前，淺薄的觀察者動輒從表面的數字觀察，以爲共黨力量微小，口口聲聲說不難於短期敉平。殊不知共黨底力量早已埋伏在我們自己內部。我們底裝備、物資，人力，可能變成他們底裝備、物資、人力。共黨善於利用客觀的腐惡社會情勢，將赤色細菌散佈在我們後方底每一角落，讓赤色細菌在每一角落發酵。然後將我們底力量以各種形式轉化爲他們底力量而運用之。

在當前進行的戰事過程之中，共產黨能夠相當嚴格而精密地控制在他們底暴力征服之下的社會。他們徵糧徵兵之不大發生問題。以及對於所謂「民主力量」之控制運用自如，便是明證。所以，他們能夠以廣大的社會基礎支援前方軍事。所以，目前進行的戰事也就是共黨以廣大社會爲基礎所支援的軍事力量對付裸露於社會掩護以外的國軍。在我們這一方面呢？除了閻錫山過去在太原以及傅作義過去在綏遠以外，我們很難找出更多的例證來證明我們能夠控制後方社會，將這個社會所發生的一切動量（momentum）用於反共之途。我們這個社會是一個百年來未終止地在崩解途程中的社會。在這個社會中，在政治、經濟、文化各方面均有腐敗糜爛之因素，這些腐毒因素二千年來深入我們底每一角落，這些腐毒因素底存在與發展無不直接間接有利於共黨底存在與發展。在我們底民意代表機構之中，居然有人反對徵兵徵糧以間接幫助共黨，甚至組織什麼「孫盟」，煽動軍隊叛變，策劃迎接共黨部隊渡江，更竟有這樣的分子高據部會首長地位，泰然自若。這樣病入膏肓，如何得了？

抗日戰爭八年之中，也曾日蹙國土百里，也曾損兵折將。但是全國人民未曾因此而屈服，國軍未曾因此而戰志動搖。這是什麼原因？很簡單，就是日本加於我們的只是外傷。一個人被刺傷了肌肉，甚至於被砍掉一隻腿，只要他底神經中樞還是健全的，心臟還是強旺的，他仍然可以健康地活著。但是，如果一個人患神經失常症，或者患敗血症，或者患胃潰瘍，又得了心臟病。諸般內症俱發，那末他底生命就非常危險了。在反共軍事之中，國軍與共軍對比起來，武器、裝備、訓練，不可謂不較優越。然而，爲什麼遭受這樣重大的失敗呢？推求原因除一部分國軍確是能打外，大部國軍戰鬥精神不夠旺盛。軍事是政治底延長，軍隊是社會環境底產物。我們這個社會雖然不直接指揮軍事，但社會毒素卻日日浸蝕著軍隊。無論什麼新銳的軍隊，一旦浸蝕於中國這個樣子的社會環境裡，政治的、經濟的毒素，作用於這個軍隊，因此有些變成不堪一擊甚至趨於譁變，而許多肯打能打的軍隊，也自嘆一木難支大廈了。這就不是機械力的外傷，而是質變的內潰了。這種內潰發展到了如何嚴重的程度，由東北新銳部隊之失敗、長江防線之不守，到英勇的淞滬之戰終不能長久支持，稍關心國事的人應該看得出。

在社會戰爭中，固然一部分的對立力量形變而為直接的武裝衝突，但是，大部方的衝突卻是非軍事性的。大部分的衝突發生於文化戰、經濟戰、政治戰、社會戰。這些戰爭之勝負，基本地決定著軍事戰之勝負。這個道理，過去說話的人很多，執行的人幾乎等於沒有。一般將領及各階層領導分子，對於這些非軍軍性的戰爭之重要性警覺不夠，承認不徹底，等到對方用了二十年的苦功在這些非軍事性的戰爭中獲得了決定性的勝利，因而高度地表現為軍事勝利之時，我們要搶救頹勢，雖非不可能，卻是十分費力！

我們必須認識清楚，反共的社會戰爭，根本沒有前方與後方之分。前方即是後方。後方也是前方。敵我底分化也不明顯，在敵人中有朋友，我們要去爭取；在我方有各式各樣的間諜，均須隨時警覺清除。而上述進行腐蝕社會，造成社會內潰，以便利赤色細菌發展，因而有利共軍進攻的政治渣滓、經濟蝗蟲、文化垃圾等等，則在本質上是最大最可怕的敵諜，尤須作大規模的清除。

時至今日，我們根據失敗的經驗教訓，應該明瞭，我們不怕外傷，只怕內潰。反共戰爭底勝敗，就繫於我們能否及時防止目前的內潰現象。如果不能防止，老實說，反共戰爭底前途，必須還要招致挫折。如果能夠及時防止，那末反共戰爭一定成功。清除毒菌以防止社會內潰，是反共戰事勝利底必要條件。我們清除這些毒菌愈快，反共戰事底勝利愈快，我們清除這些毒菌愈徹底，反共戰事勝利得也就愈徹底。

閻內閣即將組成。就今日危迫的形勢看來，閻內閣「只許成功，不許失敗」。假如萬一閻內閣再不能達成反赤救國的使命，以後我們是否還有從容的時間再來組閣，再供浪費，實在是不堪想像的事。因此，我們特地提出上述防止內潰的意見和希望，以貢獻於閻百川先生和全國愛民主、尊理性、重自由而不願作奴隸的人民。

——原載《中央日報》，第二版（臺北：一九四九年六月十一日）

38 勝敗底關鍵何在？

中國人民今日所遭逢的赤禍，從國際局勢著想，是一個世界問題，從國內的情形著想，根本是一個歷史問題，世界問題固然可能受我們自身底努力之影響，但是，就一般趨勢說來，還得看世界底趨勢如何導向最後的決定，在中國人民遭逢當前的赤禍的時分，必須首先自己努力去謀求解決。

現在，政府領導人民從事反赤禍救國運動。愛好自由民主的人士亟思如何保衛自由民主。因此，大家無不切盼反赤禍戰事勝利結束。勝敗的根本關鍵何在呢？這是很值得考慮的問題，如果我們尋出了致勝的關鍵，那末，不怕路程遙遠，我們努力向前趨進，終有獲勝之一日。如果不然，假若我們照著老法子繼續下去，那會有什麼把握？誰又能保證國家不遭受到更大的破壞？人民不受更大的痛苦？歷史的目標不繞更大的彎子？

我們必須認識清楚，中國目前的赤禍橫流，是百年來的積症受外力激發所產生的必至結果。這一橫禍，種因如此之久，積勢如此之深，決不是一個戰役兩個戰役所能解決得了的事。今日的共黨集陰謀變亂技術之大成，在縱的方面，他們接受十五世紀時代馬基亞弗尼主義，以及集自一八四八年迄今百年來共黨組織底變亂經驗之大成，尤其是在中國大陸上三十年鬥爭的實際經驗之累積；在橫的方面，他們吸收全世界各國匯眾於克里姆林宮的陰謀變亂的情報、經驗和技術。植根這樣深遠，關聯這樣繁複的變亂，豈是短暫時間之內所能完結的。

因而，今日要反赤而獲致最後的勝利，也必須相應地，從深遠處著眼，從切實有效處著手。許多人以爲共產黨是講「共產」的，這眞是可笑的錯誤。這種錯誤之發生倒是由於中了共黨宣傳之毒。嚴格來說，共產黨口頭固然標榜「共產」，而實際上根本無所謂共產不共產，希特勒是藉著種族優越論以攫取政權並且向外侵略擴張的。共產黨則藉無產階級至上論來攫取政權並且向外侵略擴張的。圍繞著階級至上論而衍生出來的，是世界底一切「黑暗」，尤其是「資產階級」，都應被打倒和消滅。因此，世界上一切已經發生或可能發生的弊端都被共黨資為萌芽、活動和發展的張本。中國是一個積病最多的國家。因而，共黨在中國最猖獗，人民受禍也最深。這正猶之乎身體中潛伏的瘟菌最多的人，發生高熱愈多一樣。

根據這個道理，我們可以知道，如果我們能夠克服自身底這些積病，那末共黨沒有滋生與發展的養料，共黨沒有滋生與發展的養料，那末赤色細菌必因缺乏營養而自斃了。可是，如果我們不能克服自身底積病，經濟這樣貧困，社會這樣動盪不安，那末自己軟弱得站不住腳，還想打倒別人嗎？所以，反共運動底勝敗之根本關鍵，在於我們能否克服自身底積病。如果我們不能夠克服，那末我們自己也許會先共黨而倒下去。這麼一來，將來領導反共的，可能是另一群能克服積病而且有辦法的人，如果我們能夠及時徹底克服自身底積病，讓自身康強起來，那末反共運動才有在我們手裡勝利的可能。

依此，我們底一切措施，都要針對著共黨底毛病：共黨這害民主自由的人士，我們則給人民以更多的民主自由；共產壓榨人民，弄得民不聊生，我們則盡可能地愛惜民力，努力設法替人民謀求生活問題底解決；共產黨出賣祖國，不遺餘力，我們則為國家領土主權底完整和民族自由獨立而奮鬥。這樣一來，共黨陰謀暴力的統治必至崩潰；我們底反共鬥爭必得最後的勝利。

——原載《中央日報》，第二版（臺北：一九四九年六月十八日）

39 關中之戰與全國形勢

共產黨自四月發動攻勢以後，在兩個月中佔了不少的土地和很多的城市。其東路渡江以後，蘇南、皖南、浙東、贛東、閩西北和贛西北全被佔領，大城市有南京、上海、鎮江；蘇州、杭州、南昌、九江、安慶、蕪湖等，非常之多。其中路，佔領豫南、鄂北、鄂中、鄂南、大城市有漢口、漢陽、武昌三地。其西路則爲關中區域，大城市有太原和西安。

這種形勢底形成，在某種程度之內，當然是政府底戰略使然，很多地區和城市都是自動撤退。照預訂計畫作戰者，只有三處，即安慶、上海和寶雞。安慶守得久，打得好。惜以共產黨軍隊在其下游渡江成功之後、不得不撤退。上海打得很激烈，並且也打得好，而意義之重大和殲敵之眾多則遠非安慶所及。惜以兵力有限，滬西一隅之失，影響全局，亦不得不撤退。唯有寶雞不然。由虢鎮底防禦和出擊，到今天，配合新加入戰線的隴寧兵團，實行反攻，已殲滅很多敵人，收復很多縣城，大軍直向西安進發。關中之戰於是展開。

全國戰爭底形勢，大致如此。看了過後，令人興奮的則爲關中之戰。雖然安慶之戰證明國軍能守，上海之戰證明國軍能打；但都沒有獲得勝利，結果仍不啻失敗。關中之戰不然，就今天的情形看來，它不僅證明國軍能守能打，並且證明國軍能獲得勝利。現在已經獲得若干勝利了，將來也許可能獲得大的勝利。這是值得注意的事情。而就全國的戰爭情勢看來，實有重大的意義。

我們說關中之戰也許可能獲得大的勝利的話，是有根據的。共產黨底軍隊雖有陳毅、劉伯承、陳賡、林彪、聶榮臻、彭德懷等部，但只有陳毅和林彪兩部纔算兵力強大，其餘都比較脆弱，現在陳毅、劉伯承、陳賡、林彪等部在東南和中部，到西北作戰的以彭德懷爲主力。彭德懷部脆弱、戰鬥力不大。而國軍方面，過去僅以胡宗南所部對付他，綽有餘裕，就是彭德懷部長大了，也還能支持。現在胡部有入川者，有在陝南者，比較單薄，所以撤出西安，退守寶雞。但是馬步芳就任西北軍政長官後，把隴寧兵團加入作戰，不僅國軍數量可與彭德懷部比，質量則超出甚多。因爲馬步芳長官指揮下的隊伍，都是精兵，驍勇善戰。去年上年的隴東大捷，僅馬繼援一師參加，便奠定大捷底基礎。這次參加的不止一師，似乎爲一兵團，則其戰鬥力之大，可想而知了。那末國軍也許可能在關中之戰獲得大的勝利，不是可期其實現的事嗎？

假若國軍得到進一步的勝利，不僅殲滅敵人，收復關中而已。它還可以保障西北，使共產黨不能進窺甘肅、青海、寧夏、新疆。同時，也可以保障西南，使共產黨不能進窺四川、西康、雲南、貴州。這不關係重要，貢獻很大嗎？其實還不止此。它對於共產黨軍隊底士氣與以打擊，使直趨中部和深入東南的林彪陳毅部大受影響，而對於國軍之在中部和東南以及南部和西南者底士氣，則大有振奮作用，對於全國人心亦給予莫大的振奮。

進一步說，如果關中之戰勝利後，再以漢水流域之國軍向鄂西北進攻，收得襄樊，一面鞏固宜沙，一面威脅武漢，再組織一精銳之突擊兵團，循隴海路進擊，東出潼關，乘虛直攻洛陽鄭州，必然造成一個新的形勢。因爲共產黨後方空虛，河南紅槍會和豫西民團已紛紛起兵反共。國軍兩路進攻，一面與他們聯絡，互相呼應；一面又可使未起兵者紛紛響應，到處反共。這時，直趨中部的林彪和深入東南的陳賡和劉伯承乃至陳毅，不得不發生後顧之憂，撤退若干進攻部隊回長江以北。國軍在中部和東南的各部就可乘機反攻了。這不使全國戰爭形勢爲之改觀嗎？

當然，這只是一種可能。關中之戰不一定會發展到這個程度；但也不一定不會發展到這個程度。我們要盡其所能使它發展到這個程度纔對。所以關中之戰有可能扭轉大局的作用。它底勝利可以成爲重大的全國形勢之一轉機，政府和人民要把握這點來協助並擴展關中之戰。

——原載《民族報》，第一版（臺北：一九四九年六月十八日）

40 選擇那條道路？

好像是胡適之先生曾說過，政黨有甲乙兩種類型。甲種類型底政黨具有高度的組織，嚴格的紀律，崇奉一個主義，服從一個領袖。乙種類型底政黨沒有高度的組織，沒有嚴格的紀律，並不必崇奉一個主義，尤其不一定服從一個領袖。前種類型底政黨，在過去是德、意、日底納粹或法西斯；在現在是俄國底共產黨。政治組織中有這種區分，在思想界域裡的這兩種區分，而且這兩個界域裡的兩種區分往往是相應的。

甲種類型底政黨得勢的國家，無論它底形式如何，本質上一定是獨裁專制極權的國家。在獨裁專制極權的國家裡嚴格地要求觀念形態的齊一（ideological uniormity）。這種要求的嚴格程度較之羅馬教廷之要求其治下子民底信仰之齊一有過之無不及。羅馬教廷爲了保持宗教信仰之齊一，常常施行異教迫害，實行審訊、放逐等等毒辣手段。同樣，獨裁專制極權國家爲了實現政治觀念形態的清一色，常常對於異見者施行種種殘酷的迫害。因而，在這樣的國度裡，絕對沒有思想上的寬容，信仰上的寬容，言論和出版的自由；而只有一式一律的口號標語，只有一式一律的政治教條。只有一式一律的思想方法。所以，在這樣的國家裡的每個人民，從思想到身體彼等造成一模一樣的器械。這些標準化了的器械，大合乎政治獨裁者底要求，便利於他去使用自如。

民主國家則不然。民主國家只有乙種類型底政黨。在民主國家時，許可有兩個或兩個以上的主張不同的政黨存在。在政治上是如此，在思想上尤然。在這樣的國度裡，政府從來沒有計畫著如何實現人民觀念形態上的齊一。因而，不同的思想，不同的主張，不同的言論，可以同時存在，暢行無阻。彼此做公平合法的競爭，一任人民判斷選擇，因爲自由競爭，所以思想學術可以無限發展。人民可以做自由無礙的選擇探究，知識進步，培養出高度的判別能力，於是不致輕信任何政治宣傳。

我們中國今日正處於赤禍橫流的危急存亡之秋，在思想底發展上應須走那一條路呢？百餘年來，中國文化傳統由逐漸動搖而趨於崩解。洪楊之亂可以視作對中國傳統文化的一大挑戰，曾國藩以保衛名教的口號號召了四民之首的士大夫者流起來平定了他們。這說明了中國文化傳統尚能產生精神動力，這一精神動力推動了物質動力，於是打敗了憑藉不牢固的洪楊。然而，曾國藩只是藉著中國文化傳統底力量在文化保衛戰上打了最後一個勝仗而已。洪楊以後的共黨作禍，我們再能憑固有文化傳統打敗共黨麼？不能。事隔八九十年，這一文化傳統經歷無數世變的摧折，早已崩潰了。有誰再爲保衛名教而戰？有誰再爲孔子而抵抗馬克斯列寧史達林？其他的主義麼？也許有很好的，但是，行爲實踐的相左把它糟蹋了。也沒有幾個人聞風興起了。這種前後兩相對照的現象，啟示著什麼呢？

顯然得很，這種現象啟示我們：當著傳統或一種說教尚能維繫人心的時候，我們固然可以憑它團結人心，抗抵禍亂。可是，當著這種傳統或說教早已成失靈之思，這種意識形態已經毀滅，沒有誰再相信的時候，我們不要主觀地希望它起團聚人心的作用。在這一時分，「一個主義、一個政黨」的時期，便宣告結束。我們應該有智慧有勇氣承認現實，而別圖改弦易轍。藉一種主義來收攬人心的第一條路走不通的時候，我們應該怎樣辦呢？無他，我們應該於放棄以一種主義作教條之餘，而實現思想自由、言論自由、出版自由。讓各種思想學說紛列雜陳，讓廣大人民多想、多說、多分析、多發表，以養成廣闊的識見和高度的判斷能力。這樣一來，極權國家底觀念侵略就不容易奏效，觀念侵略不易奏效，我們也就容易抗拒其政治甚至於軍事侵略了。英美民主自由國家之不易赤化，不是很好的例證嗎？

時至今日，兩條路擺在我們面前。死硬地照著舊路走，老鼠鑽牛角尖，一定會招致更多的不幸。走另一條道路，一定能於山窮水盡之時得見柳暗花明之村。假若人類眞是理性的動物，那末，我們應須選擇那條道路呢？

——原載《民族報》，第一版（臺北：一九四九年七月二日）

41 團結，奮鬥，救中國!!

俄國列寧逝世底次年，孫中山先生病逝於北平。當時北洋軍閥底勢力囂張，南方的革命力量尙侷促於兩廣一隅之地。革命的形勢非常險惡。孫先生彌留的時候，反覆叮嚀：「和平、奮鬥、救中國。」現在，國家所遭逢的命運比當時是危險多了。北洋軍閥打來打去，只是爲了爭奪政權，爲了割據國土，如此而已。但是，今日中國共產黨呢？它不僅要刦取政權，併呑全國，而且是要從根本上斬絕中國五千年歷史文化傳統，從根本上改變人民底自由生活方式，並把中國納入鐵幕極權統治之下，使國家作附庸，使人民作奴隸。這是洪楊之變以後百年來之一大變。如果全國人民不一致奮起抗拒，那末所獲致的後果，比北洋軍閥統治中國，將悲慘惡劣萬分。

政府和人民，知道二十餘年來的共黨問題是一大問題。抗日戰爭以前，十年剿赤，勞師動眾，斲喪元氣。所以抗日戰爭勝利以後，政府著重於和平方式解決，冀生靈免於塗炭，望國家免於破壞。而走上和平建國之大道。因而有停戰命令之一再頒佈，有政治協商會議之召開，有整軍方案之成立。無如中國共產黨並非中國人民底共產黨，而係共產國際遺派在中國的共產黨。這個共產黨硬是要執行共產國際底命令，一定要實行「東方政策」，將中國藉變亂以造成蘇俄底一部分。所以，它不同意以和平方法解決國內紛爭，而要暴亂到底，建立以蘇俄爲標本的極權統治。因而，形成了中國目前的巨大動亂。事勢既然如此，和平、奮鬥的道路根本走不通了。我們愛國家、愛民主、愛自由的人民，除了誓死抵抗以外，還有什麼辦法呢？還有什麼生路呢？

我們要抵抗共產暴力極權統治，必須自己有充足的力量，要有力量，必須大家團結一致。「團結就是力量」。反之，分裂只有死亡。我們今日所處的形勢，較之中山先生北上的時候危殆萬倍。因而我們今日需要團結奮鬥之程度比當年也多萬倍，然而，我們今日已否確實做到一致團結的程度呢？假如我們不抹煞事實而願意說老實話，那末我們得承認這是很需要檢討的問題。

說來令人痛心：若干年來，作爲中國政治主要動力的政黨，變成了失去根本原則的一個空洞而鬆懈無比的東西。一個政治組織如果沒有原則，自然容易基於小利小害而結合。既然基於小利小害而結合，而利害各不相同，自然產生了大大小小的以私人爲中心的派系。這些以私人爲中心的只問利害不問是非的派系同時存在，利害衝突起來的時候，內部力量自然相互抵消。這就是若干年來作爲中國主要政治動力的政黨看起來形體龐大，擁有數百萬黨員，而實際力量很小底原因之一。如果這樣下去，長此以往，怎會有不失敗的希望呢？

今後我們要抗拒共產極權統治，以免於覆亡的悲慘命運，必須痛改過去自立小派小系，力量互相抵消的作風。這種作風，也許便利於個人於一時，但卻爲害國家人民於久遠。這完全是自殺的政策。我們現在失敗到這步田地，大好河山丟了一半，平津京滬這些好地方也沒有了，政府一再搬家，人民顚沛流離。我們還有什麼利益可爭呢？難道這樣慘痛的教訓還沒有教訓醒我們嗎？難道這樣重大失敗的刺激還不能使我們放棄一切成見嗎？難道我們還好意思在自相殘害嗎？

猛醒，猛醒。一致團結，努力奮鬥，挽救我們底國家！

——原載《民族報》，第一版（臺北：一九四九年七月十八日）

42
馬歇爾底錯誤假設

從中古黑暗時代的宗教獨斷之下解放出來的科學，在研究自然現象的時候，常常對於未能解釋明白的現象提出一個假設，然後根據實驗或觀察來證明這一假設究竟是眞的還是假的。對於自然現象的研究，迄今都是採取這樣的程術。但是，對於社會現象或人文現象，則難能做與此完全相同的處置。社會科學家對於社會現象做觀察的時候，尚且不免遭遇到許許多多複雜的困惑，如果要藉實驗來試行他底主張，那末所引起的紛擾甚或犧牲，常常是不可想像的。因而，政治實驗，不能像自然科學實驗一樣，隨時可以在實驗室裡舉行。

一九一七年俄國十月革命可說是現時代最大的政治實驗之一，但是，這一實驗除了掀起俄國空前的騷亂和大暴動以外，更犧牲了數千萬俄國人民底生命。它所換得的結果是什麼呢？史達林獨裁而已！至今俄國人民並不比英美人民過著更好的生活。十年以後，共產國際駐華代表鮑羅廷將俄國式的政治實驗介紹到中國來。當北伐軍事力量到達長江流域的時候，鮑羅廷將兩湖當作「蘇維埃運動」和「土地革命」底實驗場。這一實驗，直接引起了寧漢分裂，間接引起二十餘年來長期而大規模的共黨騷亂。這一長期而大規模的共黨騷亂，使國家遭受重大的破壞，人民蒙受慘重的犧牲，更遲滯中國底統一和建設。

這些實例不是很眞切地告訴我們，在人文領域裡，凡屬可能引起騷亂或不幸結果的想法，不可輕易付諸實驗嗎？然而，抗日戰爭勝利以後，中國不幸又做了一次實驗場。這一次底實驗者是馬歇爾元帥。

美國白皮書公佈了。艾奇遜致杜魯門總統的信也給大家看到。在這些文件裡，每一頭腦冷靜而態度客觀的中國人民將會發現友邦政治家對中國問題在某些方面的觀察之深入和提示之大有價值，而且，本著中國文化傳統中所含有的寬大精神，中國人民可以盡量承認白皮書中關於美國對華政策的大部分辯護。但是，有一點卻是中國人民所不能承認的，而且是中國人民所不能忍受的。那就是白皮書中所涉及的馬歇爾元帥底假設。

馬歇爾元帥在從事調解「國共糾紛」失敗以前，總認為中國共產黨底嚴重性，沒有蔣介石先生以及許多反對共黨的人士所說的那末嚴重，中國共產黨並非鐵硬地為蘇俄侵華第五縱隊。他認為中國共產黨可能與中國包括國民黨在內的其他黨派和平合作，擴大政府基礎，於是政治地消弭戰亂危機並且使中國局面趨於穩定。這是馬歇爾對中國問題的基本假設。政治協商會議，整軍方案，三次停戰命令，聯合政府底呼聲，都是馬歇爾這一基本假設底直接產物。

誠然，馬歇爾元帥底這一假設，在道德動機上具有崇高的價值。而且為了證明這一假設之為真，正如艾奇遜先生所說，馬歇爾元帥表現了高度的忍耐能力。關於這一方面，每個愛國的中國人民無不同聲感激。然而，這一假設在知識方面，則是根本錯誤的。這一錯誤，無可否認地，是中國局面惡化底原因之一。

如果馬歇爾對於美國或英國作這樣的假設，他可能有成功的希望，不幸得很，中國底實情與英美迥然不同，中國之從事民主自由運動從清末迄今不過五十年，中國距離走上民主憲政大道的時期還很遙遠。百年來人口增加底速率超過食糧生產底速率，以及外來新文化和技術之入侵，這二大因素交互作用，激發本身固有的宿疾，形成中國現代長期的變亂和數次底改革運動。抗日民疾戰爭爆發，這種內外諸般因素所構成的極其複合的病疾，在表面雖然暫以「停止內戰」的形式止息，可是，內在地並非如此。恰恰相反，戰爭所形成的社會動亂和貧困，愈使蒙在抗日民族戰爭的外衣之內潛伏的病症日形深刻與擴大。到了抗戰勝利，這一病症隨著民族主義的外衣之脫卸而大規模地爆發。情勢既然如此，拿任何民主憲政已經走上軌道多年的國家底合法辦法來解決中國問題，自然沒有不失敗的。因為，民主是社會、政治、經濟諸力發展到平衡狀態時底結果。在動亂不寧的中國，共產黨要的是「革命」，而不是民主。在這一時期，「民主」對於共黨，只是一鬥爭技術，並非目的。既然如此，怎能用法律式的方法來解決呢？更何況共黨行動背後，有一共產國際底世界政策為之支持！

大體說來，共產國際支配之下的世界共產黨的步趨是一致的。共產國際的宣傳機構遍佈全世界。中國和美國共黨之窮年有計畫的普遍宣傳，把中國共產黨烘托成一與蘇俄絲毫無關而係一土生土長的「土地改革者」，因而它是促進中國改革和進步的一種新力量。這種宣傳成為一種空氣，成為美國輿論底一部分，也成為馬歇爾元帥之對華政策底假設之基礎。既然如此，照馬歇爾元帥之想來，中國共產黨與其他黨派合作，參加政府，以穩定中國的政局，是很「合邏輯的」事。

可是，這一假設，正是被共黨利用，而中國人民則大受其害。

在馬歇爾元帥這一假設所造成的實際政治的情況之下，共黨度過了一個一個的軍事危機，坐大發展，特務組織乘機滲入政府的政治，軍事，教育機構之中。而在政府方面呢？則弄得是非不明，軍心搖惑，反共樊籬幾乎盡撤。

凡此等等，都是馬歇爾元帥以為中國共產黨不是要藉著「革命」來劫奪整個政權和整個國家，而是可以正常政治方法解決的這一假設所形成的實際情況決定地生產後果，這一實際情況所形成的影響，一直到目前為止，還沒有完全消失。

現在，白皮書公佈，美國官方才算承認了中國共產黨的的確確是蘇俄侵華第五縱隊，它要替外國以極權方式來統治中國及其人民，這一承認，自動地推翻了馬歇爾元帥的假設。然而，這一承認是中國人民三年來犧牲無數頭顱，揮灑無窮熱血，毀棄千萬家園，失陷大塊土地所換得的代價。而一九二七年來的犧牲事實還沒有計算在內哩！

數千年來，歷經艱難險阻的中國人民，養成一種襟懷豁達的人生態度。他們可以諒解一切民族或國家因機械技術急速進步而形成的心理。「讓過去了的都過去吧」！中國愛國人民在遭逢民族這空前的劫運裡，希望世界民主自由的國家，深切了解這一劫運的性質，再不要輕易拿友邦底國運和人民底幸福來證明不可靠的假設。大家一起起來採取積極的行動，共同阻遏危害世界和平與人民幸福的赤色禍患。

——原載《中央日報》，第二版（一九四九年八月十三日）

43 昨天，今天，和明天

人，是生活在昨天，今天，和明天。無論是誰，他總得受昨天底影響，甚至於決定；受今天底安排，或者是安排今天；並且展望著明天，不然，他活下去沒有意義。聚集個體而成的民族國家，也是如此。

決定中國近百年來大小演變的，有兩種重大的因素。第一是人口增加底速度超過食物增加底速度。這種情形，使廣大的人民受著生存底威脅，掙扎在生死存亡底臨界線上。大多數人民掙扎在生死存亡底臨界線上，社會就有隨時藉偶然的因素而發生騷亂暴動底可能。第二是外來文化及此文化所形成的政治，經濟和軍事勢力之入侵。不幸得很，這兩種重大的因素又互相影響，於是釀成百年來的大小變亂。

於今，已發展到禍亂底頂點。

外來文化及其所形成的勢力洪流，雖然合共沖激這東方的古老堡壘，但是，我們必須分辨清楚，這外來文化及其所形成的勢力洪流底本身並不是單一的。這合共入侵中國的文化勢力可以分成二大類型。第一是淵源於西羅馬基督文化的西歐文化，美國是這一文化底延長；第二是淵源於東羅馬帝國的拜占庭文化，蘇俄是這一文化傳統底直接繼承者。

這兩股文化勢力雖然合共入侵中國，但是它們所給予中國的影響，是截然不同的。

第一種文化勢力，就是我們口頭上所說的「歐風美雨」這一辭語所表示的東西。歐風美雨所帶來的，是作爲開路先鋒的兵艦大炮，以及科學技術和文物制度。

工業文明是西歐文化底結晶，也是西歐文化之擴強的利器。西歐工業文明到達了高度發展底階段，遂向全世界伸出征服之翼，無遠弗屆。古老的東方帝國自然不能例外，於是，一八四〇年，英國以戰艦叩擊中國底門戶，釀成有名的鴉片戰爭，自此，西方勢力踵接入侵。

中國人民窮年關閉在這西阻於崇山峻嶺東阻於渺茫海洋的陸地上，很少與外面的世界接觸，傳統地養成一種自傲自大的心理狀態，自傲自大的人，在並沒有眞能實力而突然被人擊倒之後，羞，憤，恨，驚，奇，百感交集。外力底煎逼，煎逼著中國人民反省進步。

這反省進步是夠緩慢的。

在嘗試著洋槍大炮底滋味以後，頑固的士大夫者流不能不承認外國底器械厲害，但是中國的文物制度，政教禮俗仍然此外國好。因而，這時出現了「中學爲體，西學爲用」的觀念。器械製造，是要學習外洋的；政治帝嬿，還是照老樣子。因而，有所謂「洋務」，中國開始走上工業化底道路。這也就是開始接受「科學」。

但是，甲午戰後，睜眼看著明治維新以後的日本一天一天強大起來：而中國儘管從事「洋務」，但根本上仍是「中學爲體」愈來愈趨貧弱，看樣子整個國家就要垮臺了。於是，醒覺的士大夫如康有爲者流，起而從事維新運動，主張君主立憲，孫中山先生之領導革命運動，更是顯明地標尙取法美國，「建立共和」。這是接受「民主」底初步。到了五四運動，更意識地將「科學與民主」底口號標揭出來。

這樣看來，西方勢力底入侵，在直接方面固然發生武裝侵略和割地賠款等後果，但是，在與中國固有傳統由接觸而衝突以後，使中國文化內在地發生質變。它介紹進科學與民主。這一刺激，使中國人民去嘗試著以科學與民主來解決中國底問題。

然而，在另一方面，淵源於拜占庭傳統的蘇俄文化及形成的勢力之入侵所給予中國的影響，卻不大相同。拜占庭文化是政教合一的極權主義的文化。俄國是農奴制度和沙皇專政具有千年歷史底國家。在這個國家底社會內部，蘊積著極度的黑暗與痛苦。西歐的社會主義運動和馬克斯主義流入俄國以後，就轉化而成誘發這股蘊積已久的亟思反抗暴動的觀念動力，因而形成一九一七年的十月革命。十月革命成功；布爾希維克政權建立以後，拜占庭文化靈魂又飛回這一新形式底政權裡面。沙皇主義，與大斯拉夫主義更逐漸藉共產黨宣傳與組織而擴張。這一擴張底形式，除軍事經濟以外，多係政治滲透與思想滲透。它也像工業文明之向全世界伸延一樣，繼起實行世界規模底侵略。貧困、混亂、和落後的東方古老帝國，又怎能例外呢？

這一般勢力給予中國政府影響，由於受它自身底起因和本質所決定，是利用中國底貧困、混亂、和落後，誘發中國社會內部底不安發展騷亂和暴動，並由之而建立依附俄國的極權統治。這一行動底具體結果是中國自一九二七年以來的共黨暴亂，蘇維埃運動，「土地革命」。共產黨組織，以及最近成立的毛澤東政權。這些東西說明，蘇俄文化勢力所給予中國的影響，是要中國學她的樣，以暴動方式，建立極權統治。所以，它是反科學和反民主的。所以，與前述的影響恰好成個對照。

由於上述的原因，今日的中國又陷入黑暗的統治時代，這一黑暗統治底形式，是藉著陰謀，暴力，加上蘇俄底支援和指使，中國共產黨實行一黨專政，一黨支配他們所樹立的政權。而共黨又受毛澤東個人主宰。所以，毛澤東就是他自己所製造的政權的太上皇。馬列史主義成爲全體人民必須一致信奉的國教。有誰反對這一國教，思想罪犯之名立即加身，毛澤東藉著軍事暴力來保障並推銷似通非通的所謂「新民主主義」。在這樣的一種統治之下，人民底經濟生活固然全部受到控制，精神生活也一絲一毫自由也沒有。全體人民必須毫無例外地做毛澤東及其共黨爪牙底奴役，而毛澤東及其共黨爪牙又是史達林及其御用的共黨國際底奴役，所以陷區人民是奴役底奴役。

今日，在未淪於敵騎的地區，在敵後遊擊區，在太湖流域，在大別山地，在大河南北，千千萬萬不堪剝虐待的農民，無數愛好自由的志士，許許多多憧憬民主的鬥士，或直接或間接地，或明或暗地，到處對毛澤東及其極權統治展開了生死的搏戰。

然而，病重的人不能在短期痊癒。同樣，植根已久的大亂不是短期所能結束的。中國人民爲洗刷這一歷史餘毒所做的搏戰，不能希望在短短幾年甚至幾個月內結束。我們要站得穩，更要熬得住。如果民主自由眞是世界發展所趨向的大目標，那末，在經歷千回萬轉之後，一切反極權反奴辱愛自由愛民主尊理性的力量終可匯合起來，共同抗拒這一企圖淹沒世界的洪流。熬到全世界一切力量都奮起反對蘇俄及其共黨極權侵略的日子，勝利還能不屬於愛自由民主的人民嗎？

支付的代價愈大，所收穫的可能愈多。如果我們堅持向著合理的方向前進，那末今日痛苦的忍受一定換得未來的幸福。隨著蘇俄暴力傾倒的，是中國共黨及其黑暗統治之幻滅，和光明之照臨。

這是明天的希望，這是我們底遠景。在這一天到來時，一切烏煙瘴氣在祖國底原野煙消雲散。再沒有任何政治組織藉著強力單獨統治人民。再沒有任何政治組織藉著權勢拿任何說教強迫人民表面贊同。再沒有任何政治組織將任何主義當作國教。大陸之上風和日麗。人民自由自在的生活著，永過太平的幸福年。

我們在做著這樣的回顧，檢視，和展望的日子，正是中華民主共和國誕生三十八年的紀念節日，毛澤東及其黨徒正嚴重地威脅著這個新生的民國。這一個國慶日無疑是三十八年來最黯澹的國慶日。但是，「否極泰來」。黑夜過去，黎明不就到來嗎？愛自由愛民主的中國人民，應須堅定地以行動掃除黎明前的一段黑暗，拿勝利的信念紀念這個節日，逐步走向必至的勝利。

——原載《民族報》，第七版（臺北：一九四九年十月十日）

44 救中國即所以救世界

當前，來自蘇俄和由中國腐毒社會衍生的二股力量合共形成的赤色洪流，正氾濫於中國大陸。三億以上的人口陷入高度的陰謀暴力極權的黑暗統制之下。爲了阻遏這一洪流，並反抗這一陰謀暴力極權的黑暗統制，中國政府領導著愛好自由民主的人民，在極度艱危困窘的情況之下，與這一國際混合武力奮戰。敵後不堪暴虐奴辱的民眾，也紛紛崛起，以窳劣的武器與敵周旋。

然而，直到日前爲止，與這一國際騷擾勢力搏鬥不休的，只有中國和她的人民。能力優越的友邦人士，反而袖手旁觀，或是認爲中國抗暴人民不堪一助。

這種種情況之所以發生，在許多原因之中，重要的原因之一，是他們底認識下清，於是將他們底許多「打算」建立於根本錯誤的假設之上。

我們站在遠遠看雲霧當很清楚。但是，乘飛機縱過雲霧的人卻往往不知自己就在雲霧之中。同樣，人類對於一籠罩一切的運動和勢力底發展，常視而不見，聽而不聞。

自十八世紀發展迄今的工業文明，是人類歷史上未曾有過的文明。這一文明逐漸發展起來，向全世界伸展征服之翼，幾乎改變了世界底每一角落。因而成爲主導一百八十年來世界經濟、政治，以及軍事變化底基本動力。可是，在這一文明興起之初，正像雲霧之剛來一樣，很少有人警覺地意識到這是一新的文明，而且這一新的文明將會給予世界怎樣的改變或影響。有之，唯有一個時代之高瞻遠矚的思想家。一直等到工業文明發展到了現代的高度，而且，具體化地表現爲繁多的物質機械建設，大家才認識這是「工業文明」，才知道它底弊害。但是，這一認知，已經近乎在事後了。

同樣，我們現在不得不痛苦地指出的，現在世界上大多數人對於蘇俄以及與之不可分的世界共黨問題之了解程度，與工業文明尚未成形前之不甚了解它，是一樣的。但是，時危勢急，不容許我們繼續這樣不了解。

蘇俄和世界共黨常常以「實行共產主義」號召天下。我們必須明瞭，這是古今中外最大的謊話。共產黨與「共產」之不相干，正如風馬牛之不相及一樣。不然，何以在「解放區」窮人變得更窮？何以有千千萬萬貧苦的人民揭竿而起？何以「社會主義的蘇聯」底工人生活程度遠比「資本主義的英美」工人生活程度差？本質地說：共產黨問題，是自人類有史以來就已發生的問題，在羅馬，遠在紀元前第一世紀，斯巴太（Spatacus）領導奴隸暴動。從羅馬帝國統制之下反轉出來的普羅列特利亞運動，形成了中世紀的教權統制。在中國，自秦末陳勝與吳廣起事以後二千多年來，有大大小小的農民暴動。對於東西社會中「矛盾」而衍發出來的這種病癥，東西底宗教家、哲學家，和政治家，無時不在苦心孤詣求解決之道。這樣的病症不是不能用正當合理方法解決的。在西方，有自湯瑪斯．穆爾以來的社會主義的思想。英國之溫和漸進的民主社會主義的實施，更提供了合理解決的實例。在東方，孫中山先生提出了折衷的方案。如果眞的照著孫先生底方案行去，中國歷史底宿疾也是可以治癒的。

然而，馬克斯輩卻堅持以暴力鬥爭方式解決。因此緊接著十九世紀社會主義運動而產生的，是以蘇俄為核心的權力組織和統制機構之逐漸形成、鞏固與擴張。這一權力組織和統制機構形成、鞏固，與擴張，便逐漸「揚棄」了原來的社會主義運動之內容，而使世界人類陷於多事之秋。中國，正處於多事底焦點。

俄國是一個奴農制度，希臘正教，和沙皇主義有千年深厚根基的國家，在這個國家裡，歷史的社會的病癥是很深的。西方的馬克斯主義流到這個國家以後，就變成誘發病癥和革命暴動的精神動力。為了革命成功，列寧將馬基亞弗尼主義與馬克斯主義化合起來，於是而成列寧主義。列寧主義，到史達林手中，與對內統制的沙皇主義和對外侵略的大斯拉夫民族主義化合起來，又成為史達林主義，史達林主義，以「一國社會主義建設」為基點，以所謂「世界革命」為手段向外輻射，命令各國共黨為「無產階級組織底利益」而效命。於是，形成世界底分裂局面。以蘇俄為中心的這一部分全面地向另一部分挑戰，中國則首當其衝。

這一全面的挑戰所採取的方式也是全面的。凡屬西方底一切，包括政治、經濟，甚至於文化，以及生活方式，蘇俄和共黨一概反對。例如：「資本制度」本是西方文明發展底必至產物。這一產物，就作爲一制度而論，根本無所謂好壞價值，即使他有毛病，而他對人類物質文明的進步大有貢獻。而蘇俄與共黨則窮年宣傳，把他渲染成萬惡之源。而蘇俄與共黨自己呢？則建立比私人資本制度更爲徹底的國家資本主義。由共黨獨佔把持，主宰全體人民底生活之任何方面，在中國，許許多多人上這種當而不自覺哩！

蘇俄與共黨挑戰底基本策略是利用人間的一切陰暗面。如眾周知，共產黨主要的鬥爭策略，是從經濟鬥爭發展到政治鬥爭，但是，不僅如此，舉凡民族間問題，邊疆問題，社會問題，以及臨時偶發的問題，凡屬現存的「矛盾」，都爲共黨利用爲鬥爭發展的實據。所以，現世除非沒有問題，一有問題，都爲共黨所乘，都有共黨底份，都有赤色細菌作祟。一有赤色細菌作祟，如不謹慎，那一部分就由痲痺而癱瘓而崩解。一形崩解，共黨就撿現成的，雙手奉給史達林新沙皇！

這不過是世界共黨所利用的人間有形的陰暗面而已。有形的陰謀暗面還比較易於察覺，無形的陰暗面則難察覺。無形的陰暗面就是每個人心理上的弱點。除了具有極其高度心理訓練的人以外，一般人在心理上的缺點是非常之多的。共黨底政治心理工程師，則專門設計，巧爲利用這些弱點，以達到他們政治上的陰謀目的。最顯著的就是他們底宣傳，共黨底宣傳總是天花亂墜，極力給人以光明美麗的遠景，激發人類心中向眞、向善、向美的衝動。可是卻巧妙底將這些遠景和心的衝動與陰謀暴動聯繫起來。所以，許多人藉共黨而做壞事，於是有辭「自我辯解（selfrationalize）」；即使做了賣國賊還是毫無愧色。爲什麼如此呢？因爲一般人底思想易受情緒底干擾，易於無意預先假定，易靛錯誤聯想，易於謬妄推理。共黨政治心理工程師則專門順著這些心理弱點，擴大這些弱點乘機煽惑。蘇俄底「科學家」，爲了配合政治目的常常製造假學說，假實驗以欺負人民。關於遺傳問題就是一例。

蘇俄共黨底這些鞏固統制和擴張權力底辦法，內在和外在都要受到阻力，因而，除了藉著陰謀與暴力以外，他們更要在根本上從改造文化入手。改造文化，在對內除了藉電訊交通嚴密封鎖造成鐵幕以遮斷外來一切知識消息之傳播以外，更毀棄本國底傳統文化，依照□□馬列主義帽子的實際政治要求，從所謂「辯證唯物論」著手，改變哲學、文學、藝術、改寫歷史，甚至於篡改自然科學。對於國外呢？他們一時無法建立鐵幕，於是盡力宣傳馬列主義，以使「資本主義國家」底人民思想對他們底國家起離心作用而對蘇俄起向心作用。但是，這還不夠，蘇俄共黨底政治工程師們認識得很清楚，優越的西歐文化對於他們底政治發展具有極大阻絕作用。新大陸底文化是這一文化體系底移植與延長。這一文化所產生出來的對蘇俄與共黨發展之或顯或隱的妨礙是非常巨大的。所以，蘇俄與共黨深知他們要安穩統制全世界，要沒有人揭破他們底西洋鏡，要沒有人揭破他們有系統的謊話，非徹底消滅西歐文化不可。因而，在未能軍事佔領之先，他們竭力以宣傳方式打擊這一文化。假若他們對於西歐和新大陸能實行軍事佔領，那末一定用政治力量來徹底摧毀這一文化，徹底改變這些地區以內人民底自由生活方式，不許自由言論，自由行動，自由思想。而代以唯物辯證法，代以馬列主義，代以蘇俄底生活方式。蘇俄與共黨底這些行動是蘇俄文化對西方文化底大挑戰。這一戰鬥底勝敗，將決定西歐和新大陸底前途，也決定整個人類底前途。如蘇聯勝利，那全人類將陷入蒙古式的黑暗統制之中。人類將返回黑暗時代。

這是人類歷史上空前未有的世界規模的挑戰！這不僅是三因次的軍事挑戰，而且是包括歷史文化的四因次的挑戰！

蘇俄與共黨這一企圖何時出現呢？不在將來，現在已經著手了。不過，他們底方式特殊，好人多不知覺，一任惡人橫行，巧取豪奪，軟硬兼施，明搶暗滲。一旦暴勢形成，世界就沒有救藥了，此有識之士為天下憂！

在西歐阻力增強的時候，洪流便從中國缺口橫決，行將氾濫全球。

蘇俄及其遠東第五縱隊現在所擾亂的西太平洋地區的人口幾佔全世界二分之一。這一數量龐大的人口，再加上蘇聯及其附屬國家底人口，約佔全球人口七分之四。這是絕對優勢的人力。中國共黨員打通粵漢鐵道進佔廣州，就是蘇俄勢力向東南伸張底警號。在蘇俄指使之下的中國共黨軍隊，隨時可以利用機會進襲安南、緬甸、印度，囊括東南海疆區域，誘發當地民族問題，採取戰略□□。中央亞細亞本來早巳在她掌握之中，近東地區不堪一擊。情形複雜的印度更爲共黨滲透的樂土。西歐只需四十八小時便可全部佔領。於是，蘇俄組織這樣巨大的人力並利用如此雄厚的戰略資源，首先建立一歐亞混一的蒙古統制規模的偉大帝國，到那時候，縱有原子彈，如不能將地球炸平，或至少炸毀歐亞大陸，也就無能爲力，新的黑死病將籠罩大半個地球！

我們已經說過，人類許多錯誤的行動，是建立在錯誤的預先假設（presuppositions）之上。而這些預先假設未經自覺而毫不置疑並據之以爲行動底出發點時，將會發生嚴重錯誤的後果。

一個戰爭本有顯現的（actual）和隱伏的（potential）兩部分；像一顆樹有一部分在泥土裡，有一部分在地面一樣，而自古代以迄最近，人類短暫地將顯現的一部分概念爲戰爭。而這一部分戰爭往往要經過挑釁，動員，宣戰等等顯明的程式。因爲自古以來對於戰爭的概念是如此，因而傳習地以此形式來設想未來的戰爭，所以，現在到處流行著「第三世界大戰何時曝發」一類底說法。民主國家底策略家也作這種想法。彷彿不經過正式動員和正式宣戰就算不得戰爭似的。其實，這是過去的經驗形式。過去的經驗形式如此，何能據之以推斷未來的戰爭也必然如此呢？

「智者見於未萌，愚者黯於成事。」就已有的種種跡象觀察，蘇俄對於戰爭著重採取新的形式。這一新形式的戰爭，根本沒有戰時和平時之分；沒有前方與後方之分；不必有顯明的戰線可分；更不必經過挑釁，動員，宣戰等等程式來構成國際公法上定義的「戰爭」，蘇俄國家內部分作「資產階級」和「無產階級」兩條戰線內戰，然後她手不血刃，並不負任何法律責任，坐收漁利。或者她保有足夠強大的武裝力量，恐嚇鄰近國家，對之凌遲宰割，她自己日漸坐大。既然如此，除非絕對必要，她何必張旗鳴鼓從事宣戰呢？所以，也許，在民主國家自己製造恐怖空氣，將戰爭的規模移開若干時日的未來時，戰爭事實上已在蘇俄底潛移默運之下著著進行。等到機械頭腦的民主國家底軍略家發現戰爭時，正像陝要終結的□棋，敗勢已經註定而無法挽救了。

這樣的戰爭，根本就是無分於平時戰時四因次的戰爭，蘇聯是以自己爲核心，將世界任何角落裡可以利用的一切物質力量和精神力量毫無遺漏地都編組到對付「資本主義國家」的戰爭總力中去，假若民主國家底軍略家具有這一認識，那末，何致對於蘇俄共黨一個一個的侵略行動認爲無關痛癢？何致對於已經露面的東亞大陸戰爭採取隔岸觀火的態度？難道以舉世為敵的蘇俄與共黨是可以縱容方式解決的嗎？如果說侵略可以縱容來止息的話，張伯倫底綏靖策略是好教訓，珍珠港事件是更好的教訓。假若張伯倫等稍有遠見，他們底國家不致於蒙受慘重犧牲之後，耗費千百倍物資和生命的代價來阻遏侵略之火。難道等火頭燒近再說嗎？地球是圓的。火頭不及早撲滅，只有愈燒愈大，它會燒到任何一點，以至於不可收拾。蘇俄在吞食消化了弱小國家而壯大了以後，就要來吞食更肥的富人哩！如果人類眞是有智慧的動物，他應該不忘新近的教訓。

聰明的自衛者不要等待敵人把刀磨好以後再動手。他要在敵人底刀未磨好以前打倒敵人。聰明的救火者不會讓火燒近樓房才澆水，他會老遠馳救失火的鄰居。現在，民主國家還等什麼？等蘇俄與共黨□更多的原子彈嗎？等蘇俄布置妥當嗎？現在也許一百萬人能夠解決的問題，到那一天死了一千萬人未必能夠解決。現在也許用一千顆原子彈能夠了結的問題，到那時用一萬顆原子彈未必能夠了結。地球是圓的，援救別人就是援救自己。太平洋西岸人口眾多的中國地區已在大火熊熊。撲滅了這一大火頭，玩火者就不敢再讓火燎開。東亞就可以逐漸歸於和平安定。東亞歸於和平安定，世界可以歸於和平安定，人類就可免於浩劫，民主國家就可制敵於機先，就可勝敵於千里之外，所以救中國即所以救世界。

——原載《中央日報》，第三、五版（臺北：一九四九年十一月七日）

45 民族戰爭呢？還是社會戰爭？

這是一個大混亂時代！

思想的混亂，是行動混亂底基本原因之一。自十九世紀中葉中國大規模與西方文明接觸以後，思想就開始混亂；最近幾年，可算到達了混亂的最高峰！

思想的混亂，只有用思想來解決。任何其他辦法，最多只能造成年輕一代表面的平靜。

現在，大家面臨的重大問題，是反共抗俄底問題。這個問題，關係於整個民族底存亡榮辱，各個人底幸福苦樂，和歷史文化底絕續盛衰。關係若是之重大，然而，有人對於這種問題認眞作過冷靜的思考沒有？也許有。但是，大家所看到的，多是些口號，而這些口號之制定程序，顯然沒有經過嚴格的考慮。多少年來，政令代替討論。而布爾希維克主義者之反思想自由和言論自由更阻塞了智慧底發展，以致產生了目前的結果。我們如果要人不僅是口服而是心服，尤其是要年輕一代底知識分子心服，而樂意自動參加反共抗俄陣線，必須將反共抗俄置於顚撲不破的理論基礎之上。因而，將這個問題弄清楚，實在是當務之急。

對欣抗日戰爭勝利結束以後數年來國內進行的戰爭之性質，有兩種截然不同的看法。許多人將這一戰爭看作是民族戰爭；另外有許多人則看作是社會戰爭。這是一個很根本的歧異，因爲這兩種看法之間的距離若是之遠，於是各人所注重的方面，所抱持的態度，所採取的行動，所發生的心理反應，也各不相同。這些歧異之存在，似乎對於反共抗俄只有害處。因而，我們必須將這個問題分析一番。

堅持這一戰爭是民族戰爭的人，足以民族主義爲中心。他們看到蘇俄要侵略中國，而中國共產黨受蘇俄利用，進行滅亡祖國的勾當，所以將對共黨進行的戰爭，看作是一民族戰爭。這一戰爭之爲一民族戰爭，亦若抗日戰爭之爲一民族戰爭。這一部分人，至少在不久以前，似乎有意或無意拒絕承認這個戰爭之社會的性質。彷佛一說這個戰爭有社會性質，便鬆了勁，使分散了目標，甚至於涉及到本身底什麼。由這些觀念出發，於是，諱言「改革」，懷疑提倡革新者，甚至於仇視要求進步的人，而將他們歸入敵人之類。

將這個戰爭看作是民族戰爭是否正確呢？當然有相當的道理。不過，這個道理只是一方面底道理；未足以概括這一戰爭底全部特徵。

堅持這一戰事是社會戰爭的人，是以民主自由或社會主義爲中心的。他們認爲中國社會既然弄得這樣糜爛腐毒，經濟崩潰，社會動亂，勢必引起嚴重的社會戰爭。中國自古即是如此。因著他們注意這一方面，於是有意無意不強調這個戰爭之深刻的民族性，彷彿一強調它底民族性，就忽視它底社會性似的。

這種看法是否正確呢？無可否認的，這種看法也有道理，只可惜也是一偏之見；未足以概括這一戰爭底全部特徵。

怎樣的看法才能概括這一戰爭底全部特徵呢？

我們必須老老實實大大方方承認這個戰爭既是民族戰爭又是社會戰爭。因爲，這樣承認才合乎事實。以建立於事實之上的正確認識作基礎，才能對問題有效的解決。

毫無疑問，蘇俄是要侵略中國的。蘇俄之要侵略中國，亦若帝俄之要侵略中國，而且更是變本加厲，手段較之帝俄尤爲陰險複雜毒辣。沙皇彼得大帝，勤圖遠略，在西方謀開「西窗」；在東方則謀開「東窗」，想攫取不凍港口。一六八九年帝俄與中國訂立尼布楚條約以後，逐步進行侵略中國；佔領西伯利亞沿太平洋的流域，東海濱省、黑龍江以北和烏蘇里江以東地區，以及西北伊黎河下流地區；更進而染指東北，在東三省建築鐵路。蘇俄時代呢？除了藉第二次世界大戰末期出兵於遠東三十六小時之便而「恢復了帝俄時代的一切權益」以外，又嚴密地控制東北，置蒙古爲附庸，垂涎新疆。

當前的世界大勢，就是以後起的蘇俄向民主國家爭奪世界霸權爲基型的形勢。從思想信仰著眼，蘇俄之與西方民主國家之間的衝突，簡直是走著東方正教國集團（Orthodox Christendom）與西方基督教國集團（Catholic Christendom）之間爲了爭取教區而發展的衝突。就政治及地理形勢著眼，蘇俄之與世界，頗似戰國時強秦之與六國。㈠衛鞅治秦，嚴刑峻法，今日蘇俄之嚴刑峻法，確屬史無前例；㈡秦國嚴禁人民「私鬥」而鼓勵人民對外「公戰」。蘇俄則窮年製造「受資本主義國家包圍」的恐怖，將整個國家從思想到物質變成一個徹底的戰鬥體；㈢強秦居於荒涼的西北，地形險固，便於進戰退守。就世界地形大勢而言，蘇俄大部位於北寒帶，居於從北向南俯衝爭取太陽爭取暖水之勢；㈣秦國於六國之中比較落後，但卻佔「後來居上」的便利。她底人民生活刻苦，整軍經武，富國強兵，卒滅六國。蘇俄開國也比較落後。在十六世紀以前還未與西方文明接觸。到第十七世紀，彼得大帝才領導俄國走上工業化的道路，列寧和史達林繼之。蘇俄也得「後來居上」之便，她底科學不行，可以請德國科學家指教；她不會製造原子彈，可以派間諜到美國去偷；㈤在對外手法上，秦國知道「遠交近攻」，在當時老實的古人之中，可算得是狡猾的對外策略。現在因時勢不同，蘇俄底對外策略雖然不是墨守「遠交近攻」之法，但她時而遠交近攻，時而近交遠攻，不拘一格，極盡詭譎變幻之能事；㈥六國也知道強秦有吞滅六國的野心，大家想方法對付，但是時而「合縱」，時而「連橫」，步調不甚堅定一致。而秦國則上下一條心，步調堅定一致。終於，六國一一為秦各個擊滅，一統天下，建立了極權統制。在蘇俄與民主國家的對應情勢上，和強秦與六國的對應情勢，竟是這樣類似。當然，類此（analogy）不是推論（inference）。我們不能根據類似之點而斷定民主國家在面對蘇俄威脅的情勢中，也會得到與六國相同的悲慘結局。但是，這一提示，卻足夠民主國家更加警惕了。

中國和她底人民，則是向外侵略發展鏑鋒之前的犧牲品，躲過了德國機械化部隊毀滅的蘇俄，在經美國物資援助餵飽了以後，正像第一次世界大戰後企圖乘戰爭的動亂藉「世界革命」而向外膨脹那樣，她又乘人疲憊而向外擴張。這一擴張，於見阻於西方之餘，又像第一次世界大戰以後之轉戰東征一樣，向中國擴張。她援助並擴大了中國共黨底變亂；鼓勵了毛澤東建立「政權」。誰都能看得明白，史達林是通過毛澤東之手來統制中國，和控制中國四萬萬人民底呼吸的。

在這一蘇俄侵略行動之前，我們打共產黨，當然就是打蘇俄。所以我們將「反共」和「抗蘇」相提並論，既然如此，反共抗蘇戰爭，當然是民族戰爭了。

反共抗蘇戰爭，既然是民族戰爭，爲什麼還有些人作別的想法呢？這是因爲，反共抗蘇戰爭，從以上所說的理由看來，固然是民族戰爭，但是，從另一方面看來，並沒有這樣簡單。我們還得作更進一層的探究。只有作更進一層的探究，獲得眞實的結論，才足以服人心而振士氣。

不錯，共黨變亂之延長與擴大，是受蘇俄底指使與支援。但是，幾乎各國都有共產黨，美國共黨也成立於一九二〇年。照蘇俄之痛恨美國這股勁看起來，蘇俄未嘗不想在美國製造第五縱隊，從內部瓦解美國，佔領美國，這樣可以省下她多少氣力，然而，美國底蘇俄第五縱隊爲什麼總是搞不起來呢？中國底蘇俄第五縱隊卻越搞越猖獗呢？這是問題底癥結之一。這個癥結一日不解除，中國底變亂一日不會眞正中止，一切對國家有負責勇氣的人絕不迴避這個問題。口號不能代替解答。

一定有許多人，眼看著他們底學生，他們底朋友，他們底同伴，一個一個地走上他們人生錯誤的道路。這些人，不見得眞正了解馬克斯主義，更不見得喜歡共黨之所作所爲。但是，他們眼看一片漆黑，而現實痛苦的鞭子，又一分一秒地鞭打著他。十餘年來，要求「改革」與「革新」的呼聲，遍及朝野，眞是唇爲之焦，舌爲之爛，筆爲之破，紙爲之穿。然而，終難得到當局的重視，甚至有時被認作圖謀不軌，視若讎仇。在這要求改革進步的要求不能滿足的時候，在這眼看著家園被一張一張的冥紙所吞沒的時候，在這走途無路沒有一片光明可尋的時候，大家軟弱極了，惶惑極了，悲憤極了。假如有人禁不住魔鬼的招誘，符咒的迷惑，而走錯了努力的方向，那末我們如果對國家負有更大的責任，是應該對此結果自慚自責呢？還是狠心地把無辜的良民更驅向撒旦底深淵？

誰都可以看得清楚。中國這樣的社會情境，以及曾經有過的「火上加油」的「良好」作風，正是民族國家底毀滅者最樂觀的鼓勵。對於這些實情，我底筆墨完全失去效用。除了天之驕子以外，在每一個善良守法的人民身上，都可以找到創傷的痕跡。每一個痕跡，都是最顯明，最眞實的字句。

自秦末陳涉、吳廣揭竿而起以來，中國歷代都有這樣的一個問題。這個問題，有如一個人底宿疾，糾纏了二千多年，不得解決。每到春來，宿疾爆發，便是一場大亂，死人無數。這一次似乎發展到了最高潮——但願這是最後一次。

社會主義性質的運動，在西方是以產業工人爲主體；在古老封建落後的東方，則是以農民爲主體。因而，東方的社會主義性質的運動，必至蒙上了濃厚的農民暴動色彩。中國共產黨，在毛澤東得勢以前，盲目學習西方，到處進行「城市暴動」，結果一一失敗。熟讀《資治通鑑》的北大旁聽生毛澤東，抄襲了「農民暴動」這一個老辦法。於是洪水由農村而淹沒小城市，由小城市而淹沒大都市。由大都市淹沒大陸；以至建立起秧歌王朝。

這個秧歌王朝，在發展底過程上，與李自成王朝相似；在本質上，二者同爲腐毒社會腐毒至極而內在地衍產出來的一大反動。所以，目前中國的變亂，是有深刻意義的社會戰爭。因爲這是社會戰爭，所以比較富於感應能力。這一社會戰爭，與歷代重演過許多次數的社會戰爭同其性質，歷代繼規模巨大的社會戰爭而起的，也常是政治的形變。這一點，凡屬稍有歷史的責任感的人，都應該勇敢承認，只有麻面小姐才怕照鏡子。

可是，如果我們把問題從更高一層次觀察，便可看出，這一戰爭是民族戰爭與社會戰爭底統一體。

毛澤東爲了建立秧歌王朝，對內不惜採取任何手段掀動殘酷無比的社會戰爭：對外則接受蘇俄底指使與援助。而蘇俄呢？如上所說，自帝俄時代即思向東亞發展，蘇俄承繼沙皇此一遺業並且予以「發揚光大」。她正好要在東亞圖謀領土擴張。在這一關聯上，毛澤東主觀的欲求和史達林主觀的欲求，剛好符合。因而，毛澤東欣然接受「史達林同志」底支援與指使，毛澤東既然接受了克里姆林宮底指揮援助，無可避免地，蘇俄底政治勢力甚至於軍事勢力以各種形態逐漸滲透進來，而把中國變質成蘇俄底殖民地，至少是附庸，這樣一來，毛澤東所發動的變亂，不是又含有很深刻而嚴重的外患性質嗎？顯然是有的。

所以，問題發展到了這個階段，我們可以說，當前戰爭，既是社會戰爭，又是民族戰爭。中國社會本身原來就潛伏著甚深的宿疾。蘇俄利用中國野心分子來掀起這一宿疾，許多主觀心理上反共而客觀行爲上助共者流又從而助長之，於是社會戰爭爆發。而這一既已爆發的社會戰爭，則又轉過來爲蘇俄所利用，以達到民族侵略的目的。因而，我們可以總括一句話說：

這個戰爭是為民族侵略者所利用的社會戰爭。

既然如此，這個戰爭具有對外抗戰和內部動亂底雙重性質。既然有這種雙重性質，我們既要「攘外」，又要「安內」，於是肆應起來，特別困難，特別麻煩。我們所遭遇的困難，比抗日戰爭困難得多，在抗日戰爭過程中，日本至少不易大規模地從內部瓦解我們底陣營。而且民主國家一看就知道是日本侵略我們。現在呢？有一部分友邦人士還是只把中國共黨看成「土地改革者」。這就是因為他們被共黨變亂之社會戰爭的形態所蒙蔽，而沒有清楚地看出這一戰爭背後所藏的民族侵略的成素。不獨若干友邦人士沒有看清楚，就是中國自己底若干知識分子也沒有看清楚，他們不警覺共黨變亂將會招致如何嚴重的外患。因而，共黨及其同路人高呼「反對內戰」，他們也隨著喊「反對內戰」。

其實，我們兩者都應該承認。堅持一端不合事實，不能解決問題，亦不足以服人之心。將這一戰爭完全看作社會戰爭，隨聲附和在高呼「反對內戰」，對於蘇俄假共黨之手而侵略中國或置而不論，或竟懵然無知，何以服愛國主義者之心？然而，在另一方面，大家明明眼睜睜見社會上一切的現象都是不好，與片面的宣傳若合符節，你一味只把眼睛向外，而不看看內部，對於社會病態及其形成之責任一字不提，又何足以服人之心？

依事理而論，我們必須承認這個戰爭既是民族戰爭，又是社會戰爭。承認了這一大前題，才能服人之心，也才能眞正解決問題。

我們承認了這是民族戰爭，教育廣大人民了解這是民族戰爭，才能掀起民族意識，而發揮出與抗日戰爭相同的敵愾心理。在這民族戰爭底前題之下，我們在觀念上根本不把共黨看作是中國人，而把他們認為蘇俄人底一部分，這樣一來，我們才可能在精神上與共黨完全絕緣。我們能夠在精神上與共黨完全絕緣，那末才不致為共黨異族底宣傳所煽惑。既然我們不為共黨異族底宣傳所煽惑，那末對於共黨異族所發動的感應能力底感應就沒有。既然我們對於共黨異族所發動的感應能力沒有感應，那末我們底陣營才不致被共黨所動搖或瓦解。我們必須先做到了這一步，然後才能談到企求最後的勝利。

可是，在這個同時，我們還得承認這又是一個社會戰爭。這個社會戰爭之形成，有歷史的積因，有蘇俄之助長，有共黨之暴亂，也有特權階層之剝削與種種作惡。歷史的積因，不能亦不應歸咎於何人何黨。蘇俄之助長，構成我們抗蘇的理由。共黨之暴亂，使得我們反共。然而，特權階層之剝削與種種作惡，應該可以老早用人謀來打滅的。但是否已打滅了呢？只有坦白而勇敢地承認這場戰爭同時也是社會戰爭，我們才能面對著這個問題，而予以合理的解決。我們只有走上合理解決之路，才能平服眾人，尤其是青年底不滿情緒，從而真正凝集力量。

敵人並不可怕，共黨更不可怕，可怕的唯有自己底良心。良心常常是一面鏡子。真正有大勇的人，絕不迴避良心底照射，他必定時時拿起良心的鏡子，照照自己，照照人民。共黨在美國作不了禍，而在中國闖下這樣大的禍，顯然是中國底社會太不像樣了，使青年人煩悶，中年人難活下去，老年人嘆息。今後要根本解決共黨問題，還得從根本上合理解決社會問題。在一個合理的社會裡，毛澤東底妖扇煽動不了誰的。

在毛澤東未建立秧歌王朝以前，許許多多人，尤其是青年，將建設一個合理社會的希望，寄託於共黨身上。因而，共黨勢力大增，政治影響浩大，可是，現在呢？共黨底狐狸尾巴露出來了，在秧歌王朝底統制之下，貧窮的更貧窮，痛苦的更痛苦；而且，連本來有的些許自由都失去了。這些曾對共黨寄予希望的人潮漸漸開始希望的幻滅。共黨不獨不能建立一個合理的社會，而且把社會弄得更糟，問題發展到了這一階段，我們對於共黨，難道不應該發動社會戰爭來打垮他嗎？

所以，在從事反共抗俄的當前，除了標揭民族戰爭的大旗以外，我們對於社會戰爭，不僅不應忌諱，而且應該特別強調。唯有建立一個合理的光明社會，與共黨統制之下的黑暗社會，作一強烈的對照，才能從根本上拆穿共黨底連篇謊話；也唯有建立一個合理的社會，才能內在地產生新的力量，以擊潰共黨。外援固然是必需的。對於一個有生機的人注射一點補藥誠然可以使他健壯起來，打退強盜。但是，葡萄糖針卻救活不了一個生機日滅的肺病鬼。要肺病鬼得以救活，必須停止肺結核菌底活動。肺結核菌一天不停止活動，必然一天百藥罔效，生機斷喪殆盡！

依據前面的一番分析，我們就不難明瞭，社會戰爭是民族戰爭底內在條件；而民族侵略又是社會戰爭底外在條件。既然如此，民族戰爭與社會戰爭，二者互為函數。時至今日，我們絕對不可稍存僥倖心理，以為先解決了民族戰爭再談解決社會戰爭。既然民族戰爭與社會戰爭二者互為函數，於是我們不內在地從事社會戰爭以消滅內在的敵人使自身健全起來，那末我們在這一富於滲透性的民族戰爭中便不能獲得決定性的勝利。同時，我們如果強調民族戰爭，我們也就無法刺激社會走上合理的道路。

總而言之，我們不可捨民族戰爭而只談社會戰爭；更不可只強調民族戰爭而諱言社會戰爭。二者如人之左右兩腳：必須左腳前進，右腳才能向前一步；也必須右腳前進，左腳才能向前一步。建立一個合理的社會，不是孫中山先生底建國理想嗎？如果自己沒有毛病，何必諱言社會戰爭呢？唯有英勇地向舊汙社會奮鬥，才能振奮人心，使大家親眼首見光明在我們這一面，才不會跑到共黨那兒去，而齊一心志，集中力量打共產黨了！

所以，進步與反共，二者並不相剋，而是相成的，要求進步的人不要輕視反共的人。反共的人不可動輒把要求進步的人誤認為「匪諜」。談進步的人，不忘記努力反共。談反共的人，不忘記努力進步。這樣一來，若干年來的「矛盾」便「統一」了。唯有在這「矛盾統一」之中，發生協和的新生力量才能希望反共制勝。

這個道理是顯然易見的。「旁觀者清」。所以，因了若干人一直忽視合理解決社會問題這一面，所以民主友邦遲遲礙難，不願援助，而善意提醒我們，必須我們對內作合理的措施，才漸漸予以援助。最近，剩餘土地上面，積極反共的有力人士，也迭次作這類開明醒覺的表示。這眞是可喜的現象。全國人民，望斷秋水，希望有力人士將這些可喜的表示一一付諸實現。

——原載《自由中國》，卷二期一（臺北：一九五〇年一月一日）

46 戰爭與自由

戰爭進行中人民應須享有自由嗎？

這是自由中國當前所遭遇的根本重大問題之一。可是，一直到目前爲止，似乎還沒有人對於這個根本重大問題努力覓致合理的解決，因爲這個根本問題尚未獲得合理的解決，所以表現在當前言論界的，是意見之大相逕庭；表現在行動方面的，是步調之參差不齊。

在自由中國區域裡，言論界有許多人是強調要求自由和民主的。他們以爲，作戰的目的既然是爲了反對布爾希維克極權主義，既然是爲了求得並保障民主自由，那麼人民應該享有自由，乃是天經地義，不容否認的。另外，也有不少人士，常常持相反的意見，在各處言論上，有意無意地，直接間接地表示反對戰時強調自由民主。他們認爲強調民主自由，曾是共黨用以打擊政府的勾當；或是所謂「進步的民主人士」藉以作投機買賣的資本，現在大敵當前，形勢險惡，打仗最要緊。而要打仗獲勝，必須力量集中，意志集中。如果在這樣險惡的形勢之下還高唱民主自由，豈不予共黨以可乘之機，而使反共鬥爭分散了力量，淆亂了意志？力量分散，意志淆亂，豈不有害戰爭之進行？況且，軍隊尤貴服從。如果軍隊也要求自由，豈不等於「造反」？所以，在戰時不能強調自由民主。

我們必須認清，這兩種態度，的確代表著兩種不同的思想趨向。這兩種思想趨向，就其發展的跡象看來，雖然不敢說是背道而馳，至少也是沒有合攏來。正因如此，所以在步調上必至表現而爲不甚協同的結果。

這是一個影響重大的問題。這個問題如不解決，的確可以分散力量，渙散意志。怎樣解決呢？有些人，很習慣地，主張以一個已有的政治組織爲中心，一切行動以它爲依歸；以一個已有的主張爲中心，一切意見以它爲準繩。這種解決辦法，誠然是極便利，直截了當，可是卻非常之不民主。這就是布爾希維克方式。老百姓底眼睛是雪亮的。任何人不應口頭標榜「民主」而手上則採用與民主極端相反的布爾希維克方式。布爾希維克方式，在組織健全，實力充沛，而且「主義」勉強言之成理足以動人聽聞時，或可收一時之效。如其不然，唯有僨事，自陷於孤立而已。至少從一方面看，這是一個思想問題，思想問題最好是藉著討論來解決。

在討論這個問題的時候，首先，我們不可黏滯於一個個特殊事件，而必須把目光放遠一點，看看這一問題之發展的全貌。如果我們心中首先瞭然於這一問題底全貌，那末對於這個問題便可能有正確的看法，因而也可能獲致合理的解決。

近百年來是西歐文明征服全世界的一個時代。這一文明，不僅把科學、工業，和技術帶向世界各地；也把政教禮俗帶向世界各地。遠至北極南極，高至額非拉斯峰，低至海洋，幾於無處不受這一新興文明底侵襲。古老的中國，又怎能例外呢？「歐風美雨」聾來，激使中國人民學習「洋務」，同時，也挑醒了中國人民長期被抑壓的自由民主的要求。近半個世紀以來，中國人民一直是在要求自由民主的道路上邁進。這一共同要求之具體的表現，是變法維新、辛亥革命、倒袁護法。在北伐戰爭，和抗日戰爭裡，也混合著這種要求的成分。近幾年來，因著裡裡外外種種原由，自由民主的要求，已成不可遏抑之勢。跟著自由民主的要求以俱來的，是要求思想自由、言論自由、政治自由，和革舊去汙，進步圖強。可是，若干負有責任的人，不獨不能跟著這一新的趨勢改變自己以求適應，反而要用強力阻遏大眾底進步以遷就永遠「不變」的「自我」。結果呢？正當的自由民主進步之途既被阻塞，劫奪政權的野心家便乘機招誘，使走投無路的進步自由力量大多隨之俱去。剩下來一片盲然與渾沌。

但是現在，野心家既已奪得江山，建立政權，狐狸尾巴便無須隱藏，其根本反民主自由的本質乃完全暴露。於是，為民主自由而堅強奮鬥的需要，更加顯得迫切。因之，堅定而理智的自由人，便更堅定下來為民主自由而戰。

從上述的大勢看來，近半個世紀以來中國社會內部，醞釀著自由民主的要求；可是，在另一方面，殘存的專制主義者，封建勢力，卻桎梏著這一新生力量之成長。因為這一要求自由民主的新生力量如果成長，也許會

「揚棄」舊有軀殼。專制主義者與封建勢力，在受了布爾希維克主義之洗禮，剽竊了現代化的統治技術以後，其對於自由民主新生力量所予之摧殘，更遠在若干時代之上，毛澤東底秧歌王朝是這一發展底結晶。

這種內在地要求自由與反自由的勢力之相激相盪，本質地是中國現代政治上的一大問題。這一問題，因了今日的河山變色，因了赤化勢力的侵略和社會戰爭之嚴重，更加深了其解決的困難程度。然而，這一問題終歸是要解決的。

這個問題，究竟應該如何解決呢？

合理解決這個問題底基點，是先要看現行戰爭底目的究竟是什麼。

現行戰爭之目的究竟是爲了什麼呢？

如果是實質地爲了保持或恢復少數先生們底政治權力或經濟利益，那末，我們就不必多所討論。因爲，那就是個利害問題，而非是非問題了。一個戰爭如果以此爲最基本的動因，那末一切作法都必不可避免地與人民大眾底利害背道而馳。這樣的戰爭發展下去，結局怎樣呢？這無需我來贅述。古今中外的事例，尤其是最近幾年來無數的事例，都是最眞切的說明。

凡屬愛自由愛國家的人都應需堅持現行戰爭底目的，是爲了「反共抗俄」。大家都是爲了「反共抗俄」而戰。但是，我們爲「反共抗俄」而戰底實質又是爲了什麼呢？因爲，他們不把老百姓當人，隨著自己的喜怒好惡而處置，實行極權、暴力，恐怖的統治，把中國關入鐵幕之中，剝奪了人民一切自由，所以，我們才「反共抗俄」。在這些理由之下反共抗俄，實質地就是爲了保衛國家，保障自由。國家不是私人底或一黨一派底。自由應非少數人底特權。國家是人民全體底；自由應爲大眾所享有。如果承認這兩前提，那未必須首先在觀念上和實踐上「把老百姓當主人」。

「把老百姓當主人」，這是多麼庸俗而平淡無奇的觀念啊！誰個不知，那個不曉呢？假若你在美國或瑞士說：「政府應該把老百姓當主人！」他們一定會笑你這話毫無意思（no significance）。這話之毫無意思，亦若主張人應該呼吸空氣之可笑。可是，如果你明白敝中國底「國情」，你就會知道「政府應該把老百姓當主人」這句話在中國不僅有意思，而且大大地必要。可憐啊！中國立國於大地之上，號稱五千年於茲，文物鼎盛。然而，有幾個政府把老百姓當主人呢？否則，何需乎要「亞聖」孟夫子，逞雄辯之奇才，高呼「民爲貴，君爲輕」的大道理呢？又何待乎中國近代第一個偉大的政治家孫中山先生出來，苦口婆心地說「人民是國家的主人；官吏是人民的公僕」呢？

顯然得很，幾千年來，人民和政府底位置一直是顚倒的。人民與政府之間的關係，和孫中山先生所說的，恰好相反：官吏變成人民底「主人」；而人民則變成官吏底「公僕」。請不要以爲這是一個小問題呀！這是中國幾千年來最大的問題之一，因爲「人民」降爲「公僕」；「公僕」升格爲「主人」，於是乎擁有武力的總是要用武力來爭著做「主人」了。做「主人」的多麼過癮啊！只要他一旦做了萬民之主，他立刻由人底兒子變成天底兒子：名曰「天子」。他既是天之驕子，還會把凡人老百姓平等看待嗎？你說話不中他底尊意，他就要宰你。做「天子」既然這樣過癮，那個有武力者不想「取而代之」呢？既然有武力者人人想取而代之，於是乎禍亂相尋不已，殺人流血，橫屍遍野，清算鬥爭，了無已時。

孫中山先生看出這是中國幾千年政治上的最大病癥之一，所以他要創建一個民主國家：只有在一個民主國家裡，老百姓才能恢復本位。做「主人」的還他一個「主人」；做「公僕」的還他一個「公僕」。官吏既是「公僕」，就沒有人再流血爭著做「僕人」了。

「將老百姓當主人」，是解決數千年來政治癥結的最好辦法；「戰爭」與「自由」二者之間的「矛盾」之根本原則。照事理分析起來，有權有力的先生們，只要眞的在意識上和實踐上將對於少數人的忠順奉承移到千千萬萬老百姓身上來，尊他們爲主人，那末所謂「戰爭」與「自由」之間的「矛盾」不久就逐漸可以消失於無形之間。

假若果眞依照孫中山先生底遺意，將人民扶歸「主人」底本位，而官吏消失了統治者底心理習慣，誠心實意作人民底「公僕」，那末結果就大不相同。人民主人翁喜愛的是什麼呢？除了生活之所必需以外，自然是喜愛自由。主人翁既喜愛自由，作公僕的豈有不讓他們自由能橫加干涉之理？譬如，主人高興暢遊日月潭，作公僕的決無嚴然加禁止而強迫他按照自己底意思遊草山之理。主人翁既然喜歡遊日月潭，公僕只好隨從保護、照料、導遊、或開車。依同理，人民主人翁既然渴望自由，公僕們只有讓他們自由。這是天經地義。

要求自由是這一時代的主流。誰阻止自由，誰就會被這主流沖垮！

許多人仇視要求「自由」，有二種原因：第一、他們一提起「自由」，就聯想起搗亂，破壞，無秩序；而且共黨曾利用這些手段來達到它底禍亂目的，他們厭惡這些情形，厭惡共黨，因而也就厭惡「自由」。第二、依「自由」底本質而論，具有充分自由精神的人，往往富於獨立的精神和反抗權威的勇氣。因而，這種人不苟同，不阿諛，不盲從，不附和，愛懷疑，愛批評。顯然得很，這樣的自由精神，是時代進步底大動力。但是，好逞權威，好爲人師者，意識到這種具有反抗勇氣和批評精神的人必會逐漸動搖其權威基礎，自然對之痛恨切骨。

第一種仇視要求「自由」的原因之中，包含兩種誤解：㈠「自由」不等於「搗亂」。如果「自由」就是「搗亂」，那末美國和瑞士底秩序應該比敝中國更壞了！一部近代自由民主發展史，足夠說明這一點，用不著我們費詞；㈡因爲共黨利用「自由」以遂行陰謀，便以爲講自由的人是共黨或其同路人，這顯然是頭腦欠缺清楚。人必須呼吸空氣：豬也必須呼吸空氣，你能夠因此便說「人是豬」嗎？依同理，共黨固然假借「自由」以遂行陰謀，人民也愛好「自由」，你能夠因此就說「人民都是共黨」嗎？何況共黨所謂的「自由」其含義與人民所嚮往的大不相同呢？在事實上，共黨正喜歡「人民都是共黨」啊！凡有常識的人都可知道，倒是人民心裡都喜歡自由，所以共黨才投機地提出「要求自由」底口號來欺騙人民的。

這種仇視「自由」的心理狀態，如果被受軍國民教育者所感染，那末只有更加擴大與深刻。中國自袁世凱小站練兵以來，打打殺殺，幾乎完全是受軍國民教育者底天下。這些先生們，誰得到天下以後，誰便以管兵的頭腦管民。具有這種頭腦的人，一聽見講「自由」，就是「不服從我」。「不服從我」，那還了得？所以，講自由的人士，碰見這類人物，眞是「秀才遇到兵，有理說不清」！

第二種反對要求「自由」的原因，正是毛澤東反對自由主義底原因。毛澤東固然藉標尙「自由解放」而巧奪天下；但是，一旦他打出局面以後，便立即肅清自由主義者。這就叫做「藉自由消滅自由」。毛澤東之藉自由消滅自由，亦若他藉抗日戰爭中的民族主義而起死回生後來又藉整風以消滅民族主義一樣。古代專制帝王不乏聽諷諫之雅量，現代的獨裁者有幾位有接受批評的雅量？「領袖無失論」是這一時代獨裁者最高的護符。像毛澤東這樣的角色，不獨嚴格地要求每個人民在行動上服從他，而且更嚴格地要求每個人民在心靈上服從他。既然如此，他怎能容許你抱持獨立不倚的精神？更怎能容許你對之懷疑，對之批評？所以，自由，在共黨統治之下，成為可望而不可及的奢侈品。這是我們反共的重要理由之一；尤其是知識分子反共的重要理由之一，既然如此，我們相信目前若干人之反對自由，是出於前述的誤解，而不是由於這種原因。

人民既應有自由，那末當然也就應有決定戰爭目標底自由，戰爭底發生原因容或因時因事而不同，但是戰爭底大目標總不外乎保衛生存和保障自由。假若說一個戰爭必須犧牲自由，那末這個戰爭之目的，恐怕就很可疑了。手段離開了目的便失去了意義。我們不可因手段而犧牲了目的。任何戰爭，沒有要求作為主體的人民放棄自由和人權之理。無論基於何種戰爭上的需要，生活方式的自由、言論自由、思想自由，和學術自由，在任何戰爭過程中，不必剝奪，而且無需剝奪。

假若戰爭之目標出於全體人民之自發自願的決定，而非出於任何組織之假借與武力劫持，那末戰時的言論自由可常有利於戰事。藉著言論自由，大家可以提供各種意見，發揮多樣智慧，集中力量，促進戰爭機能之生長。這種民主辦法，比毛澤東用政治組織控制，造成表面的意志集中，力量集中，而其實是一盤死子，不高明得多嗎？獨裁國家禁止言論自由常招致不幸的結果，德國希特勒一人獨裁，人民無言論自由。任他一人顢頇到底，一直到把國家搞亡了為止。德國人民自己底國家，眼睜睜地看著被少數人弄亡了，人民還不能贊一辭。這就等於自己底房屋，被僱工縱火焚毀了，他還拿起剩下的最後一柄鐵錘，威脅你，不准你開口批評他。太陽是從西邊出來的啊！

學術自由對於戰爭是可能有所裨益的。從遠大處著想，學術自由的國家才能學術發達。如果學術發達，那末便可能產生種種發明以制敵。不僅如此，學術發達的國家，必定知識水準較高。知識水準較高的人民，才不易受敵方各式各樣的宣傳之蠱惑。

從以上所說的看來，自由，應須是戰爭底目標，或者，至少應是戰爭目標所蘊涵的必需條件。而且，在戰爭進行的長期過程中，自由可能發生巨大的有利於戰爭的力量。所以，自由與戰爭至少並不相尅。自由與戰爭既然至少並不相尅，那末我們就不應該以戰爭爲藉口而剝奪人民寶貴的自由了。

我說到這裡，也許有人提出疑問：「你所說的，都是些原則，從原則上著想，你所說的都對；可是，除了原則以外，還有實際的問題。現在，我們面臨的，是窮兇極惡的共產黨。共產黨不惜採用一切陰謀、破壞、煽動，和滲透手段來達到陰謀目的。你現在這樣強調自由，共黨正可以利用自由爲護符，來實行煽動和滲透。這些辦法，他們過去不是曾經用過嗎？我們如果再不採取防護措施，就會重蹈過去覆轍的。既然必須採取防護措施，那末，勢必對於要求自由不能不有所限制了。」

這類底疑問是不無相當道理的。首先，我要著重表示的，是原則的重要。在咱們中國，若干年來，養成一股壞風氣，就是注重技術而不注重原則。結果恐怕愈幹愈錯。今日中國所面臨的，正是幾個大原則的問題。例如，繼續「寡頭獨佔」呢？這是實行貨眞價實的民主？是繼續拿假的社會主義辦法來餵肥眞的特權主義者呢？還是消滅特權主義者而搶救人民？這一類底問題是中國今後盛衰存亡的根本關鍵。是否有飛機、坦克，倒還在其次。沒有飛機、坦克的人，還是可以打敗有飛機、坦克的人。

依據實際情況而論，在中國人民剛剛試行要求實現自由民主的時候，共黨又利用自由以造亂，掀起目前的這一大規模的戰事，政府一方面要不妨害人民底自由，另一方面又要防制「匪諜」，在技術上，的確是不容易兼顧的。比方說：某甲如有「匪諜」嫌疑，如果捉錯了呢，那末治安機關就有妨害人權的嫌疑。如果放任不管呢？治安機關有縱「匪」的嫌疑。這類問題，常常使他們很爲難。

這的確是一大難題。但是，如果我們先承認「人民是國家底主人」這一原則，那末，在一般發展上，大有助於這一難題之解決。依過去的經驗而論，共黨非常希望政府治安機關胡濫抓人，尤其喜歡多抓學生。因爲這樣才能製造他們所需要的恐怖空氣，並且大量供應他們所需要的共黨原料。老實說，過去政府之所以這樣做，原因之一，就是因爲他們太忙了，忘記了人民是主人翁。假若記起人民是主人翁，那末過去的舊作風就可隨之而改變了。

在兵凶戰危的時際，我們不能說政府不應施行防護措施。但是，採取防護措施，適所以保障自由，並非取消自由。同樣是採取防護措施，在動機和做法上，獨裁國家和民主國家大不相同。在獨裁國家，這些辦法是用來「壓制」人民的。他們藉口戰爭之需要強使全體人民如羊群之就欄柵，「不許亂動」。因此，這些辦法在程度上必定隨之酷烈。可是，如果眞的實行民主，承認人民是國家底主人翁，那末採取防護措施底動機全在保護主人翁。動機既然如此，那末在施行的時候必定是採取最低限度的辦法，適可而止；因而，也就不會作不必要的干涉。這好比主人要遊阿里山，僕人除了隨行照料以外，爲了主人底安全，他也可以事先說明請不要往左邊走，因爲下面有一懸崖，不小心掉下去會跌死的，這樣的辦法，主人絕不會不高興。就言論自由說，戰時就不能不受到最低限度的限制。在民主國家，戰爭底目標，是經過人民全體決定的。既然人民全體決定，那末言論就不能再出乎這一範圍之外。如果出乎這一個範圍之外，便須受政府制裁。例如，第一次世界大戰期間，英國民意決定對德作戰。羅素偏要演說反戰。於是乎，雖然是大哲學家，民主政府還是請他去嘗嘗鐵窗風味！

依據前面的一番分析，我們可知戰爭與自由之間所發生的問題之觸發點，在於防護措施與要求自由之如何適當調處。調處底關鍵，根本在於政府是否自視爲「公僕」，而眞正視老百姓爲「主人」。如果眞正把老百姓當主人看待，那末就尊重其地位，尊重其人權。僕人對待主人，沒有不小心翼翼的。本著這一態度做下去，採取防護措施時所引起的與「要求自由」之間的摩擦，可能逐漸減少至於最低程度。這麼一來，自由與戰爭，豈不是不相妨害嗎？

也許有人覺得我這種說法還嫌空泛：我並沒有在「採取防護措施」與不妨害「要求自由」的辦法二者之間劃分一條清楚的界線。是的，我要告訴他，經驗事物本無嚴格的幾何界線可分。我已經在前面說過，中國剛在要求自由民主的初步階段，恰好又碰上嚴重的戰爭。在這種情形之下，缺乏民主經驗或訓練的人，要把二者劃分清楚，更是難乎其難。這，需要耐心，需要長期的訓練。

假若一定要我在防護措施與不妨害自由之間劃一條比較具體的界線，那末我願意舉出布爾希維克方法來看看。如果採取布爾希維克方法於防護措施，一定妨害人民底自由，而且迅速走上極權統治的道路。共產黨就是實行極權統治的。如果我們也實行極權統治，那末反共之理由何在？在蘇俄，政治局統治一切，每個人民都是一個可能的「叛徒」，朝不保夕，人人自危，長年陷入恐怖之中，如果採取這種辦法，勢必完全摧毀了自由民主的幼苗。可惜有些人沒有明白這一點，還是贊成採用布爾希維克方法，布爾希維克分子以從事陰謀迫害爲專門職業。例如，藉著報紙，濫造謠言，無中生有，搞得本來很安定的地方不安定。這種結果有誰喜歡呢？不是別人，正是毛澤東！因爲，這樣一來，他可不必花一文錢遣派「匪諜」冒著生命的危險來做這些勾當，自有人在「反共」名義之下替他「達成任務」。天下便宜的生意，無過如此！

這類現象在蘇俄和共黨範圍裡是常見的。在自由中國裡，每個人爲自由而戰！

——原載《自由中國》，卷二期三（臺北：一九五〇年二月一日）

47 這是唯一的出路

建設一個現代化的國家，是近百餘年來中國人民的希望。中國近百餘年來的歷史是以這一課題爲核心而發展的。

中國要成爲一個現代化的國家，必須滿足兩大條件，就是科學與民主。中國能否成爲一個現代化的國家，就看能否接受科學和實現民主。可是，科學與民主對於古老而落後的中國，都是陌生的東西。因而，在接受科學和實現民主底過程中，中國人民經歷了無數困苦艱難。百餘年來，千迴萬轉，盤根錯節。

這一課題。能否完成呢？目前到了極度嚴重的試驗關頭。

西歐近代文明，影響了全世界；自十九世紀中葉大規模侵入中國以來，這古老的東方帝國受著這種新文明的刺激，開始在各方面發生激烈的變化，於是乃力求適應。從一個古老帝國的大廈，要脫骨換筋變成一個科學和民主的現代化國家，豈可一蹴而幾？

一八四二年江寧條約以後，就是這種變化的開始，一八五〇年洪秀全領導的太平天國運動，以及繼起的曾國藩、李鴻章爲中心所倡導的自強運動，康有爲、梁啟超所主張的維新運動。這些運動的形態和目標雖然各不相同，但是究其本質都是受到西方文化刺激後所引起的反應，則是一致的。因爲他們對西方文化的認識不夠，所以他們提出的方案也不徹底，並目都由於客觀條件的缺乏而皆告失敗。直到孫中山先生出來領導國民革命，中國的現代化運動算是有了具體而微的規模。隨之而來的五四運動才提出了「民主」與「科學」的口號。由此，中國的現代化運動才有了正確的方向。

此後，中國人民對於科學和民主才有了更進一步的認識。許多人看來，學習科學，僅僅學習製造堅船利砲，是不夠的。外洋人之所以能夠製造堅船利砲，是因爲知道堅船利砲之所以得能製造出來的那些學問。那些學問，不是應用技術，而是純粹科學。因此，五四運動以後，中國人民日漸認識到需要研究層次較高的純粹科學。惟因爲受了種種設備上的限制，所以除了極少數的例外，可算到現在也沒有什麼發展。至於民主運動呢？更成爲三十餘年來時隱時顯的政治運動之主流。誰抗拒這一主流，誰必因失去人民而傾倒。

五四時代，是一個蘊涵豐富的時代。中國近三十餘年來的許多政治思想，都是從那個時代產生出來的。這些思想又影響著這些年來的實際政治。自由主義和社會主義，則是由五四運動裡孕育出來的最有影響力的一對姊妹花。

當初，自由主義者和社會主義者底思想並沒有十分明顯的分化，二者都是舊社會和舊思想底敵人。可是，到共黨組織出現以後，二者底分化才日趨明顯。自由主義多向學術文化工作方面發展；許多社會主義者呢？他們第一步變成馬克斯主義者，再變而爲布爾希維克主義者（即俄國共產主義）。他們是一步一步地離開理想而走向政治實際。布爾希維克主義者，外面接受國際底支援與指使；內而激發並組織了以歷史性的農民暴動爲基礎的騷亂，於是演變所及，形成了目前一大變局。

三十年代，是具有決定性的時代。在這個時代，自由主義和社會主義的思想主潮掀起以左右分子爲主的巨大社會力量。這一巨大的社會力量，組成了聯合的革命陣營。它底具體果實就是北伐運動底展開完成。

一九二七年，由於國際因素底支配和內在社會動力底決定，這一聯合陣營宣告分裂。從此兩列火車各向不同的方向開去。這一分裂底影響是非常重大的，它使國家陷入二十餘年之長期痛苦的戰亂和破壞之中。外而招致嚴重的外患，內而喪失無窮的國力，尤其摧折了新生力量底成長。因而直接或間接地妨害著民主的實現。

三十年代以來的中國，一方面受英美底影響，另一方面受蘇俄十月革命底感染。一九二四年以後，十月革命底感染，即布爾希維克主義，深入中國南方革命組織的裡層。後來，軍事勝利的一方面，雖然施行了一次大規模的清除，可是，所清除了的只是有形的敵對分子與組織，並非布爾希維克王義的毒素。

從表面看來，來自外洋蘇俄的布爾希維克主義與中國土生土長的專制主義與封建主義是格格不入的。這是一種皮相的觀察，我們必須明白，與布爾希維克主義距離遙遠的，是民主主義、自由主義；專制主義與布爾希維克主義則是同質體。二者極易發生化合作用。布爾希維克主義並未產生於「資本主義的民主國家」，而是從沙皇主義和農奴制度根深柢固的俄國土地上湧現出來。蘇俄這一實例告訴我們，布爾希維克主義不過是沙皇專制主義之一有力的現代工具，在未有民主基礎的中國是很容易發生作用的。因而布爾希維克主義的毒素，在中國也未能清除。演變到現在的中共，可算是得到了充分的表現了。

在過去政治組織上，也往往可以找到此類特徵。如初期時代的一黨專政，當時幾成爲天經地義。以後雖有他黨出現，然而總因爲活動的能力有限，所以不免受到妝點民主的譏諷。

在思想信仰上，這種政治組織把它底「主義」，以宣傳方式、組織力量、甚至於通過教育程序，使全國人民一律信奉。如果你心裡不能相信，也只有悶在肚皮裡面。假若表示異議，或者本乎理性予以批評，那就成爲「思想有問題」。「思想有問題」，往往是不可恕的罪過。執行的人也許眞的對於他們底「主義」忠實，可是做的事是否樣樣合乎主義，而能使萬民歡悅呢？健忘的人們卻不記得，孫中山先生當年在南方從事革命，他底政治主張風靡全國，萬人景從，可是，他底少數槍桿還沒有打出五嶺哩！

上述只許「一個黨，一個主義」的作風，是從「階級鬥爭」和「無產階級專政」衍發出來的。既然只許有一個黨和一個主義存在，因而產生這樣的結果：㈠在政治組織上，絕對不容許反對黨派存在；㈡在思想上，絕對不容許新的信仰發生。如其有之，一概視作敵體。於是，就沒有「中間勢力」存在，沒有「第三者」。因之，無論怎樣腐敗，你都不能批評，因爲你批評了，往往就被認爲不懷好意，不懷好意者將受排斥，結果呢？政治的腐敗，就無法補救。

面對著這樣的現實情況，要求進步、改革、民主、自由，是很自然的心裡反應。一九三七年以來，在軍事上失利後就提出「民主自由」的口號。於是，如響斯應，大家趨之若鶩，一部分自由主義者，竟又盲目的成爲共產主義者底尖兵，形成一股政治洪流。「民主同盟」可說是這一政策下的產物。「政策協商會議」是這一洪流發展底結果；「和平運動」則是它底尾聲。在思想方面，這一洪流底感應力是偉大的。它誘發了普遍潛伏的民主自由意識，和要求變革的希望。這些意識和希望，一時普遍地表現於平津京滬輿論界。可惜得很，這些言論，剛在萌動而不夠成熟的時候，沒有能得到有意的培植，使它能奠定基礎，發展成一走向正常成長之路的民主自由之花。

在這些問題之中，背後潛涵著許多錯誤的假設。讓我們將其中最關重要的抽繹出來。

在若干人之間流行著一種思想，以為在政治上「非楊即墨」，你不能「中立」，在這一種觀念之中，就包含「黨即是國」的觀念。史達林正有計畫地在蘇俄人民的心中培養這種觀念；毛澤東尤其喜歡如此。吾人須知，不獨黨派不是國家，政府和國家也是兩回事。中國立國至少三千餘年，改朝換代的政府不知凡幾。然而，中國還是中國，並不是各朝各代底中國，人民是國家庭主體。既然如此，人民為什麼一定非屈從一黨一派不可呢？人民為什麼必須以一黨一派底是非為是非呢？人民為什麼非以一黨一派底利害為利害不可呢？

也許又有人追問道：「你說的固然不錯，可是，政協時代的那些中立小黨小派，不是煙消雲散了嗎？，『中立』怎麼可能呢？」我要告訴他：這些小黨小派，根本不夠「中立」的。他們從主張到作風，從組織到行動，無一不表示其倚賴性，他們的政治行動，並非直接生根於人民，而是托生於兩大對立集團之上的。所以「和平運動」瓦解以後，他們也就煙消雲散了。

國家大局已經到了今天的地步，而對赤流滔滔的大陸，我們怎麼辦呢？中國現代化的道路，朝著那個方向走呢？國事是一個歷史的整個發展之一段，它有前因後果可尋。解決國事絕對不應取巧，不應投機。我所說的辦法，是依據歷史發展而提出的，並無新奇可言，我所要提出的解決辦法是：我們必須把中國建成一個現代化的國家，必須接受科學，並且實現民主。一切政事，必須從這兩點出發，切實前進，才能收到結束亂局之效果。

也許有人說，這個誰不知道呢，何待乎你說。不錯，這個道理是很淺顯易見的。可是，世界上的人，常常是「道在邇而求諸遠」！這些年來，政治上七轉八變，捨正路而不由，總以為有什麼「奇蹟」可以把危局挽救過來。這就是由於不信這一淺顯的道理。

何況，實行接受科學以伸張理性，實現民主以消除特權的時候，多少總與許多人自己多年來的習慣、方便和利害相衝突，請他們認眞照著這兩條平淡無奇的道理去做，談何容易！因而，這兩條在英美是平淡無奇的道理，在現在的中國，則是大大地並非平淡無奇了！

在中國，要能接受科學和實現民主最重要的問題，就是要去除接受科學和實現民主的障礙。目前，接受科學和實現民主的障礙，就是「黨」在「國」上。黨既在國上，自然不用說，也就在人民之上。黨既在人民之上，人民在黨之下，那末，就是剛好把「總理遺教」倒過來；客套點說，人民是黨的「公僕」，黨是人民底「主人」。既然如此，黨底「主義」自然成爲國教。黨底「主義」一成國教，當然絕對不許批評。既然不許批評，理性就無由發展，於是乎獨斷氣氛、八股教條，充塞於天地之間。這樣一來，科學之求眞的精神橫被摧殘。科學的求眞精神橫被摧殘，還能接受科學嗎？復次，既然把主義當作國教，又除了一黨以外不許有反對黨存在（民主同盟在北平只能做「尾巴」不能算黨），那還有什麼民主呢？

中國人民底意志是什麼呢？正是剛才所已說過的、歷史所決定了的，建設一個現代化的國家。要能夠使人民享受現代人的生活，所以要建設一個國家，必須接受科學和實現民主。要接受科學和實現民主，必須首先掃清接受科學和實現民主的人爲障礙。像中共的一黨專政就是接受科學和實現民主之人爲的障礙，在一黨專政的局面之下，人民沒有思想自由、言論自由、政治自由、生活自由，並且還受特權階層底壓迫與剝削。所以，問題發展到目前的階段，就歸結於人民的要求「自由」和「生存」了。

既然如此，中國當前問題底焦點，絕對不是拿著龍頭，硬把人民套進「黨化」這圈子裡去，而是給予人民以自由和生活的保障。誰能做到這兩點，誰就能爭到人民的擁護，而獲致最後的勝利，將中國引入現代化之途。

這是近百年來歷史發展底大勢所趨，尤其是三十餘年來人民一致的要求。誰阻礙了自由民主的要求呢？誰不保障人民底生活，而能取得人民的信任呢？那些與歷史背道而馳，與人民要求大相違拂的政策，就絕不能培植新生的力量，也絕無衝過當前難關的可能。

這是唯一的一條出路。只有照著這條大道前進，中國才能得救。

——原載《前途雜誌》。卷一期二（出版地不詳：一九五〇年三月十六日）

48 我為什麼反共？

當我正臥病榻的時候，一位朋友送來一份香港出版的刊物。這份刊物以相當的篇幅，報導五四運動紀念將近，共黨趁勢又逼害大陸學人的情況。其中有一則北平通訊，提到金岳霖先生新近所寫〈自我檢討〉的文字。在這篇文字中，金先生有涉及我的地方。他於「檢討」他底「思想」後，接著說：「像現在逃向臺灣，反抗人民的殷福生，就是由我一手培養成功的反動分子。」

寥寥數語，讀後使我發生難言的感慨。棄去刊物，我躺在牀上，思緒起伏不已，打破了兩個多月來我精神上的寧靜。

金岳霖先生是我底老師。雖然我現在已不是個新實在論者，但他是我初期的思想之播種者。他對我底影響是怎樣的深遠，由此可見。關於我底老師，除非我在將來寫中國思想之現代化史，我現在不擬多說什麼。他對於中國思想之現代化（modernization of thought in China）底努力和影響，他之把中國年輕學人研究哲學和邏輯引上正路，他之介紹劍橋底解析學風，已有確定的歷史地位。凡此等等，俱不是那個憑造亂起家的北大旁聽生毛澤東及其爪牙藉人身迫害的外在辦法所能毀滅的。我與我老師睽違，物換星移，已十度秋了。照我自己看來，我沒有什麼言行值得引起共黨注意而要利用我老師之口來罵我。這幾天來，我底腦筋一直在為這個問題打轉。

實在說來，我並不是金先生底「得意門生」。他底得意門生，應數沈有鼎先生。沈有鼎先生底天才是那樣卓越。還有王浩。王浩在邏輯上的成就，直到目前為止，在整個東方應算第一人。他發表的論著之多，已經引起國際邏輯界之注意，雖然東方號稱弄此道者很少知有其人。我呢？十年以來，鬼混唐朝，無論事功學問，毫無成就可言。像這個樣子的一個不肖學生，那裡還值得一提？

自從「逃向臺灣」以來，我沒有參加任何政治組織與從事任何政治活動。這個地方對於我是陌生的。我像一個孤獨的行腳僧，這兒的人不悉我來自何方，從製造方帽子的機構一直到看來似乎很積極從事於什麼的群組，根本沒有將像我這個樣子的書生算在帳上。我作一枚渺不足道的「人之患」以糊口。只差一點兒我沒有成「無業遊民」。像我這樣渺不足道的人，在反共基地如此可被忽略，而居然沒有逃過共黨視線，被目為膽敢「反抗人民」，眞是令我受寵若驚，愧不敢當。

保有私人財產，共黨認爲是一種原罪。但我沒有財產可供「清算」。我家的財產，隨著五十年來中國底劇變，早巳蕩然無存，勿勞共黨仁兄高抬貴手。我從南京帶出的，只有一點殘書和幾套「洋服」。這幾件行頭，又瘦又小；隨著年歲增加，有的袖口長了鬍鬚，褲腳生了毛；有的則鈕扣潛逃無蹤，衣縫老是愛鬧分裂，很不合作的樣子。這些貨色，我想我底小同鄉林彪不要「共」；我底大同鄉毛澤東更是看不上眼。至於我底書呢？說它們是數學吧，又少一二三四五；說它們是哲學吧，又沒有「唯心」，「唯物」這些皇皇字眼。不管它們是什麼，在毛澤東們看來，一概是「資產階級腐臭的學術」，這些書籍，裝訂太硬，不便應急，他們拿到的話，只會搗碎，再製紙漿。我實在沒有什麼値得共黨起心思的地方。

我既不是什麼「員」，又不是什麼「長」。我沒有任何權利可資保衛。除了可隨時搬動的一席臥榻以外，我沒有一寸土地。當然，這樣的角色是不配同八路爭江山的。

想來想去，如果我有一點不能令共黨去懷的地方，那就是因爲我反共，恐怕尤其是我反共的理由與許多人不盡相同。共黨藉我老師之口罵我是「反動分子」。「動」與「共」是諧音。如果將「反動分子」輕輕改爲「反共分子」，我倒是樂於接受的。咱們楚漢，行不改名，坐不改姓。我的確是個反共分子。十幾年來，我反共的態度鮮明，毫不掩飾，毫不晦澀。我寫過許多反共的文章和小冊。而且，就我底記憶所及，我彰明咬著反共的時候，正是某些人士恐共、避共、媚共的時候。但是，假若從個人功利主義的觀點著眼，我這十幾年的反共歷史，大大値不得效法。我反省自己，我目前反共的理由和情緒，隨著我底年齡之增加，比初期的階段，深切得多，深藏得多。可是，我底反共理由變化到了現階段，與似乎得勢的群組所播散及其希望在人眾之間流行的理由頗不相同。因此，從個人功利方面著眼，我底這一肚皮反共思想，似乎是到功利之路的一大障礙。所以，我未曾希望個人功利主義者注意到這一路的想法。但是，赤色文化人們既然通過我底老師來罵我，我就不必隱諱我底思想和情緒。我願意趁這個機會把它表明出來。我這十幾年來反共思想之變化以及我現在所持的想法，照我所接觸到的，似乎是若干較有思想能力的年輕人在這一方面的寫照。如果有人認眞研究中國現代思想發展底歷史，那麼這一路底過程是不可忽略的。我個人回溯起來，也是滿有意味的。

我在中學時代喜歡讀些課外的書籍，間或也看到一點左翼的舶來貨色。後來我讀到羅素底〈自由人之崇拜〉一文，讀到「論理學」，以及別的科學書。這些東西，我那時雖不能全懂，但已津津有味。由之，我發現左翼貨色底內容粗糙惡劣，其中的講法簡直說不通。加之，我又聽說共黨在鄉間鬧什麼「蘇維埃運動」，殺人放火，於是對於共黨底惡厭越來越深。一九三七年，我到北平，預備投考清華大學，住在沙灘附近。這時日軍侵華已深。我聽到左翼學生高唱「保衛瑪德里」歌曲。我心中深痛惡絕。我常常問他們：「爲什麼不唱保衛華北，卻要越俎代庖去保衛瑪德里？」因此常常與他們口角。「民族解放少年先鋒隊」在各學校積極活動，但由於眞正的民族意識隨日軍之侵略而高潮，不滿彼輩者也與日俱增。那年五四紀念舉行，楊立奎與吳保三他們率領志成中學童子軍，手持木棍，痛擊「保衛瑪德里」者流於師範大學，又聽說北大有位叫陶希聖的教師，在北大三院演說，痛斥左翼分子。反共陣容，聲勢爲之一振。同屋一青年走告這些消息底時候，我心中之痛快，有如吃冰淇淋，痛快無比。我立即跑到北大去看看。同鄉中有位「民先分子」（忘其大名）被毆，頭破血流。我去看他的時候，不知不覺發生了雙重人格。我看見他被打得鮮血淋漓，很是難過，但又想起他是個左傾的傢伙，心中覺得他該打，打得好。

抗日戰爭期間，我在西南求學，讀的是哲學系。那時三校名儒碩彥雲集。我受的教育可說是自由教育（liberal education）。見的多，聽的多，我尤其喜歡析理的（anatytic）東西。這些教育的基礎，使得我從根本上就不喜歡也瞧不起共產黨底那一套玩意。我們那時在校中就很少聽到有人談「唯心」、「唯物」這些空大名詞。我是後來離開學校，才聽到搞政治的人多談「唯物」、「唯心」問題的。我們當時多著重分析哲學問題，如今我知道，現在西方正統哲學底發展趨向，至少講Philosophical Analysis者，正是如此，很少的幾個人偶爾也在課外看看唯物辯證法之類的東西。但是，大多早已知道那只是在學術面貌之下的宣傳武器，而不是純正學術，所以瞧它不起。共產黨底那些玩意，我們早已看穿了。記得我讀四年級的時候，有位讀二年級的周某，慎重其事地拿著艾思奇著的那本什麼《大眾哲學》來「請教」於我。我一看是這本「大眾」玩意，非常生氣，不禁高聲大叫：「你現在已讀到大學哲學系二年級了，這本所謂的書是政治工具，你難道這點分辨能力也沒有？」他悻悻而去。

西南這間大學左傾分子眞不少，恐怕眞八路也有。他們就是我抬槓、爭吵的對象。可想像地，在這種吵鬧中誰也折服不了誰。高我一級的有位莫君，他平常的言論總是左袒共黨，而我則老實不客氣說共黨是群賣國賊。有一次我把他約到校園草坪上坐下，「來！」我拍拍草地，說：「請坐下，我們這回徹底談一下。如果你眞有理，不七扯八拉，談得我心悅誠服，我當共產黨去。」當然，這一次的談判，正如別次一樣，又是不歡而散。後來新四軍事件發生，莫君隨之不見，我才明白他是共黨中人物。我所受的思想教育，和分析訓練，很輕鬆地使我能避免瘟疫。用不著把我底眼睛矇起來，用不著把我底耳朵塞住，共黨那妖精怎麼樣也不曾使我動心。

金岳霖先生不談政治，很少作公開演講。他自美國講學歸來後，有學生社團請他講演美國在戰爭中的情形，也被他拒絕。在我底記憶之中，他只作過一次公開講演，題目是「哲學與小說」。張奚若先生則頗健談，他一談就是二三個鐘頭，縱論天下大事。有一次爲了一張他們出名的傳單，我和他激辯了一個多鐘頭。結果，我沒有服他底道理。現在想來，這是由於我所吸收的黨派成見在作祟。我現在才明白過來，他是個道地的民主主義者。

我離開學校，自印度歸來以後，剛好抗日戰爭結束。這時，許多人忙於摘取勝利的果實，而隱伏的共黨問題卻隨之公開爆發，我憂慮著國家未來的局面。我抱著滿腔熱血，從昆明奔往重慶，在一家出版社作編輯，以爲可以秉筆救國，揭發共黨底陰謀。在這一段期間，我寫了一些小冊，也寫了一些文章。那時的政治重心，爲和談與政協造成的氣氛所瀰漫，人心又被多年形成的恐懼巨大事物和順應既成事實勢力的心理所麻痺，因而轉變成媚共心理。我本店自製的反共貨色，簡直找不到銷路。後來碰見徐佛觀先生，彼此都熱心反共，因而談得很投機。他把我寫的〈共產黨底氣象學〉一文，介紹給某報。這算是我反共底處女作。其時俄軍久佔東北不退，舉國惶憒。我寫了一篇文章，題名〈質周恩來〉，註明文責自負，投到《世界日報》。過了幾天，原稿寄回，上面寫了一個「退」字。我當時因此很難過，總想不出不刊登的理由。現在，我可全明白了。但已經遲了，這篇稿子，至今我還保存著。它對於我，對於這個時代爲反共而奮鬥的某些年輕人，是一個深痛的創痕。

復員到南京，我在《中央日報》做寫文章的工作，後來又在某一教會大學教書。這時赤焰一天一天高漲，而我反共的焦急也隨之與日俱增。那時，我常午夜疾書，揮汗構思，不覺其苦。在這一階段，我指責共黨底「人海戰術」、「職業學生」等等。因爲教書的緣故，我常常和劉不同、倪青京他們碰在一起，每碰在一起，我們總要談時局。每談時局，總是意見相左。這好像是學生時代與左派抬槓的情節之重演。我每次總是說：「共產黨來了將更不得了！在共產黨統治之下再求自由，簡直是與虎謀皮。我在徐州親眼看見幾十萬亂民。那都是共黨製造的。如果共黨眞好，他們何致流離失所？」他們歲數比我大，結論總是這樣：「唉！老弟！你不懂政治，你還是唸哲學去吧！這些現象在革命的時候是免不了的。」現在，我不知道「自由」二字，共黨規定每人每日可用幾次了！

我反省自己反共底經過。從我開始反共一直到在南京底初期，可以算作一個階段。在這一個階段裡，我反共底熱情和眞切是很夠的。然而，據之以反共的思想，照我現在分析起來，不免有許多盲從成分是我所受的自由教育給我的；另一種成分則是一個利害群組給我的。這兩種成分，在實質上，本是極不相同的，然而我一直裝在一個腦袋中，有好多年而不自覺。我所受的自由教育給我的思想與共黨底那一套有基本上的不相容：可是，一個利害群組給我的一些東西，照我如今分析起來，與共黨在思路上基本不同之處似不太多。我那時反共，在談純理論問題時，尙能切合我底思想教育；可是，在一接觸到現實問題，尤其是做法方面，我所吸入和呼出的，多是一個黨派底觀點，一個組織底成見，或一個集體底利害。在一個大混亂時代，任何與黨派之實際利害不分的政治觀點。對人民底心理平衡和健康，常為一大威脅。一些年輕人，為了要解決某些問題，尤其是為了要對付某一敵體，當著他們自己一時未能在思想上成熟和在實際上拿出辦法時，最易飢不擇食。這時，即使是最不高明的說法和辦法，也易被採用。我回想在我反共的這一階段中的許多想法，尤其是情緒，簡直是狂執之情（fanaticism）。黑褐色的法西斯味兒太濃厚了。那時我們在校中遇見相好的反共「同志」，動輒伸手行法西斯敬禮，引為笑樂。我現在回想起我那時的心情，幸喜我是一個書生，手無寸鐵。如果我當時有政治實力，或手握重兵，憑我那時的激越之情，真不知會把國家搞成個什麼樣子。那我今日更愧對陷赤的師友了。

我在南京的末期，目擊時艱，特別自徐州之行以後，思想漸漸有了新的轉變。自下關至徐州，真可謂赤野千里，廬舍為墟。極目四顧，心慟神傷。我開始恍然大悟。五十年來，中國底思想激變和激盪，物質建設大量破壞。參與的任何一批人似乎都振振有詞。而身受實禍者，終歸是千千萬萬無辜的人民。我開始了解觀念與實際之間的距離，我體認到中國底問題滿不是派系口號所喊的那麼簡單。我開始了解黨派偏見如何有害於中國問題之適切的解決。因而，我開始懷疑我自少年時代以來於無意之間吸入的由派系所製造的一部分世界觀，對共黨問題的看法，及其解決辦法。我逐漸洗刷這些有害的先入之見。我底思想和經驗告訴我，那是一條永遠走不通的死巷子。難怪我從前的說詞不足以使人折服。〈趕快收拾人心〉一篇社論之撰寫，可算是我持之以反共的理論轉變之一標記。

在這一個大鬥爭的轉捩時期，由於人心望治，調和思想以各種形式出現。社會民主主義或民主社會主義的思想為其中最受人注意的。費邊社的思想，為我和朋友們常常談論的主題。京滬告警，我來臺灣以後，住在遠離市中心區的一個靜僻的角落裡，日與三五友人，低坐榻榻米之上，談論費邊社思想。我們在這個時候，覺得共黨持以惑眾的是高調解決吃飯問題。而解決吃飯問題乃經濟平等之問題。因此，我們把「經濟平等」與「政治民主」列為同等重要之政治主張。我本乎這種思想，在報紙雜誌上寫了許多文章。但是，這類思想，為與我在第一階段所持思想有一方面相同的朋友們所尚未習慣。當時朋友們這種不習慣的心理，藉著「人事因素」而發作。據說當時臺北經常有三四家報紙對我施以「圍剿」，其勢頗熾，歷時二三月而不衰。鬥爭一事，誠為人類生存所不可全廢者。但如朋友們底思想之內容新鮮和文鬥技巧確有新的創作，當會引起我去拜讀的興趣。

用語言來構造天堂是不難的。從說來好聽這方面著想，將「經濟平等」與「政治民主」平列，等量齊觀，固未嘗不可動人。但是，這類思想出於浮泛的調和之願望者多，出於眞知灼見者少，出於接觸並分析實際問題者尤少。這種將二者並列的想法，一旦與實際情境遭遇，究竟是否可以同時實行，實在大成問題。造成美國的政治辭令實在不難，尋出可以實際把握的政治重點，則須費很大的勁，需要長期的觀察，冷靜的思考，有時甚至需要在歷史的長期試行錯誤中去探求。

中國今日之病，病在一部分人之思路混亂，層次不清，病在什麼「連環性」，什麼「不可分性」，什麼「哲學基礎」。他們抓著這一把想要那一把，抓著那一把又想要這一把，結果是一場亂。今日中國政治在實際上極應把握的重點究竟是「政治民主」呢？還是「經濟平等」？爲了這個問題，我和朋友們苦思了許久。來臺以後，我比較有機會接觸西方的政治哲學，沉思中國近五十年來的政治動亂，益之以現在親身感受到的種種刺激，我才得到一個確定的答案：在中國的現在，政治民主重於經濟平等。沒有政治民主，一切都無從談起，失去了政治自由的人，自身先淪爲農奴、工奴、商奴、文奴，先失去了人底身份，一動也不能動，說話不合分寸有生命的危險，那裡還能爭取什麼經濟平等？顯然得很，在中國的現在而談社會主義將構成民主之致命的威脅。其結果一定走向新奴隸制度。從此，我拋棄了將二者並重的不切實際的想法，而向政治民主之路走去。在中國，必須先求實現政治民主，打開數千年的死結。有了民主，改善生活才能著手。否則只有做奴隸。於是，我結束我自己思想上的第二個階段。現在，我步入了第三階段。

我反共反了十幾年，到了現在，我在思想上才算找到了一條正路。我現在的思想，與我自己所受的教育連繫起來了。這是十幾年痛苦的代價。在我短短的人生經歷中，深覺人要弄「通」他底思想，比換一套新裝困難萬倍。要一些人在意氣、利害、優越感，和支配欲的攪混中弄「通」思想，更不知困難多少倍。聖經上說：「要富人進天國，比纜繩穿過針眼還難。」富人那怕只剩下最後的一塊錢，他還是要習慣於從錢孔裡看這個世界的。

有人常常問我：「你底思想有了這樣的轉變，你爲什麼不成系統地寫出來呢？寫出來對於反共不是很有幫助的嗎？」我聽到這類問題，總是苦笑地回答他們：當今反共陣營中，大理論家、大法師、大宣傳家多得很。他們底理論夠好了，那裡用得著咱們這一套呢？何況我所有的、是滿肚子的不合時宜，即使是個七折八扣拿出來，也不見得會有幾人相信。事實是很明白地擺在面前：許多人六根未淨，餘火未消，我們底這一套是不會中聽的。尤其是近來，我底人生閱歷逐漸增多了。我覺悟到，至少到目前爲止，我還能享受沉默之自由，眞是「洪福齊天」。只一海之隔，我底師友，想閉住嘴做個啞吧，共黨還不饒他們，還要利用他們底嘴來自我毀滅，使其受到人格的凌遲炮烙之刑。倖而逃出的人們，立刻面孔一板，不是罵他們不明白眞正的精神自由，不肯「不捨不放以與魔鬥」，不肯「申大義於天下」，便是罵他們爲「軟骨頭」。作人之難，未有如今日者，作知識分子之難，更未有如今日者。像我這樣渺不足道的人，絲毫無功於民族國家，得享沉默的自由，已經是上帝底賞賜太多了。如果我還要說太多不投機的話，那眞是「享福不知福」哩！所以，我毋寧選擇沉默。我如能在沉默中讀幾頁書，和陷赤的師友對照起來，那簡直是太多了，如Boethius其人者，雖不必至，心嚮往焉。可是，現在既然共黨尚未忘記我底小名，硬要利用我老師罵我一下，那麼我便不能不稍稍表示表示反共的理由。好在毛澤東底湖南辣子還辣不著我，我至少還有「對毛澤東的言論自由」。同時，也好使反共人士知道，反共並非就是一定要接受一個群組所頒製的獨斷之論。稍有常識的人能夠判斷，不接受頒製的獨斷之論的人不見得就不反共。也許，他們才更徹底更純潔無私地反共。頒製的獨斷之論，大都在理論上站不住。唯有在理論上站不住的東西，才需要靠理論以外的利害關係來維持和強力來掩護。共黨集獨斷與暴力之大成。如果在這一條路上同共黨競爭的話，我看不出有何合乎希望的奇蹟會發生。反共就是反獨斷反暴力呀！假若有人說要反大獨斷與大暴力必先屈服於小獨斷與小壓力，我怎麼樣也想不通。冰箱裡的魚是不能游泳的。共黨之所作所爲，根本是人性之歪曲與理性之摧毀。因此，反共事業究竟必須人性之解放與理性之自覺才能完成。然而，只有一個民主的環境才能實現這些。當然，對富人談施捨總是白說的，即使富人已經所餘無幾了。只有後世的歷史才能證示這些話。

我在這裡所要表示的反共理由，乃低調中之低調。我反共的理由，簡單地說，只有這一句話：

反對極權政治。

「反對極權政治」，可算是我持以反共的基本語句。從這一基本語句出發，再加上別的語句之幫助，我可以推演出反共之全部「理論的體系」（但恕我不是「體系」之建造家，所以我不擬這樣做。）

也許有人問我，你爲什麼不提出保衛自由作爲反共的理由呢？我告訴他，這有兩個原因：一、自由常被誤解爲不忠或不守紀律，所以我不願在此把它作爲基本語句，雖然我視自由如珍寶。二、我感到我們在自由銀行所餘的存款本來太少。關於英美人士喊保衛自由，他們會感到興趣。對於咱們喊自由，恐怕眞的興趣不會太大。

也許又有人說，你爲什麼不提反對共產主義？反對共產主義，是不在話下的。從共產主義背後的什麼「哲學基礎」，一直到它的做法，我統統反對，徹底反對。然而，幾十年來，有些人拿這個主義來反對那個主義：又有些人拿那個主義來反對這個主義。鬧來鬧去，越鬧越不清楚。空話太多了！從前流寇造亂，都曉得扯起杏黃旗子，說是「替天行道」。連張獻忠殺人如麻，他都會說出一個「道理」來。他說天生萬物以養人，人無一善以報天，所以要殺。掩飾暴力的「理論技術」，到如今更精密得多了，冠冕堂皇得多了。在事實上，自昔至今，凡想起事而又成功的人，絕不肯先暴露其大欲的。他們所標榜的口號，無一不是足以掀起「群眾運動」的妙道。可是，等到他們拿到政柄或奪得江山以後，實際幹起來，壞事就來了。這時，歡迎他們的人再也請他們不走，後悔無及了。所以，僅憑起事者所標榜的口號或「主義」，實不足以判斷其是非，要看手上做的事。共產主義這玩意，既能在貧困、混亂，和落後的地區騙得著人，大收奇效，可見其說素之中並非在任何一點皆不合窮人的希冀：其中是含有強烈的煽動因素的。時至今日，還有些人以爲共產主義有可取之處，只是共產黨要不得而已。主義是口說筆寫的，誰都會來幾下。而最使大家感到影響的，倒是手上實際做的一套。這點認識，應該是飽嘗痛苦的東方人士所能領悟的。那個毛澤東當初提倡共產主義「革命」，許多人欣然和從。他們多爲「主義」之美名所騙。在事實上，無論左的列寧也好，右的希特勒也好，都是曾標榜過好聽之說的，要不然沒有「群組」跟著跑。如果毛澤東在江西時代就坦白表示：「如果老子拿到天下，老子要實行極權政治，老子要殺二千萬人。」這樣一說，恐怕連劉少奇也會嚇跑了。

「主義」一詞，在我是老早看穿了。胡適之先生說：「多談問題，少談主義」。一切「主義」，去其特色，就其理想成分言，概可歸約到一句話：「爲大家好。」既然如此，統統一樣。所以，我不想提到空泛的什麼主義，而只談實際，只談一個一個的問題。實際的做法令大家好過，問題解決得於大家有利，管他標榜什麼主義，大家沒有不歡迎的理由。如果不然，主義再說得好聽些，也引不起大家底好感。

極權政治之實際可就與什麼主義不同了。極權政治是一個硬過硬的現實。極權政治一旦從天而降，每個人便要受到它底災害。好像臺灣此時的驕陽一樣，如果你沒有大帽子，便會曬得你頭昏眼花，無處躲避。極權政治固然與共產主義關係較爲密切。可是，由於現代技術之支配力，非共產主義的地方，如果做得不好，秉政的黨派或個人底權力欲太強，也未嘗沒有走上極權政治之路的危險。英國工黨底辦法，如果爲王室所操持，可能逐漸步入極權之路。美國底極權味兒，已經不是太不明顯了。如果總統底權力再加一點，接管的東西再逐步加多，如果國務院管的事再多一些，那也就差不多了。英美尙且如此，別的地方，就不必說了。所以，我不必提出反對共產主義作爲反共的理由，我只提出反對極權政治爲反共的理由。這實際得多。

極權政治，不自今日始，在古代有其胚胎。柏拉圖底理想國所描繪的就是一極權國家型模。喀爾文（Calvin）在瑞士所行的一套，更是活現現的極權政治。這些人並沒有標榜「唯物論」啊！也許他們還「唯心」一點啊！不過，到了今日的共黨統治，極權政治便發展到了它底完備階段。這種極權政治，完備到天上地下，精神物質，衣食住行，以至於下一代底教育，甚至於後代底遺傳，無所不統，無所不治。基督教說，人是上帝創造的，因而人底言行和性質，都屬上帝所管。今極權統治者則無一不管，眞可謂「替天行道」了。

也許有人說，不管極權不極權，如果是「爲了大家好」，何必要反對？極權政治是否能爲大家好。有事實擺在面前，不必多說。退一百步講，極權統治者果眞是一聖王，居心有所作爲，爲大家好。如果他藉其政治權力以此「好」強加諸人，那就是不以平等視人，甚至於把人不當人。這樣，其好亦變成不好，其好之意義與價值將全失。這樣的王，充其量只可作一好的蟻王、蜂王、獸王，人是不需要他的。美國豬底營養好，衛生設備佳，你要不要去作美國豬？所以，從基本價值（intimsic value）著想，極權政治可咒詛之處，在於它將極權者底主義或計畫在未經大家同意之前強迫加諸大家。人是生而平等的，你底心腸再好，主義再好，要人家高興接受嘛！你有什麼天賦的權力強加諸人？如果你向某小姐求婚，你說你如何年輕，如何體壯，如何誠實，如何有希望。但是，最後的決定，還是要她底「願意」，否則你等於白說一場。如果你說她不識抬舉，硬以強迫手段佔有她，要做她底夫君，那麼你就構成強暴罪。婚姻私事尚且如此，關係乎大家之禍福安危的政治大事更何獨不然？極權統治者永遠只有少數人在那裡擺布大家。極權統治者之所爲，乃對大家之強姦罪犯。毛澤東乃其尤者。

極權統治者之所以敢拂逆眾意而對大眾施以強暴，除因其藉「革命」而打出江山，除因其手握炸藥眾莫敢犯，或因其利用「緊急狀態」（如「帝國主義包圍」等等）以外，其心理上之因素，厥惟彼輩或自認爲負有上天之使命（今日之新花樣謂之「歷史使命」，馬克斯之徒從黑格爾大法師那裡學來的。）或自認爲出於人民的選擇（所謂人民民主專政，乃花樣之一）。極權統治者有這些「理論基礎」橫在心中，其基礎較之路易十四之純以血統爲依憑者牢固多多，因而其氣亦遠較古代暴君爲壯，其詞亦遠較彼等振振，而其壓制人民亦遠較彼等爲嚴刻苛峻。這眞是現代的一大刼數！

極權統治者之基本心理狀態，當然除了彼一人以外，他不承認其他個體（individual）之客觀獨立存在，不承認社群（community）（非社會society）之客觀獨立存在，甚至不承認國家之獨立存在（如狄托爲史達林痛恨）。本此，極權統治者以黨爲目的，以國家爲幌子，以人眾爲工具，進行文化、教育、軍事、經濟、政治，以至於思想之全面控制。於是而有計畫經濟。甚至有計畫的教育（蘇俄早行計畫的教育，共黨不過步其後塵而已）。因此，在極權統治之下，不許有獨立於政治的學術自由，不許有本乎個人良心的言論自由，不許有外於政治的結社自由，不許有自主謀生的自由。凡此等等基本自由俱遭剝奪，其他自由，更無論矣。於是，凡倡導個體自由的言論，莫不視爲大逆不道。凡社團之自由組合，莫不目爲危險之行動。總而言之，在極權統治之下，一切行動皆由一總機關自上而下發動。若有自下而上行動，一律解釋作異動，或不軌，甚至叛亂。

極權政治之所以如此者，乃因其政府觀等等，俱與民主政治不同。在民主國家，政府是爲人民而存在的；而在極權空間，人民乃爲政府而存在。因此，在民主國家人民批評政府，常得金質獎章；而在極權空間，人民若批評政府，至少會嘗鐵窗風味。「天下無不是的父母」。流風所至，久而久之，人眾被養成一種習慣，凡政府所作，人民必須強顏承歡，歌功頌德；而人民批評政府，則如兒子罵老子，被認爲大逆不道。在極權空間也有所謂政黨，但其性質與民主國家之政黨大不相同。民主國家底政黨是服務人民的政治組織，極權空間底政黨乃一統治工具。所以，在極權空間，屬於此一政黨者，常流露一優越感，並發展支配欲。共黨算是把這一特質發揮盡致。

既然極權政治有這種特質、形態和統治工具，於是它天然把國家視作黨產，置黨產於國家之上。極權統治者自身是一個「絕對精神」之化身。他是絕對的目的。極權的黨是一個絕對性的黨。因而，他在平時靠壓制和剝削大家以延續其生存。因而，在這種統治之下，社群和個人不可能有新的生機。所以，極權統治底存在等於社群底元氣和個人底生機之耗竭，極權政治者，乃生人之死敵也。

至於個人呢？個人底人生意義、目的、價值、個性和作人的風格，在極權統治之下，淹沒無聞——即使被談到，也必須被嚴格地要求「配合」那一「組織」；否則，他們不是說你有「小資產階級意識」，便是罵你「自私自利」，或「不明白大時代的要求」等等。這是個體底完全取消。在極權統治者眼底下的個人，像麵包師手上的麵粉。他不認識一粒一粒的麵粉，只認識一團麵粉（所謂「群眾」是也）。對於這一團麵粉，他高興按照他底想法（「計畫」是也），揉成怎樣的形狀便揉成怎樣的形狀，他高興做成什麼樣式的麵包便做成怎樣的麵包。麵粉從來不能自作主張，向他提出抗議的。如果麵粉向他抗議，他很容易地伸出他底爪子，把麵粉扔進渣滓桶裡去。在這種統治之下，個人底情緒、好惡、興趣，被認爲不值一提。至於優美的情操、高尚的文化，超越利害的活動，更無從談起。大家終日流汗，將勞動所有全部奉獻，然後擺起長蛇陣，領點殘餘配給，過渡茫茫無盡之歲月。這還有什麼可說的啊！這簡直不是人的生活！人之所以爲人的要素被剝奪淨盡了！這是在「主義」的美名之下，利用最現代化的統治技術和工具，逼使大家回返到蜂群、蟻群、羊群的生活狀態，以滿足少數狂執分子之原始野蠻的權力欲而已。

我寫到這裡，猛一抬頭，看見我底書架上有三巨冊的*Principia Mathematica*，有Frege，Russell，Wittgenstein，Carnap底大作；有十九世紀末葉以來關於Philosophical Analysis的精粹文選；還有國外學者寄贈的刊物。我大吃一驚。我幾乎不信我尚置身於東方洪水氾濫的邊沿。這點西歐文化底結晶，我視之如珍寶。假設八路仁兄一旦光臨的話，這些東西有被化作紙漿的危險。而我這枚小小「反動分子」呢？毫無問題，一定經過「人民公審」的例行手續以後，丟到大海裡去餵魚！

你要做個人嗎？你要做個人，必須反共。而反共之最實質的理由，就是反極權政治。如果反共而不反極權政治，便陷於自相矛盾。

共黨之禍是二十世紀初葉以來世界底一個巨大的激變。中國之苦於赤禍者三十餘年於茲矣。而到了現在，共黨問題已經演變成爲一個世界性的問題。今後反共事業底成敗所關係者，不只是一個國家或一個黨派或一個個人，而是整個自由世界。既然如此，於是從事反共，必須放開眼界，配合自由世界底全般情勢。在這一全般情勢之下從事反共之基本的政治前提就是實行民主。實行民主，就對外而論，才能與自由世界協和一致；就對內而言，才能抒發眞正的新力量。所以，在這一關聯上，反共與民主是一事的二面，在實踐上是不可分的。因此，凡誠意反共而無私念者，必定要將反共與民主密切聯繫起來。而實行民主就是反對極權，所以，在反共運動中，實行民主既成爲目的又成爲方法。

只有民主的反共，才不是與共黨比量而是比質。反共集體底政治品質高於共黨多多的那一天，便是致勝共黨的一天。我們看得很清楚，私欲還在橫流，重溫舊夢之念還在那裡盪漾，成見還在支配許多角落，因而走上這一條路還要費用很多周折。但是，長江千迴萬轉，終歸會流向大海的。凡對民主反共事業有信心的自由人，是不會灰心而放棄這個宏願的。

——原載《自由中國》，卷六期十二（臺北：一九五二年六月十六日）

49 教育部長張其昀的民主觀——君主的民主

「民主」一詞，到了現在，加上去的形容詞越來越多。這也就是說，它的品種也越來越多。赫赫有名的品種，有「人民民主」，有「新民主」，還有所謂「民主專政」。這些新奇的品種，已經夠政治科學家去研究了。想不到，接踵著這些新奇的品種之後的，還有更新奇的品種出現。它就是「君主的民主」。這個名詞，也許讀者覺得陌生，也許有的人士覺得自相矛盾。因爲，既然是「君主的」，就不是「民主」的；既然是「民主」的，就不是「君主的」。「君主的」和「民主」二詞不能放在一起鑄造成一個合理的新名詞。然而，在事實上，「君主的民主」確實已經出現。出現的地區，至少就表面看來，不能不說是屬於自由世界這一邊。

如果有的讀者對於「君主的民主」這個名詞惶惑莫名，那麼請看現任教育部長張其昀氏所講的〈民主政治三大眞諦〉（刊在《政論周刊》第八十八期）便知。在那篇講演詞中，張其昀氏對民主的解釋是這樣：

> 民主政治的三大真諦，一曰愛民，二曰教民，三曰養民。

這眞是不折不扣的「君主的民主」之定義。

對於民主缺少認識的回國華僑青年，或中國其他部分的人民，也許一時看不出隱藏在這一「詮釋」背後的君主思想，爲了幫助大家對民主有正確的認識，我們且把隱藏在這一「詮釋」背後的君主思想揭示出來。我們所做的這種工作，不是別的，只是像曬照相底片一樣，把底片上不易辨識的圖影曬露出來，給大家看個一清二楚。

首先，我們所要分析的是「愛民」。「愛民」一詞，乍聽起來，並不犯錯呀！難道你反對「愛民」嗎？

但是我們要提醒你：在西方現代民主國家，根本沒有「愛民」這一說。只有在東方的專制時代，才有「愛民如子」之聲。在從前，做個把縣官，就叫做「父母官」。他是那一縣所有老百姓的「共父」。這位共父，只要不大擾民，在任內修了幾座橋，老百姓就送他一塊「愛民如子」的匾。這是「愛民」的歷史文化傳統淵源。「君主的民主」論者之「愛民」說是接著這一傳統來的。

提起「愛民」，無可避免地引起一些嚴重的問題：誰來「愛民」呢？誰有「愛民」的先天資格呢？愛民是否某一類人的特權呢？是否有另一類的「民」非接受他們的「愛」不可呢？「愛者」與「被愛者」之間是怎樣的一種對應關係呢？是像老子與兒子之間的關係嗎？如果是的，那麼根據何在？如果不是的，那麼「民」不願被「愛」時是否有罪？對於這些根本問題，倡「愛民」說者必須明白解答。絕不可含含糊糊。如果含含糊糊，那麼一定是有毛病。

倡「愛民」說者又從講「愛民」跳到講「愛國」。他們說「愛民必須愛國」。這一箭步怎樣跳得過，我們且不去管它。他們馬上接著說「自由主義者」是「不愛國的」，如果國家不存在，「自由主義者」便無立錐之地。

此時此地，是否有他們口中所說的「自由主義者」，我們不知道。無論此時此地是否有他們口中所說的「自由主義者」，在事實上，我們從來沒有聽過眞正的「自由主義者」不愛國的。如果「自由主義者」不愛國，那麼歐美民主國家在第二次世界大戰期間早亡於希特勒了。「自由主義者」所不能「愛」的，是任何政黨總是藉口把國家置於其獨佔之下。這一獨佔，看來似乎很有理由，而一究其實，不過是一點點權力欲和支配欲在作怪而已。「自由主義者」所不敢亦不忍苟同的，是任何政黨無論把國家弄到什麼地步，國人一概不能過問，一概不能究詰眞相，只有無條件地贊同的份兒。也許，這正是「自由主義者」令人看來不夠溫順之處。

至少就中國近幾十年來而論，「自由主義者」所致力的主要工作是啟蒙運動。他們不會耍槍桿，不作實際的政治鬥爭。他們對於一個政權也許不夠盲目「效忠」。然而，無疑，他們是中國社會進步革新之最重要的動力。摧毀了這一動力，中國社會的生機一定死滅。極權暴政者如共黨之流之剷除自由分子不遺餘力，可以證實「自由主義者」對於共產集體制度如何構成實質的阻礙。「自由主義者」之為一個國民，與抱持任何「主義」者之為一個國民無殊。既然「自由主義者」也是一個國民，於是他生長在一個國家的土地上，當然也就有了「立足之地」。他們沒有帶來一寸土地，也不曾失去一寸土地。國家的土地是屬於人民全體的，不是任何政黨賞賜的。除了移植的以外，任何政黨都是國土裡生長出來的。在未有該政黨以前，早已有了國土了。近幾十年來，如果掌握政權的政黨稍微注重中國人作人的美德，自我謙抑一點，「自由主義者」何致弄得「無立足之地」！「自由主義者」無辜。那既要獨攬國家存亡的命脈但卻又無法穩定國家大勢者，是沒有資格批評「自由主義者」的，也沒有資格批評政治漩渦以外的任何人。

倡「愛民」說者從「愛民」轉到「愛國」，又從「愛國」轉到「反對帝國主義」。時至今日，要談「反對帝國主義」，當然只有反對蘇俄帝國主義。但是，反對蘇俄帝國主義，不是已經包含在「反共抗俄」口號之中了嗎？既然有了「反共抗俄」口號，何必另起爐灶，特別強調「反對帝國主義」呢？被指為「帝國主義者」的，除了蘇俄以外，只有西方。現在既然除了抗俄以外還要強調「反對帝國主義」，所反的似乎就是西方了。反西方的種種原因和心情，我們是很能了解的。我們且不討論這些原因和心情，我們現在只想提醒一點：聰明人絕不於同一時間在兩條線上作戰。這是一個起碼的常識。如果一個人違背了這點常識，他勢必日陷孤立的。

第二，我們要分析「教民」之說。既然高談「教民」，自然是以「作之君，作之師」自居。這麼一來，「教民」說所引起的問題，在基本性質上，與「愛民」說一樣：誰來「教民」呢？誰有教民的先天資格呢？復次，在「教者」與「被教者」之間的關係是怎樣的一種關係呢？「教者」是否先知先覺而「被教者」是否後知後覺呢？如果是的，那麼這一區分是以什麼為根據呢？假若有人不接受這個樣子的「教」，那麼是否因其「違反革命教育」和「自甘墮落」而施以懲處呢？這些問題倡「教民」說者有義務予以明白的解答。

我們必須明瞭，只有極權國家才把「教民」之事掌握在政府手裡，蘇俄所實行的是「計畫教育」、「革命教育」。西方民主國家向來不過問教育的事。照西方的傳統看來，教育乃屬良心自由、知識自由之類的事。教育之正當目的，絕不是灌輸黨化思想，或把人當作政治工具；更不是藉官方力量，強迫配銷官方製造的世界觀、國際觀和人生觀。教育之正當目的，是使每一個人的心身得有健全的發展；使每一個人能夠客觀地認識自然界、社會界和國家的眞相；使每一個人獲致謀生的技能和知識。

倡「教民」說者的思路，從「教民」輕輕溜到「治民」。他們談「治民」，就是依據「國家有機論」，來「組織與訓練民眾」。藉此，他們詬病「自由主義者」，說「自由主義者」主張「無為而治」。

「國家有機說」在理論上之不通，今日已成政治社會學說上的常識，在實際上它已被用作極權統治者扼緊人眾的「哲學基礎」。「國家有機說」者把「國家」看作一個大有機體，個人是這個有機體內的細胞。這種說法，根本是建立在錯誤的類比推論之上的。利用這一錯誤說法者之實際的作用，不過想藉國家之巨靈，來吞沒一切個人而已。

「自由主義者」並不主張「無為而治」。「無為而治」是古代的事。「自由主義者」所不敢苟同的，是藉「有為而治」之名，行控制萬人之實。西方世界可以說主要地是「自由主義者」的世界。西方社會治道之良，豈是動輒強調「控制」者所可比擬？「自由主義者」並非不講組織。如果「自由主義者」眞的不講組織，何能打敗組織堅強的希特勒勢力？現在何能抵禦共產勢力？不過，「組織」與「驅策」是有分別的。「自由主義者」口裡不叫囂「組織」，他們的組織是堅固的。叫囂「組織」者則是在事實上藉「組織」以行「驅策」。一行「驅策」，就是把人不當人。這樣的「組織」，「自由主義者」當然不能同情。

第三，我們要分析「養民」說。倡「養民」說者道，「自由主義者」對「國計民生」主張放任，聽其自然。於是，經濟上自由競爭的結果，造成貧富懸殊的現象。

我們眞是抱歉，這種說法簡直是從共黨那裡原封不動地抄來的。可惜，抄襲者太孤陋寡聞了。這是共黨的過時貨。共黨所攻擊的是以十八世紀的西歐為對象。現在是二十世紀六十年代了。在二十世紀六十年代還要摭拾共黨用以攻擊十八世紀西方「資本主義」的論據來攻擊西方，眞是無的放矢。從名詞來了解事物常常是盲目的，最可靠的方法是觀察實際的情形。從實際的情形來看，十八世紀式的西方「資本主義」幾乎成為古董了。

近幾十年來，英國經濟之直接或間接受費邊社的影響，這是不用說的事實。美國的「資本主義」，在根本上逐漸脫離「資本主義」發展的初期形態，而步入「資本主義」晚期的形態。這一形態，美國人自己叫做「人民資本制度」（people's capitalism）。蘇俄所行的在實際上是「國家資本制度」（state capitalism）。在這種制度之下，代表國家的官方成爲資本家，人民則成爲勞工。爲了保持這種制度，蘇俄廣植特務警察以控制人民的身體活動；藉宣傳「主義」以蠱惑人民的頭腦，使他們認爲這種制度是到幸福之路。美國則提出「人民資本制度」以與之對抗。人民資本制度的特色，乃資本爲人民大家所共有。反托拉斯法案之確立，獨佔趨向因而逐漸消滅，於是社會日益福利化。美國許許多多工廠，工人可以隨意購買股票。勞資雙方濟濟一堂決定大計。醫藥養老人壽保險，等等顧慮之周到，不是自由世界以外的人所能企望的。所謂「勞資對立」，不流一滴血，不費一粒彈，逐漸消弭於無形。還有何「資本主義」可言？

西方世界這種經濟制度是經過幾百年的試驗，而且現在還在繼續不斷試驗之中。事實證明它是效率最佳的經濟制度。倡「養民」說者，認爲中國今日在經濟上面臨的問題，既非放任又非計畫問題，而爲能否培養民力、充實國力的問題，請問他們拿得出什麼具體的辦法呢？多少年來的經驗告訴我們：經濟的事，經官方過手，就變得事事限制，處處掣肘。在這種情況之下，又如何「培養民力」？

綜觀上面所說的「愛民」、「教民」，和「養民」說，其中含有軍國主義、法西斯主義、復古主義、狹隘的民族主義、國民經濟主義，尤其是「牧民思想」。然而卻找不到一絲一毫民主思想的痕跡，這是很令人失望的事。

既然在上述的思想之中找不到一絲一毫民主思想的痕跡，何以硬叫做「民主」呢？這就是用名詞之自由的問題！照上述的思想看來，所謂「民主」也者，就是一個大君主爲中心，輔以從龍之衆，在一套由極少數人定奪的大計畫之下，來「愛民」，來「教民」，來「養民」，以完成一個「偉大的歷史使命」。這也就是所謂「大有作爲的政治」。這種「民主」，我們實在無以名之。只好名之曰「君主的民主」。「君主的民主」，做到極好處，充其量不過是「慈惠的君主專制」（benevolent despotism）而已。然而，慈惠的君主專制，一與現代統治技術結合，只要稍微有點偏私，就變成極權暴政！

我們現在只提醒大家一點就夠了！民主的眞正核心是基本人權之肯定。凡避開基本人權而談民主者，不是對民主感到不安，便是對民主沒有誠意。

——原載《自由中國》，卷十五期七（臺北：一九五六年十月一日）

50 再論「君主的民主」

《中國一周》週刊第三三七期刊載了一篇社評。這篇社評的標題是〈糾正《自由中國》的謬論〉。我們看到這個標題之出現，衷心深感欣慰。我們所欣慰的是，該社此舉表明係以言論對言論，而不是以巨棒對言論。這一事實，證明自由中國尚有自由的氣息，實際的情況非若外間傳聞之甚。這是中國民主前途一線的希望。在我們看來，只要是以言論對言論，而非以巨棒對言論，是非曲直總有明白的一天。

照常識來說，自居於「糾正」別人的「謬論」之地位者，至少自己之所言必須站得住腳。我們見到〈糾正《自由中國》的謬論〉一文以後，以誠惶誠恐的心情，敬謹接受的態度，細心閱讀，準備接受「糾正」。不料讀過全文以後，竟大失所望。我們發現該文所論，很少與民主有何相干之處。我們現在把所見的要點指明出來：

首先，我們不能明瞭愛國與民主有何特殊的關聯。張氏在《政論周刊》八十八期上的大文〈民王政治三大眞諦〉中，將「愛民」列爲「民主」三大「眞諦」之一，又說「愛民」必須「愛國」。《中國一周》週刊這篇社評又強調此說。既然如此，那就表示「愛國」與「民主」有不可分的特殊關聯。然而，就我們之所知，極權政治，專制政體，也無不強調愛國。「愛國」與「民主」並沒有不可分的特殊關聯。以張氏學識之淵博，諒不會不知道墨索里尼和希特勒之流是愛國的，而且恐怕是「非常愛國」的。即令是史達林，在第二次世界大戰期間，也鼓勵俄國人從事「偉大的愛國戰爭」。然而，這些人不都是民主的死敵嗎？講求民主的人，沒有不愛國的；「強調」愛國的人，不見得就忠心民主。

《中國一周》的這篇社評又徵引林覺民烈士等人的言行證明「愛國」與「民主」有關，這更是風馬牛不相及了。林覺民烈士這個類型的人物之思想，站在「革命」的觀點看，是可貴的。那是「拯斯民於水火」，「吾儕不出，如蒼生何」之類的思想。這種思想只是「以天下爲己任」的思想，與民主何干？該社評作者動輒引用「革命先烈言論」，在彼固已成神經反射習慣，但是總弄得文不對題。不錯，黃花崗烈士「我死則國生」的話，是「用血寫的」。然而，這是搞「革命」，不是行「民主」。搞「革命」可以用「血」來搞，行民主卻不能。民主不是「鮮血之花」。民主見了「血」，便會退避三舍。民主是理智，商討，與和平的產品。「民主」與「革命」是不能同時進行的。該文作者卻將此二者扯在一起，想用「革命言論」來證明「民主的眞諦」，豈非南轅而北轍，愈扯愈遠？

該篇社評爲了申述其所謂「民主的眞諦」，引用「地方自治實行法」爲證。實行民主的國家固然實行地方自治，然而實行地方自治的國家是否就是民主，因而我們可否拿「地方自治實行法」來證明有民主，這個問題且留待讀者去判斷。我們現在所要指出的，是該文說「中國古代哲理，本重教養兼施」；而且「漢唐盛時，保民理民之責並未放棄」。該文作者徵引「漢唐盛世」來證明「教民」與「養民」之應爲，當然不會不知道「漢唐盛時」中國尚在君主專制時代，而現在則是中華民國四十五年。該文作此徵引，用意是否要現在的中華民國實行「漢唐盛時」之「君主的民主」呢？

該文又說：「最可笑的，《自由中國》編者一面捏造名詞——『君主的民主』——想加害於人，一面又說張先生『這種說法簡直是從共產黨那裡原封不動地抄來的。』這使我們想起一九四四年羅斯福總統生平最後一次在波士頓芬威球場的競選演說：『有些人（指反對黨）說我是一個君主主義者（monarchist）他們同時又說我是一個共產主義者，我不能兼任此兩者。』當時全場聽眾哄堂大笑。」想不到羅斯福十幾年前競選時的口邊語，竟在今天被捧作救命符。可惜得很，該社評作者不知道一個人既可以是「一個君主主義者」，又可以是「一個共產主義者」。這一點也不「可笑」，而且平常之至。史達林不是「一個共產主義者」嗎？同時，他不又是一個新沙皇嗎？

總而言之，我們拜讀了這篇社評，除了讀到最後所說並不反對基本人權這一點而心靈稍得補償以外，通篇所表現的是觀念模糊，思路不清，東扯西拉，滿紙浮詞泛語，尤其動輒引用權威來壓人，這實在使人失望！

話說到這裡，我們不得不提出一二重大問題，以就教於讀者和中國國民黨賢明的諸君子。

張氏的講話「民主政治三大眞諦」刊載於《政論周刊》。爲張氏講話辯護的文章出現於《中國一周》週刊。這兩個刊物雖標明「中國新聞出版公司發行」，但很多人知道是與中國國民黨有密切關係的。張氏是中國國民黨前任的祕書長，現任的中央常務委員，又是自由中國政府的教育部長。我們現在要問：張氏的這種「民主理論」，是純粹以個人身份發出的呢？還是以自由中國政府教育部長的地位發出的？抑是以中國國民黨中央常務委員的地位發出的？

本刊只談事理，不以任何個人爲對象，絕不攻擊任何人身。此一原則，自出刊七年以來，諒爲公正讀者所共見。同人與張氏個人更無絲毫恩怨可言。因此絕無以張氏個人爲抨擊對象的意思。假定張氏不以教育部長的身份對海外華僑青年將「民主」作那種駭人聽聞的解釋，而只出之以平民身份，我們也就不把這事看的如此嚴重。因爲，我們提倡民主，尊重各人的言論自由。反正社會上流行的奇怪言論甚多。張氏多添加一種，也無礙於天地之大，無妨於言論之眾。無如張氏係以自由中國教育部長的身份發出此言，於是他的言論正確與否，關係乎國際視聽，牽涉到海內外對整個自由中國的印象。這就與私人發言不能相提並論。張氏對民主的解釋之荒謬，稍有常識的人都可看出。假若海內外人士不幸「以偏概全」，以爲自由中國政府的官員上上下下都是這個調調兒，則所招致之損失，豈非自由中國全體？凡屬自由中國的國民，爲了自由中國的前途和利益，不能不對張氏此言寄予嚴重的關切。我們司言責者當然更不能明知其誤謬而隱忍不言。

中國國民黨是歷史悠久的堂堂執政黨；而且它現在正負起領導全民反共抗俄及建立自由民主國家的重大責任。此時此日，國家的形勢到了這個地步，環顧日在發展中的國際局勢，回憶過去，展望將來，凡屬稍有常識的黨人，都不能不勾起一點「危亡之感」，和「憂惕之心」，對任何言行都出之以理智和謹愼而又客觀的態度；決沒有一心以爲有恃而無恐，我行我素，自說自話，糊塗顢頇，自我陶醉，一味只求表面鋪張揚厲之理。像張氏這種言論，關係乎其本人者實小；關係乎中國國民黨聲譽者頗大。中國國民黨既是自由中國的執政黨，而海內外中國人士無下對民主之實現抱最高的熱望。因此，海內外中國人士對中國國民黨實現民主的意向如何，渴求洞悉。假定張氏所言確乎代表中國國民黨，而張氏對民主的解釋又與極權統治毫無不同之處，則中國國民黨實現民主之誠意為何，天下之人立即由張氏之言而洞悉底蘊。這麼一來，遭受損失的，似恐不止張氏一人而已。所以，我們以為中國國民黨對張氏此言應有一明確而正大的表示。

——原載《自由中國》，卷十五期八（臺北：一九五六年十月十六日）

51 反攻大陸問題

反攻大陸問題是大家最關切的第一個問題。這個問題是自由中國一切問題的基本關鍵。這個問題不談清楚，別的任何問題都得不到根本的解決。可是，我們相信，這個問題卻是大家最感茫然的問題。

關於這個問題，大致說來，有兩種說法。一種說法來自官方。官方言論還是口頭強硬，說得異常肯定，滿有把握的樣子。他們說反攻大陸確有把握，他們心裡是否如此，我們無法使用腦波紀錄器，所以無從揣測。另一種說法來自民間之有意無意的流露。從這些流露看去，民間的想法似乎隨著歲月之增加而與官方的說法距離日遠了。官方人士不要以爲一般人民對於他們的言論視爲金科玉律，信之奉之，而不稍懷疑。官方人士也不要以爲只要有威有勢，把一般百姓的口封住，使他們腦筋中打轉的東西不敢當面說出，就足以維持住這個局面。我們認爲，解決這個大問題最好的辦法是把眞相剖析給大家看，使大家有個比較清楚的輪廓，然後作個切實的打算。因此，我們首先提出反攻大陸問題。

就心願方面來說，毫無疑問，自由中國的全體，尤其是來自大陸的人，誰不想反攻大陸？誰不渴望打回老家去？這是大家的一致願望，也是大家的第一個願望。同時，也是這個願望，構成自由中國政府的心理基礎，成爲它存在的理由，和政治運用的資本。

然而，人不能總是生活在願望之中。人更需生活在現實裡。願望是主觀的，現實是客觀的。人的願望有時可以在現實裡實現；有時不能。因爲，客觀的世界不是單單爲我們一部分人而存在的。誠然，我們既然也是這個客觀世界裡的一部分人，我們也可靠主觀的努力來改變這個客觀的世界；但是，我們所能改變的部分，只限於我們實際所有的力量所能及的部分。我們所能改變的範圍之大小，與我們自身所有的力量成正比：力量大者，改變的範圍大；力量小者範圍小。比如，美國的力量最大，所以她給予世界的影響最大。冰島國就不能相提並論了。復次，一個人本身所能有的力量之大小，大致也是有一定限度的。這一限度，也並不隨我們的願望而增減。誰不想作大力士，力敵萬人？但是，大力士究竟是少之又少。如果一個患肺病的人想做大力士，那末充其量他大概只能做到一個普通健康的人而已。依據這一番解析，我們可以知道：如果我們的願望範圍剛好與自己所能出的最大能力相等，那末我們的願望可能全部實現——假定一切別的條件不變。如果我們主觀的願望超過了我們實際力量所及的範圍，那末我們所能實現的只是實際力量所及的部分。實際力量所不及的那一部分是不會實現的。狂妄，是不能代替力量的。

也許有人說：「你們這種想法太機械了。世界上未知的因素多得很。你怎麼能夠完全抓住主觀的力量這一點因素來下這樣肯定的論斷？」這話到很合於不重知識而乞憐於神祕機遇的原始農業社會的脾胃。我們要正告這種人：拿這一套話來隱蔽眞正的問題，那就無話可說；拿這一套話來解決問題卻不行。乞憐於不可知的神祕機遇的時代已經過去了。現代人辦事要靠科學知識與科學技術。依此，我們對於未來事變的估量，只能依靠我們所能思議得到的因素。其他不可思議的因素不能計入，更不能把自己之「如願的想法」夾雜在冷靜的推考之中。

「照你們這樣說來，我們究竟能不能反攻大陸呢？」我們說，單純地答一個「能」，或單純地答個「不能」，都是沒有意義的。世界上的問題，並不都是這麼單純。二分法不能處處應用。凡對於未來的事作十分肯定的斷言的，非愚即誣。愚者昧於事理。誣者存心賣弄花槍，誑騙人眾，從中取利。「那末，你們怎樣辦呢？」科學知識是唯一可靠的標準。反攻大陸，是一個尚未實現的事件。我們要能對尚未實現的事件作論斷，只有依據「公算」。

一談到公算，我們只有以已有的知識和因素爲根據。我們可據以作公算的已有知識和因素當然非常之多。我們在此只能將最重要的列舉出來：

㈠**是國際形勢**：構成國際形勢的基本因素有三：㈠世界人民普遍的心理趨向；㈡武器的發展；㈢國際第三勢力的成長。

世界廣大人民的普遍心理趨向是和戰政策決定的背景，在民主國家尤其如此。極權國家的獨裁者雖常罔顧民意；但是如果他看出他統治之下的廣大人民是一群沒有戰志的人民因而他估計戰爭勝敗時，多少也只好慎重考慮。自第二次世界大戰以後，世界廣大地區的人民飽嘗戰爭的實際滋味。他們唯一共同的願望就是從戰爭的創傷裡恢復過來，過一點和平、安定、富裕的現代生活；除非生存直接受到威脅而採取必要的防禦，他們對於為一些空大的口號而打仗已不感到興趣。人類畢竟要接受一點經驗教訓，向著成熟的路走去的。戰後的日本和西德把這一趨向表現得很明顯。美、英、法、意的人民也是不歡迎戰爭的。至於荷、比、丹、挪等小國的人民更不用說了。「厭惡戰爭，爭取和平、安定、繁榮」，這可以說是戰後世界人民心理的總趨向。民主國家政治領袖在國際事務上有所決策時，似乎是把這一趨向列為第一個考慮。所以，韓戰落得一個拖泥帶水的結束；越國終於被分割；臺灣海峽之半凍結；英法在埃及洩氣而退。這些事例「辦理結束」時，所依據之「不澈底」原則，幾乎如出一轍。由此我們可以窺見個中的行情與消息。

二十世紀可以說是一個「技術專政」的時代。這一個時代的領袖人物之考慮問題有一種特色。就是要做一件事，首先須問在技術上是否可能，做了以後在技術上的後果如何。至於究竟應不應該做，這個道德的考量反而放在其次。這一思想特徵，倒無分於民主與極權。二者都受「技術的可能」之限制。這是「工業革進」之勢所必至的結果。面對這種結果，你也許對人類前途悲觀，你也許作道德的憤慨。你可以這樣做，但是，我們得告訴你，時至今日，僅僅做個道德的詩人是難得活下去的。我們必須正視這一事實，想辦法來適應。「適者生存」，不適則不生存，這是天演公理。現代武器進步所形成的殺傷力之大，破壞力之強，在人類歷史上是空前的。當交戰雙方都擁有這等武器時，誰都懼怕這等武器所帶來的災禍。這一純技術的考慮就可以相當地嚇阻戰意。目前，美國是能打而不想打。俄國頭目的確想打而沒有把握。想打而沒有把握，就總是設法增加把握。想增加把握就要設法發展更新更多的武器。蘇俄設法發展更新更多的武器，就刺激美國發展更新更更多的武器。美國把更更新和更更多的武器發展出來，蘇俄在相形之下把握又減少了。就在這種武器競爭的情形之下，美俄就僵持住了。美俄不動手，誰敢動手？

國際第三勢力是尼赫魯所創導的國際力量。這一力量的目標是想在自由世界與共產世界之間構成一股中間勢力，減少雙方的衝突，維持世界的和平。自由中國有人一提起尼赫魯就痛罵。這種辦法，如果是由於在思想方式上痛恨「第三可能」（the third alternative），而且如果出發點是對內宣傳，那是可以的。但是，同時，我們也要清醒一點，我們管不了別人的思想方式，國際上這一勢力的發展也並不因我們的痛恨而絲毫停止。國際上這一勢力之所以發展，是有其客觀原因的。這一客觀的原因就是我們在前面所說的各國人民普遍厭惡戰爭及渴望和平，企求生活安定、繁榮進步。如果我們忽略了這一大趨勢及其所派生出來的結果，而一味執自己的標準以衡量世界萬事，那末世界雖大，我們看來卻太小了。

㈡**是現代戰爭的必要條件**：我們現在從現代戰爭的必要條件來衡量反攻大陸的戰爭。今後可能的戰爭不打則已，要打一定是現代化的。以美國之既富且強，從不敢輕言戰爭，為什麼呢？重要的原因之一是前述人民不願打仗，和民主國家之牽制。但是，尚有一個原因，就是美國當局明白現代戰爭底意義是什麼，和現代戰爭是怎麼回事。一個現代戰爭的必要條件有下述三者：

㈠**人口**：從事一個現代戰爭必須有一億五千萬以上的人口。而且這些人口必須明瞭戰爭的目標，效忠領導戰爭的徵象，確實團結一致。這並不是說，在現代戰爭裡，必須有這麼多人扛槍；而是說，必須有這樣大量數目的人口，才能支持一個現代戰爭。建築一座金字塔必須基地寬大。同樣，要支持一個現代戰爭，必須有戰爭所需的輕重工業，武器製造，農產品之生產，和後勤業務之開展。戰爭是一個消耗的巨靈。戰時的消耗，往往較平時多出數十倍。要能支持這個大場面，當然非有大量的人口不可。至於直接從事戰鬥的兵員，由於原子武器和長程武器之發達，今後反而有相對減少的趨勢。

㈡**資源**：今後打仗，不能拿人命來餵原子彈。因人口生產之速度，不及原子彈消滅之速度。拿人命來餵原子彈，等於拿蚊蟲抵抗DDT！今後打仗，就是要拿資源對資源。假定交戰雙方其他一切條件相等，但甲方資源優於乙方，則甲方必勝。在今後的可能戰爭中，一方的海口可能被另一方封鎖，海運可能被潛艇遮斷。在這種情形之下，我們就不能靠同盟國接濟資源，而必須有獨立的資源。擁有獨立資源的交戰國，才無虞為敵方藉封鎖手段困逼，而能獨立作戰。這裡所說的資源，還必須是因應戰事需要的工業資源。僅有農業資源，還是不足從事現代戰爭的。

㈢**科學水準**：誰都知道，現代戰爭是科學戰爭。時至今日，掌握科學者制人，不懂科學者制於人。其間毫無客氣可講。要從事現代戰爭，科學的水準必須達到足夠製造物理武器的程度。這裡所說的物理武器，指著應用物理科學的原理原則而製成的一切武器而言。這類武器包括飛機、潛艇、原子彈、飛彈、核子武器等等。在今後可能的戰爭中，沒有這些武器者是根本不能與握有這些武器的對方交手的。然而，這些武器僅僅用金錢購買是不行的。因為，這類武器之發明，日新月異。人家新發明的法寶，要留作防身之用，不見得會賣給你的。要能自己製造這類武器，科學的水準需要多高？

要打一個現代戰爭，上述三個條件，一個也不可缺少。吾人環觀全球，能從事現代戰爭的，其有幾國？至少至少，在歐洲像荷、比、盧，這些蕞茸小邦是不敢談打仗的。因為他們知道個中的利害。

許多人聽到我們這一番冷冰冰的事實之指陳，一定滿肚子的不高興。他們也許會說：「照你們這樣說，把水準提得這樣高，我們豈不是完了？我們反攻大陸的戰爭，是革命戰爭。從事革命戰爭，精神重於物質，以少勝眾，並不必要有你們說的那些條件的。當年北伐豈不就是如此？」

好一派官腔！人要有辦法，並不一定需要打官腔，打了官腔，也不見得就有辦法。目前流行的這一套虛矯的言詞，眞是自誤誤人，自欺欺人！

既然反攻大陸是「革命戰爭」。那末為什麼老不動手呢？也許又有人說是「國際環境沒有成熟」。「革命戰爭」是自己屋裡的事，為什麼要顧到國際環境呢？當年北伐，可曾顧到國際環境？現代打仗，是要靠硬東西的。所謂「精神勝過物質」，這話只有在一種意義之下為眞，就是當雙方其他一切條件都相等時，鬥志堅強者勝過無鬥志者。比如說，如果甲、乙二人的體重、體力、武技都相等，但甲有鬥志而乙無鬥志，那末甲一定可以打敗乙。可是，如果乙的鬥志與甲一樣堅強，但其體重、體力、武技又都超過甲，那末甲是否還可以說「精神勝過物質」，一定可以打敗乙呢？雖三尺童子，亦必知其不能。日前流行的幌幌盪盪似是而非的「唯革命論」，只要稍一分析，就可知其虛矯。

根據我們在上面對於國際形勢和現代戰爭的必須條件之解析，我們可知今後若干年內國際戰爭爆發的公算雖不能說沒有，但相當的小。嚴格地說，我們自由中國今日所面臨的問題之重點，還不在未來可能的世界戰爭「會不會」發生，而在「何時」發生。假定未來可能的世界戰爭的的確確會發生，而且就在明年發生，那末我們的問題就在明年可以開始得到一個解決；可是，假定拖到十年五十年甚至一百年後才發生，那末情形豈不大異？也許有人說：「不會拖那末久的。」我們要請教他：「你根據什麼來斷定一定不會拖那末久？」我們知道他也許會在報章雜誌和偉人言論裡搬出一大套堂而皇哉的言論來答覆。不過，照我們看來，你說不會拖那末久，唯一可靠的根據，是你自己「不願意」拖那末久而已。在過去，兩種敵對勢力之對峙，多則數百年，少則數十年的事例，比比皆是。回教與基督教之對峙就是其中之一。

自由中國對於「反攻大陸」的時機有一個假想，就是等待未來可能的世界戰爭爆發時就動手。自由中國所謂的「未來的世界戰爭」，就是「未來的世界射擊戰爭」。其實，「未來的世界戰爭」與「未來的世界射擊戰爭」不必是一回事。後者發生時，前者一定發生。但是，前者發生時，後者可能發生，也可能不發生，並不一定。這個問題與所謂「戰爭」一詞的定義有關。而「戰爭」一詞的定義，與人類對於戰爭的概念或了解有關。我們一提起「戰爭」，立刻就想起動員、宣戰、展開，施放武器這一套的事件。這一套事件所構成的戰爭概念，因而只是過去的戰爭概念。過去的戰爭概念不見得能適用於今後新的戰爭。例如，近年來發生的若干次戰爭是沒有經過「宣戰」程序的。也許，今後若干年月，美俄雙方並不掀動全面的射擊，而只在軍備競爭的情形之下，從事文化、政治、經濟的比賽。今後所謂的「戰爭」形態就是這個樣子下去，也未可知。果眞如此，那末我們所希望的射擊爆發這一假想不會實現。如果這一假想不會實現，那末建立在這一假想之上的「反攻大陸」之事豈不渺茫？

這個情勢是很明白地擺在大家面前的。而官方人士每於接見外國新聞記者之際，總是以十分肯定的語氣說「反攻大陸」。我們不知道說者有沒有顧到外國新聞記者心理的反應。外國新聞記者是很有國際常識的人那！

在對內方面，官方人士也一而再再而三地作同樣的堅決表示。這樣的表示，如果是表示主觀的意志當然是很對的。但是我們說話同時也要顧到經驗事實的基礎才好。官方人士似乎缺乏心理學的常識。我們應該知道，一句不能兌現的話，以極其肯定的態度說出，起先是有許多人信以爲眞的；繼而疑信參半；再繼而懷疑。人們希望的代價支付愈大，則幻滅的失望也愈大。

「反攻大陸」的公算在相當時期內並不太大，而官方不僅嘴裡說成十分必然的樣子，這且不說，而官方這幾年來在臺灣的措施都是以「馬上就要回大陸」爲基本假定。這種辦法，眞是弊害橫生。

㈠因爲一切都是爲了「馬上就要回大陸」，一般人就形形事事「暫時忍受」和「暫時遷就」的心理狀態。大家看到官方許多不合理或苛煩無比的措施，都認爲這是暫時的現象，將來回到大陸就好了，所以只有忍受下去。官方在「反攻大陸」這個大帽子之下，利用人民的這種心理狀態，遂得以暢所欲爲。這幾年來，人權自由受到嚴重的妨害，政治向著反民主的道路發展，其故在此。結果所及，「反攻大陸」尙在毫無端倪之時，我們已經先失去了自己所有的。

㈡因爲被「馬上就要回大陸」的心理所誤，官方的許許多多措施都是過渡性的措施，不求澈底，不求永久。而一般人民在心理上則被「吊起」。於是，許多事情得過且過，不去設法開展。蹉跎歲月，一誤再誤，八年於茲。浪費民族時光精力，不可計量。

㈢因爲「馬上就要反攻大陸」，官方人士拚命辦這種訓練，那種充訓練，弄得頗緊張的樣子。緊張的時間太長，大家所追求的目標尙渺不可得。但是逼於威勢，屈於利害，大家不敢形之於色，言之於口。於是，久而久之，雙重人格就出現：在公共場合，滿口「擁護」、「革命」、「反攻」；在私人場合就是牢騷、悵惘、悲觀、失望、徬徨。

依據上面的指陳，我們知道以「馬上就要回大陸」這一假想爲根據的種種做法是有顯著弊害的。而「馬上就要回大陸」這一假想又是頗爲渺茫。一個國家的一切做法都是建立在這樣一個渺茫的假想之上，這是太不穩健了。一群人在這樣一個渺茫的假想之上活動，那裡會「生死以之」，全力以赴？

也許有人詰問：「你們說官方這些做法太浮邊無根。面對這種現狀，你們拿得出什麼辦法不成？」我們的辦法是有的。我們的辦法是基於一種健康穩當的想法之上的。這種想法就是：

實事求是，持久健進，實質反共。

這是我們的基本原則。我們之所以提出這個原則，係因我們不願為了講虛面子而把國事放在大話連篇的沙灘上，而願面對客觀實現把國事放在說老實話的基礎上。同時，我們之反共，不是為了政權的形式問題，而是由於從思想到生活方式，在實質上根本與共黨不同。根據這一原則，我們可以提出最高的綱領和最低辦法。在此我們先把最低辦法揭示出來：

㈠**培養持久的心理基礎**。我們要培養持久的心理基礎，其道無他，首要在停止打官腔，做空頭事。官方人士應須不藉「新聞過濾法」來堵塞大家的耳目，而是讓大家看清國際現狀，敵我態勢。大家有個明白的認識，知道反共抗俄是一件要長期苦幹的事，不是三年兩載可以倖致的，因此，不作太多的幻想，於是情報緒就可平穩些。情緒平穩了，就可持久。

㈡**停止製造精神緊張**。目前臺灣的訓練，大致說來只有兩個目標：一是製造效忠：二是提高情緒。前者我們現在不談，我們現在只談後者。情緒的提高，固然可藉訓練為之，但是總要有一點客觀的事實與訓練的內容相應才行。空邊邊的提高情緒，結果不僅易於疲憊，且易使人精神不健康。對付共黨匪徒，需要一幅最健康的頭腦。我們要能實現這一點，必須停止斲喪國民心靈的那些訓練。

首先，我們必須做到這兩點，然後才能言及其他。我們深知，在目前官方製造的氣氛之下，上述兩點很不易實現。但是，我們要鄭重告訴自由中國的全體：必須這兩點先辦到了，我們自由中國才可持久，才立於不敗之地，我們並非不知我們所言不為若干要維持表面壯觀的人士所喜。但是，為了國家的前途，我們不能不向大家說這些老實話。是非眞妄，請大家判斷。

——原載《自由中國》，卷十七期三（臺北：一九五七年八月一日）

52 關於「反攻大陸問題」的問題

本刊第十七卷第三期的社論（二）〈反攻大陸問題〉，自發表以來，曾受到各方面廣泛的注意，同時也受到許多言論機構的疑難。我們現在要向大家報告，當我們決定對反攻問題有所論列之前，我們曾經過一番嚴肅的討論。我們想，如果我們論反攻問題時，不是就實際情勢立論，而是叫出立即反攻的口號，如政府所一再強調的，則或許會贏得現在批評我們的這一般人士的喝采。但是，我們不願這樣作，這樣作是違背我們所一貫保持的負責言論的原則。我們所謂負責言論，有怎樣的標準呢？大致可以這樣說：如果我們設身處地，自己所做不到的事，決不苛求人家去做。這原則，對政府也完全適用。譬如，過去政府推行第一期四年經濟建設計畫，說是在四年期滿以後，就可自足自給，從此擺脫了對美援的依賴。我們知道這是做不到的，即使叫我們去做也同樣的做不到，所以儘管政府未能實現其承諾，我們卻從來沒有拿這一點來作爲批評政府的資料，硬逼政府實現其計畫，在短期間內做到無需美援而達成外匯收支的平衡。反攻大陸的問題，亦與此類似，所以我們終於不取催迫政府立時反攻的論點，而寧願本「是什麼，就說什麼」的宗旨，提出一些理智而客觀的看法。

我們預料到那篇文字可能引起一部分人士的非難，尤其會遭受官方的詆毀。官方言論，至今仍不長進，還是那一貫的「戴帽子」的作風。他們說我們所論，符合於一個國際陰謀，「是朱毛共匪所熱烈歡迎的」，「扯垮這反共抗俄的政府」，「爲朱毛共匪張目」。這種話完全是一副威脅恫嚇的姿態。他們誣賴我們主張「兩個中國」，其實在那篇文章裡，字句間連「兩個中國」的影子都沒有，也不可能推出這個結論。最下流的是他們揑造字句，用直接引號括起來，而誣賴是我們說的。與這樣的人們辯論事理，是一件比纜繩穿過針眼還難的事。一個求眞，一個求僞，兩線平行，永不相交，所以，談不出任何口服心服的結果來。

所幸在若干未受官方控制的言論機構中，可以看到一些言論。這些言論所表現的，對於「反攻大陸問題」的看法，雖然與我們頗有距離。可是，這些言論的出發點在大體上還「講理」。它們沒有扣「大帽子」。這是近年來臺灣言論界難得的進步，令人欣慰。所以，我們認爲很有與這類言論機構就「反攻大陸」這個問題作討究之餘地。不過，可惜得很，這些言論所表現的，似乎尚未平心靜氣把〈反攻大陸問題〉一文從頭到尾看個一清二楚。

感情與知識

從對於〈反攻大陸問題〉一文的反應中，我們可以看出一個重點，就是說，一部分人覺得這篇文章太悲觀，有點洩氣，如冷水澆頭，令人希望幻滅，心灰意冷。總而言之，這篇文章傷了若干人的感情。這種感情，是由理想、期待、焦急、以至徬徨、苦悶等等因素轉形而成的，再加上政治情緒之激動而展現出來。

談到這裡，我們無可避免地碰到一個基本問題：我們是寧願沉醉在感情之霧裡不顧客觀存在的事實眞相而混下去呢，還是寧願走出感情之霧，正視客觀存在的事實眞相，拿出切實的辦法來解決問題？

這個問題怎樣解答，在基本上牽涉到一個價值判斷問題。一談到價值判斷問題，的確很難找出一個客觀的標準。有人在表面裝得很剛強，其實在喪亂之餘，內心脆弱異常，不堪正視冷冰冰的事實，因而也不願正視冷冰冰的事實。他們需要製造一個幻想的遠景來保護自己的心靈，迴避現實，免受事實的浸蝕。這一類的人寧願沉醉在感情之霧裡混一天算一天，而不顧結果怎樣。我們既無權代人作價值判斷，我們對於這種人所能爲力的，只是寄予同情而已。不過，儘管如此，若從另一觀點看來，結論就大不相同。那就是：如果你寧願沉醉在感情之霧裡而不顧客觀事實的眞相並且不問將來的結果怎樣，這是可以的；但是，如果你一方面寧願沉醉在感情之霧裡而不顧事實的眞相，同時在另一方面又要想客觀的事實產生你所希望的結果，那是不成的。

問題逼到這一步，我們就得解答：我們願意讓感情得到滿足，還是要認清事實的眞相以解決實際的問題？如果我們是要解決實際的問題，那末就得先把感情放在一邊，使我們的思路和判斷不受感情的影響，完全以知識爲本。知識的陳示，不一定合於我們的感情與希望：有時合；有時不合。合的時候固然很好，不合的時候我們也只有以知識爲標準。知識的陳示可巧能滿足我們的感情時，我們固然願意採納知識。即令知識的陳示不能滿足我們的感情時，爲了利於事功，我們不能拒絕知識，而須唯知識是賴。知識是客觀地擺在那裡。你愛也好，恨也好，對它全無影響。知識眞正是「不爲堯存，不爲桀亡」的東西，只有這樣的東西，才是行爲之可靠的客觀基礎。

從知識出發，沒有悲觀可言，當然也沒有樂觀可言。悲觀和樂觀，是情緒世界的事，是情緒的人生觀或宇宙觀。它在嚴格的知識世界裡無立足之地。從嚴格的知識出發，無論你悲觀也好，樂觀也好，這些情緒影響不了客觀事實之變化。同樣，我們並不替人洩氣，也不替人冷水澆頭。如果你的狂熱之情並無堅牢的經驗事實作基礎，經人點破以後，你感到洩氣或冷水澆頭，那是你自己的事。

然而我們並不否認「信念」可以產生力量，但「信念」畢竟不能代替知識。因爲「信念」所能產生的力量有其最大限度，而此能力的限度也仍然要憑藉知識來予以測定。信念如果沒有經驗事實作基礎，沒有知識作根據，要堅持也是白堅持的。經不起知識考驗的信念，是盲目的信念。憑著盲目的信念行動，豈非盲人騎瞎馬？如果將重知識的原則應用到對反攻大陸的預測，那末唯一可以採信的根據就是「公算」，其他的說法一概是幌盪的。

說到這裡，我們似乎尚須對「公算」這一名詞，附帶的作一解釋。此詞即爲probability的譯名，另一個常見的譯名叫做「蓋然率」。我們說「公算」非拿科學唬人。我們對於可能實現而尚未實現的經驗事實作預斷，除了依賴公算以外，沒有任何其他更可靠的方法。不夠成熟和不夠精確的科學且不必說，即令高度精確的科學如物理學者有時也要依賴公算。例如。在物理學中，我們要推測氣體分子之速度，也得靠公算概念。遑論人事？公算，這只是一個或大或小的百分數，並不排斥任何事物出現的可能或不可能。說某一事物出現的公算甚小，並不等於說此一事物絕不可能出現。不幸，一部分論者對此一名詞似乎感覺生疏，以致把它誤解爲諸葛孔明錦囊妙算，算定了「漢家業鼎足三分」那一類的意義，因此帶來了許多不必要的纏夾，眞使我們感覺萬分遺憾。對某一事物，不同的人可能提出不同的公算。但公算只能以知識，不能以感情爲依據，這卻是不可動搖的原則。現代人頭腦的特色，就是論事依據知識，依據數理的推演，依據經驗的歸納，以尋求公算之盡可能精確的近似值。我們應該趁機學習一點現代的思想方式才好。我們如果因不習慣這些而不喜歡這些，因不喜歡這些而不肯接受由這些所得到的結論，那末，吃虧的是我們自己。

我們說對於未來事件之預斷，須以公算爲依據，這話絲毫不意謂著我們應該放棄反攻反共的目標；而是說我們要達到這一目標必須靠以科學知識與科學技術爲依據的穩健的步驟，不應是「如願的想法」，迷茫之情，狂熱之氣。目前流行的所謂「革命」，根本就是「打亂仗」的別名。打亂仗的時代已經近尾聲了。歷史不會回頭的。

口號與實踐

對於今日的問題，我們剛剛開始說點老實話，官方人士就感到不耐，怒形於色。在〈反攻大陸問題〉一文中，我們沒有半個字否定過反攻這一目標，官方人士就誣賴本刊鼓吹「反攻取消論」。其實，官方人士之「反攻肯定論」，依據七、八年來的事實觀察，不像是眞正十分眞實的樣子。他們在口頭上所強調的似乎遠過於在行動方面所實踐的。韓戰以後共匪政權拖得精疲力竭，大陸人民因不堪負擔而怨氣沸騰。那時，美國政府解除了臺灣反攻的約束，這應該是反攻大陸的大好機會。而高叫「反攻大陸」者則坐失良機。最近半年來，共黨匪徒扮演鳴放活劇，掀起大陸反共的壯闊波瀾。八月十三日報載：「漢陽的學生暴動。青海、廣東、湖北、山東、四川的農民暴動。大陸五億農民拒絕繳夏季公糧。共產黨今年夏收糧食征購的任務完成不了。所謂工農和知識分子的聯盟根本垮臺。到今天北平漢奸政權只能用殺人和集中營來維持他們垂死的統治。」的確，現在似乎又是反攻大陸的絕好時機。可是，大陸這些行動是我們政府策動的嗎？有誰在實際上支援他們？

話雖如此，我們仍然不願對政府之未能積極行動，有所苛責。我們了解，政府之所以未能行動，確實有其不易超越的困難。我們既然了解，基於負責言論的自律，就不能作挑剔的批評。此不易超越的困難爲何？簡單說，那就是，我們的盟邦至今尚未能同意給予我們以必要的反攻工具。旁的不說，單單能把我們數十萬大軍送到海峽對岸去的船舶，就大成問題。我們相信，無論怎樣堅強的信念，終不能叫我們的士兵泅水渡海。此一公算，總該是不會錯誤的。而我們的政府之所以至今未能行動，也正是由於此類公算的限制。現在，使政府陷於極度狼狽的境地的，不是我們的論點，倒是官方自己的論點。如果說，我們的公算是錯了，而正確的公算應該是反攻大陸絕對可能，並且勝利在望，那末政府之遲遲未能行動，還能夠用什麼理由來諉卸責任？既然政府在一方面天天高叫反攻大陸，在另一方面時機來臨又任其溜走，這豈不加倍的令人大惑不解？於是就很難不使人以爲：官方人士之所謂反攻，只不過是爲了裝點門面，口頭空叫一陣而已。

如果說，我們對反攻問題所提出的公算是錯誤的，則負責言論至少應該在指出我們的錯誤之同時，督促政府趕快反攻，拿鐵一般的事實來證明我們的錯誤。現在的情形是，一方面，咒罵本刊的論點動搖信心，而另一方面則對政府的遲遲不動無所責難。「吃柿子捏軟的」。官方現在對本刊實行阻嚇政策。在言論阻嚇過程中，若干人的注意力自然要集中於內部，讓敵愾之心向內發洩。我們對一些天眞的論者無意指責，但對官方論點，卻確實不得不懷疑是出於這一種轉移目標的動機。在一般論者，可能還對爲什麼遲遲不能反攻的原因摸不清楚。但在官方，對事情的眞情實況應該是知道得一清二楚的。

其實，官方人士的如意算盤也打錯了。那種長期高叫而老不行動的辦法，也並不聰明。長期維持高度緊張心理而不疲憊，那是沒有可能的。人，不是機器，人要思想。不要以爲一張老不兌現的「支票」，可以長期的當作「現金」來使用。懷疑的因素會爬到人們的靈魂深處，並且在那裡漸漸擴張，僅僅是爲著號召，爲著鼓舞人心，也該提出一些新鮮的說法。如果稍有幾分謀國的忠誠，更應該從深處去思索，在苦悶之中打開出路，再不能靠裝腔作勢來做唯一的政治資本了。

論據的另一面

海外有一種言論，批評我們對「反攻大陸問題」的論斷「過於呆板」。這種言論無非是說，現在有許多

「動理形勢」（dynamic situations）可加把握、組織、與利用。而我們卻忽略了這一方面。例如，「大陸人民反共的怒濤」，「海外華僑殷切寄待國軍反攻」，「中共在政治上絕對可能分化、瓦解」，「中國人民在目前已普遍『東望王師』的熱望」。「因爲一個落後國家作戰的先決條件，是把握形勢，利用矛盾，發揮戰略上的優點，不是機械地硬拚人力，抵消國力」。

這一番話，甚合臺灣一部分人士的脾胃。這一種戰爭的指導思想，在一九一七年時代一部分地區，是行之有效的。然而，時移世變，在今日能否適用，實在令人懷疑。不過，爲了討論的便利起見，我們現在姑且假定這種思想是可以參考的，假定依此思想所作的提議是可採取的。但是，負起這樣重大、艱難、複雜、而變化多端的任務之指導機構，必須是一個高度靈活，富於有機力、和廣容性的機構。負起這種任務的人物必須是具有高度創造力，有膽有識，具獨立思考能力，深曉共黨權謀變亂技術，能臨機制變，且有開拓新天地的胸襟的人物。這種人物必須能在複雜錯綜千殊萬別的事象中最敏捷地觀察出一個共同的原理；又能隨機將此原理應用於複雜錯綜千殊萬別的事象。臺灣目前的指導機構能否負起這個任務？顯然不能。臺灣目前是否有這種天才？顯然沒有。爲什麼？這就說來話長了。我們現在只能簡單地指出個中原因之一二。近幾十年的政治鬥爭，把近半個世紀歷練出來的國家人才精華鬥完了。稍有才能的人，只要有一點不合分寸，定遭踢出於能發揮作用的位置以外。稍有雄心的人，因不被信任而遭遇反淘汰的命運。在臺灣的指導機構裡，現在有的是歡呼隊，鼓掌團；有的是事務科長、交際幹事、文書錄事、財務帳房；有原創力的思想家，有眼光的政治家，有新思想的軍事家，沒有一個是能在其位而能謀其政的。今天臺灣政治機構的最大特色就是自己束縛自己。臺灣這個機構最大的效率也就是發揮自我束縛的作用。五月二十四日搗毀美國大使館的經過，把一特色和效率暴露無遺了。

何以致此呢？最中心的觀念原因，就是惟恐權力抓的不緊。這幾年來權力之「求心」化的現象，自有中華民國以來是無可比擬的。

這樣怎能放開？不能放開，如何能出現新局面？反攻大陸，總比應付五二四事件要艱難得多吧！請大家想想，如果這一局面不打開，如何實現海外這一言論之所希望？

重申我們的看法

在本文頭上，我們說到可能有一部分論者，並沒有清楚的看到我們那一篇〈反攻大陸問題〉社論的文意，本來，原文具在，沒有看清楚的人儘可以重看一遍，用不到我們再在這裡覆述。但事實上，也許有些讀者，在看到那篇文章的前半篇，就已經抑制不住感情的迸發，甚至於沒有耐性去看那更爲重要的後半篇。

我們的主要論點有二：第一是請大家不要把反攻大陸的希望建立在無絕對把握的未來世界戰爭的基礎上面，同時也不要把未來世界戰爭機械的理解爲射擊戰爭。我們的想像是這樣：「也許今後若干年月，美、俄雙方並不掀動全面的射擊戰，而只在揮備競爭的情形之下，從事文化、政治、經濟的比賽。」我們不得不適應這一種情勢，來作我們的打算。我們看出這一場鬥爭是長期的，乃要求培養持久的心理基礎。第二個主要論點是：希望大家不要爲「馬上就要回大陸」的心理所誤，以致放棄了我們今天所眞正該做的事，而去追逐那個世界射擊戰爭的渺茫幻影。所以我們要求要有「健康的頭腦」。我們要能夠辨別那些事是有用的，那些事是完全徒勞的。不作徒勞之事，才能把有限的時間和精神騰空出來，從事於一些眞正補益於反共抗俄的努力；要能夠發現那一條路難以走通，才能回過頭來找尋一條可以走通的道路。

若干人士說：你們只向現在一般人所抱持的希望兜頭澆上冷水，卻提不出具體而有效的辦法來。你們只是破壞而沒有建設。你們只是叫人心灰意冷，陷入絕望的深淵。但請注意：那篇〈反攻大陸問題〉的社論，只是包含在「今日的問題」這個總題目之下一連串文章中的第一篇。只是期刊的技術限制，使我們無法把所有文章一起刊出而已。這一序列社論中的每一篇，雖不都是具體方案，但我們總在作具體辦法的研討。

關於反攻大陸問題。我們說到這裡爲止。

——原載《自由中國》，卷十七期五（臺北：一九五七年九月五日）

53 讀胡適先生在聯大的演說

九月二十六日，胡適先生在第十二屆聯合國大會發表政策演說。這篇演說的思想骨幹是一個類比推論：胡先生把大陸近來的反暴運動與匈牙利革命事件相提並論。從匈牙利革命事件的形勢和性質來觀照大陸近來的反暴運動之形勢和性質；從匈牙利革命事件的影響及其可能的發展來推斷大陸近來的反暴運動之影響及其可能的發展，胡適先生在這篇演說裡，強調言論、思想、學術等自由和基本人權之不可或缺；並且肯定這些東西是反共運動的根本動力。共黨暴政終將在這一根本動力之前粉碎。講詞熱情洋溢，認識宏博，目光如炬，堪稱近年來有數的反共文獻之一。

胡先生說：「在當代世界中，不幸的是，在民族解放運動的反面，正存在著另一個民族奴役運動。歐洲亞洲有許多國家人民的自由與權利都被剝削殆盡。我們在聯合國裡的人永遠不會忘記這些被奴役人民的劫運。」中國大陸人民正與匈牙利人民陷入這同一劫運之中。而匈牙利革命事件，就是爲的擺脫這一劫運。所以，「大陸上中國人民似乎對匈牙利革命知道了不少，他們爲之大感興奮。」而且，「對於生活在共產暴政之下的中國人民，最使他們興奮的一項清楚的不可磨滅的印象，就是那個殘暴的匈牙利共產獨裁政權經過了十年的絕對的政治統治和思想改造，竟於一旦之間爲武裝缺乏的學生和工人的自發的革命所推翻。這個共產政權突然發現它已爲人民所唾棄，甚至它自己的軍隊和警察也背叛了它，而必須靠蘇俄武力干涉，才能重新恢復它的政權。」

這說明了什麼呢？這說明了：獨裁不能萬歲，武力不足恃，特務並非萬能，黨的組織並非不能瓦解，黨化教育不能永遠當作靈丹妙藥。這些東西，只要時機來臨，形勢一變，便可消滅於一瞬之間。我們知道，匈牙利的共黨政權是第二次世界大戰以後蘇俄一手造成的。這個政權之建立與施政，無不以蘇俄爲圭臬。它把「黨」放在國頭上，騎在人民頭上，用黨來控制國家底每一層界和角落。這就是所謂「以黨治國」。以黨治國的必要條件，就是把軍隊緊緊抓在黨手裡。這種軍隊，在名義上是屬於國家的。但是，這個黨的元首亦即國家的元首。黨的元首可以利用他本身即是國家元首的地位，任意指揮軍隊，使之效忠他個人及其所御用的黨。所以，這種軍隊在實質上就是黨的衛隊。這種軍隊的任務有時看起來好像是保衛國家。其實，它是在保衛黨這一大前提之下來保衛國家的。到了黨的私利與國家的公利衝突時，它是被用來保衛黨而不保衛國的。它的終極目標係維持黨的「萬世一系」。可是，僅僅控制了軍隊還不夠。為了維持其獨裁的政權，共黨更培植祕密警察和特務人員。這類人員，在極權暴政之下，具有至高無上的權威。「生殺予奪，唯意所欲。」而且這類人員又無孔不入，以致造成一種恐怖空氣。生活在這種恐怖空氣之下的人民，必須言行處處小心，惟恐有失。尤其可惡的是，極權統治者不僅要統制「現在」，而且要統制「將來」。他們不僅殘害現在這一代的生命，而且還要預戕將來無窮代的生命。蓋非此不能滿足他們「萬世一系」的統治。為了達到這一超時空的目標，他們不僅要管制人民的身體活動，而且要管制人民的大腦活動。檢查思想像檢查機器零件一樣。他們把你的大腦活動管制了，就可讓你自己統治你自己。於是有「統制思想」的全面網羅。「黨化教育」則為彼輩之得意傑作。自匈牙利共黨政權建立以來，匈牙利人民即處於這種統治之下。匈牙利的少年和青年，都是在「黨化教育」中成長的。照匈共統治者看來，他們一黨天下之「萬世一系」應該是毫無問題了。然而，他們的「鐵桶江山」竟於一忽之間即被武器缺乏的群眾推翻。

此是何故？

任何極權統治，都是表面堅強而裡面脆弱的。凡屬極權統治，無一不是注全力於講求武力，張揚「國威」，鋪張粉飾；無一不是首領至上，政府權威第一；無一不是黨團員成為統治的貴族。可是，極權統治像一條眼睛蛇：從正面看去，牠張著一對巨眼，面目猙獰，聲勢嚇人。其實，從後面看去，尾巴是很小的，極權統治之所以裡面脆弱，係因它一切力量用到扭逆人的天性和願望之上：大家要自由，它偏不讓人有自由。大家要享受基本人權，它偏要剝奪人權。大家要自己安排自己的生活，它偏要控制大家的生活。大家要依據自己的意思選擇政府，它偏要大家唯它是尊，而且要永遠跨在大家頭上。極權統治者既把力量用在表面，用在鉗制大眾上，用在拗逆人的天性和願望上，因而它得不到廣大人眾的支持，因而無可避免地是一種外強中乾的統治體制。這一外強中乾的統治體制，在它未倒之時，固然看起來巍巍峨峨，可是一旦傾覆，便一片瓦也不存留。

在極權統治下的人民要怎樣呢？「進一步說，匈牙利革命超過了共產主義的範疇而期望成為一個民主的革命，取消祕密保安警察，廢棄一黨專制，恢復新聞自由及自由廣播，並宣布最近將來舉行自由選舉。」匈牙利人民是如此，受暴政壓迫的大陸人民何嘗不是一樣？所以：「匈牙利革命中這些民主的、反共產主義的各種表現更使中國大陸人民倍感興奮。」反極權，爭自由，眞是人同此心，心同此理。只要此心此理不滅，極權統治即是在火山上跳舞，一日不能安穩。

關於這個道理，我們應該進一步作推廣的普遍了解。大陸人民與匈牙利人民同樣反極權，厭惡一黨專政，這可以證明，他們所反的和所厭惡的，不問是什麼招牌，不問是什麼藉口，不問在什麼地方，只要是極權，只要是一黨專政，他們都反，他們都厭惡。被大家厭惡的東西。其能久乎？

大陸人民近來以實際行動來表示他們之反極權和厭惡一黨專政。這種行動與匈牙利革命事件在原則上如出一轍。在青年中具領導作用的，首推五四運動的發祥中心北京大學。「最近的學生抗暴運動，是今年五月四日在北京大學首先發動的。五月四日這一天，是三十八年前具有歷史意義的一九一九年五四學生運動的紀念日。那次運動也是北京大學的學生所發動的。」「在今年五月四日的晚上，八千個學生聯合起來開一個紀念會。在那個紀念會裡，有十九個學生領袖發表激烈的演說，公開攻擊共產政權在學校裡以至在整個國家中迫害自由和民主。自從那天晚上以後，北京大學的壁報就成了學生們自由發表意見的公開園地。」「北大學生領袖們編印了一種期刊，叫做『民主接力棒』，寄給全中國的各級學校，號召全體學生參加自由民主的共同奮鬥。他們並且派了許多學生代表，去和平津地區的三十多個大專學校的學生聯絡。」「有一位學生領袖說得好：『我們要呼喚，我們要把千百萬青年組成一支鐵的軍隊，與共產主義鬥爭，反抗所謂共產革命，並打倒眞正的人民公敵。我們要為民主而戰，並為自由與人權而戰。』」

從這一番敘述，我們可以十分明顯地看出，發揮積極反共作用的，正是「五四精神」。五四精神的搖籃北京大學，又成了自由、民主、反極權的運動中心。五四精神在大陸那樣極度高壓的環境之下又迸發起來與共產黨作戰。這樣看來，在目前反共運動中，五四精神是一積極主導的動力。沒有五四精神，反共運動就沒有活力。沒有五四精神，反共運動不是淪為「黑暗王國」，便是腐朽空疏。此理至明。可是，卻有人一提起五四運動，就視若仇寇，目為赤禍之首，近若干年來，更藉蒙昧主義把五四運動的影子從大家的記憶中勾消。現在，不用我們辯論，客觀的事實擺在大家面前。它可以告訴我們：五四運動及其所表現的意義和精神，究竟是赤禍之首，還是反赤所需之首。

言論自由，是每一個有口的人之「天賦人權」。每一個自由社會裡的人都享有這一人權。可是，大陸上的人民不是如此，知識分子尤其不是如此。他們的言論自由為暴政所剝奪。如所周知，他們不僅沒有說話的自由，甚至於沒有不說話的自由。「正因為他們沒有不說話的自由，中國知識分子就不能不說許多非出本心或虛偽的話，頌揚不值得頌揚的事，或譴責他們內心不願譴責的師友。總而言之，沒有不說話的自由，就逼使許多中國知識分子講政治性的謊言。這是逃避新暴政的唯一可能方式，也是打擊這暴政的唯一有效武器。」

這一段話，可謂道盡了大陸知識分子的辛酸，同時也發掘出一項反暴政的政治智慧。極權統制的基本原理之一，就是「尚同」。唯其尚同，所以施用暴力「強天下以從同」。尚同必須在一切方面來表現，尤其必須在思想言論方面來表現。在統治之初。大家的「思想」是「龐雜的」。經過相當時期，大家為了避禍求存，說起一樣的官式語言。官方將自己製造的語言，強迫灌入大家耳中，又強迫大家從口中吐出，再還原到他們自己耳中。這叫做政治語言的生產循環過程。極權統治者樂此不疲。彼等日日陶醉於這種政治交響樂中，久而久之，眞僞莫辨，黑白不分，是非不明，距離事實益遠，於是中毒而亡。

在大陸上，與鉗制思想言論密切關聯的一項重要課題，就是「清算胡適思想」；把「胡適思想」當作一個「鬥爭」對象，藉此洗腦，滌除科學與民主及自由的思想，以便為反科學、反民主、反自由思想的思想鋪路。從共黨匪徒的這一套做法，可以反證出來，「胡適思想」對於極權統治構成多麼重大的阻力。因此，為了反共，我們應該培養「胡適思想」，擴大「胡適思想」。這是理所當然、無待費詞的事。然而，奇怪得很，在有的號稱反共的地區，竟潛伏著一股反「胡適思想」的暗流，也想消滅「胡適思想」而後快。這眞是令人難以思議的事！

義和團主義是反不了共的。義和團主義是自卑、愚昧、狂妄、玄虛、迷信的產品。拿義和團主義反共，只有墜入迷茫不可知的深淵。凡想走上成功之路者，不可拗逆世界人民大勢之所趨。胡適先生這篇演詞很明白地告訴我們：世界人民大勢之所趨，是反極權，爭自由，保人權。匈牙利是如此，大陸人民是如此，其他任何地區的人民又何嘗不是如此？

——原載《自由中國》，卷十七期八（臺北：一九五七年十月）

54 我們走那條路？

一

我們正處於一個非常奇異的時代與環境。

我們一年到頭所聽到的大言壯語「如雷貫耳」，可是大言壯語的製造家們卻一天到晚打小算盤。身負「歷史使命」的人忙著頒發偉大的諾言，可是諾言卻像「明天開彩」一樣——明天是無窮無盡的。千千萬萬的人捧著「明天開彩」的這塊牌子團團轉；可是，千千萬萬的人也因著這塊牌子而茫然，而疲憊。歷史博士們筆不停揮地訴說過去的光榮與偉大，可是我們又身陷於目前的黯澹與渺小。執掌「主義」的教宗們不斷地給我們描繪美麗的遠景，叫我們毫不懷疑地從現實的鬱苦中向天國奔赴，然而聖人們自己所喜愛的只有令箭和美援罐頭。知識分子粗茶淡飯的生活陪襯著送往迎來的豪奢場面。有家歸不得者底幻想曲配合著燈紅酒綠中的旋律。風裡傳來的巨響說，那裡有偉大的進軍，地圖又要變色了；可是，細聽腳步聲，原來還是原地踏步走。雷聲何其大，雨點何其小！絕對肯定的態度和絕對肯定的言詞成為最廉價的商品，跟著而來的只是空谷的迴音。最奇怪的是，播音筒愈來愈響，可是大家底聽覺卻愈來愈衰退。林中隱者說「什麼就是什麼」，捏造世界者卻勇敢地宣稱「什麼不是什麼」：白的是黑的，鹿是馬，失敗即是成功，控制就是自由，極權就是民主。就這樣，幻構的語言代替了眞實的世界。一片葉子的地圖也愈畫愈大。在紙上可以改變地理！

二

我們要認清這樣的時代與環境，必須首先認清我們自己。這話是什麼意義呢？我們要認清這樣的時代與環境，必先把我們自己底認識機能加以調整，並且調整得足以獲致堪能如實地認清事象的地步。我們要能做到這一步。我們要能做到這一步，必須能夠「認識自己」（know thy self）。早在紀元前五世紀，蘇格拉底即慇慇告誡，要人知道自己。這有點像我們照相時要能攝得明晰的景象，必須將鏡頭揩拂明淨一樣。但是，我們要將我們底「心鏡」揩拂乾淨，比揩拂鏡頭難千百萬倍。因爲，鏡頭上的灰塵，我們一望而知；可是，我們「心鏡」上的灰塵，我們很難看出。何況，在許多情形之下，我們即令明知我們底「心鏡」上有了灰塵，我們寧願保留起來，而不願拭去？

培根（F. Bacon）老早指出我們「心」中的許多「蔽」。我們底思想或判斷因被這許多「蔽」所蔽，所以無法得到經得起顛撲的結論。培根將這許多「蔽」分做四種偶像（idols）：

㈠**部族偶像**（idols of the tribe）：許多人將事物底秩序和齊一性看得比事物所有的還要多。例如，從前的人以爲諸元素底密度之比爲十比一；天體運行的軌道一定是完整的圓。這種想法，如果移用到人理方面，便總以爲「人總是想做好」，「滿街都是聖人」，「歷史底發展是依照理性原則的」，等等。這麼一來，如果「客觀的事物是合於這種想法的」，那末便很容易受到我們底注意，因而加以採取；如果「客觀的事物不合於這種想法的，那末便不易受到我們注意，更無論我們會採來否證我們底這類「如願想法」。因爲我們有這類的思想偏向，所以我們容易相信某些徵兆，夢境，占星術，或其他迷信；所以我們特別容易歡迎某些長老之言，法師之教，傳統的條論；而特別容易拒絕與此相反的東西。我們在這種情形之下之拒絕與此相反的東西，是「不問情由」的，更不訴諸論證，尤不懷疑自己原來懷抱的觀念之爲眞，只要是這些東西在我們「聽來不合」，馬上就反對。這裡的問題，是符合與否的問題，不是眞假問題。總而言之，凡合於我們底「先入之見」的東西，對於我們底心靈具有最大的支配力。就這樣，我們是不知不覺地做了我們自己底「先入之見」底奴隸，而捨身供其驅策。一般而論，人底了解並非清亮之光，而是爲感情與欲念的雲霧所蔽。他們只聽得進他們在潛意識中預備聽的東西。如果「鐵硬的」事實是足以令他們失望的，那末他們憎恨這一事實。如果他們無法消滅這一事實，那末他們寧願閉起眼睛來不看這一事實。因爲這樣可以減少他們心靈上的刺痛。麻面婦人不是常常搗碎鏡子麼？如果經驗教訓打擊著他們底傲慢與偏見，那末他們寧願乖離經驗教訓。人，就是這麼一種有趣的動物。

(二)**洞穴的偶像**（idols of the cave）：這種偶像即是每一個人所特有的限制。每一個人是住在自己底一個洞穴裡。因爲每個人底氣質，教育，習慣，和所在的環境不同，所以每個人有他底特別見解或特有的情感。於是，有些人接觸到與他相同的見解或事物時就特別誇大。有些人見到與他相異的見解或事物時就特別誇大。從這種心理狀態發展下去，就構成「黨同伐異」的情形。許多人以爲自己所持執的見解是「絕對的眞理」。如果有人附和他這一「絕對的眞理」，他便欣然色喜；如果有人反對，他便怒形於色。有人一味的好古，於是主張復古。有人務新，於是趨於時尚：以爲只要是新的便是好的。凡此等等，都足以使人底認知作用走上不相干的道路，而遠離眞理。「古」並非眞理底標準。「新」也不是眞理底標準。眞理是與時空獨立的。

(三)**市場偶像**（idols of the market place）：這種偶像起於用語之不精確。用語不精確，常致意念交通失敗，於是誤會叢生。

(四)**劇場偶像**（idols of the theatre）：這種偶像係由各種各樣的哲學獨斷之論輸入人心。自古至今，從東到西，大部分所謂的「哲學」，就是替傳統制度找總根據，或把人性中最原始的部分予以合理化（rationalization），或者替任何「主張」作文飾，或者憑想像構造一個「理想國」，或者爲一個人或一個團體底行動或意欲找個堂皇動聽的理由。於是，這事那事底「哲學基礎」上市。

我們不難思議，人間的事，不難找出它底心理基礎，經濟基礎，位緣基礎，等等。無論是心理基礎，還是經濟基礎，或是位緣基礎，都是經驗的基礎。經驗的基礎，都是可實證的。可實證的東西都是實在的。一般所謂的「哲學基礎」，在未經專門訓練的人聽來無論是怎樣天花亂墜，可是，最後分析起來，無非是一些想像，圖象，希冀，情緒，應迫（imperatives），和語言的盤旋（verbal gyration）構成的。這樣構成的東西不能實證。凡不能實證的東西，都是不實在的。我們常常捨實在的「經驗基礎」弗顧，而一味去找非實在的「哲學基礎」，這眞是匪夷所思！

爲什麼會發生這種情形呢？一來因爲人好幻想。大家常想將在實現中無法得到滿足的東西在幻想中去滿足。「畫餅充飢」是也。大家常想把在現實中無法解決的問題在幻想中去解決。二來因爲人好崇拜權威。多人一提起「哲學」二字來，無論懂或不懂，常有一種莫名所以肅敬之心和神祕之感。大家被這些感覺所籠罩與吸引，於是把人間的問題之解決，求教於「哲學」。於是，「哲學」成爲對人多少有支配力的東西。

與「哲學」底起源不盡相同但在人底頭腦中的支配力比「哲學」猶有過之的東西，爲「祖制」與「教條」。我們可以看到有些人，對於擺在面前的事實不理，將科學知識的啟示丟在一旁，也不問某事在技術上該怎麼處理就怎麼處理，更不問他們所作的決定對大家的實際影響怎樣，他們，除了自己底權利以外，第一個考慮乃是否「符合祖制」，或是否「違背教條」。至於這些所謂「祖制」與「教條」，是否自天而降，是否人間無權修正，這些問題，似乎從未進入此等人士之大腦。我們非常懷疑，究竟是制度係爲人而設，還是人係爲制度而生。如果人係爲制度而生，那末生著豈不多此一舉？

我們心靈上有這許許多多蔽障，那裡還能看得清楚我們自己所處的時代和環境！我們要能看得清楚自己所處的時代和環境，必先去蔽。蔽去，我們才能從新決定我們行爲的大方向。

我們怎樣才能去蔽呢？我們必須學著對事物作科學的展望，我們怎樣對事物作科學的展望呢？羅素說：「科學的展望之核心，是拒絕把我們底欲求，品鑑，和興趣當作了解世界的一個鑰匙。」我們把什麼當作了解世界的一個鑰匙呢？冷靜的觀察，和謹嚴的推論與分析。當著藉這些程序所得到的結果與我們底情感和願望相符時固然可喜；當著藉這些程序所得到的結果與我們底情感和願望不符時，我們也得接受。必如是，我們庶幾才有接近事態（state of affairs）眞相之希望。

照作者看來，這是我們底心靈大解放之起點，也是新生之起點。

「天國的門是窄的」。我們想進天國，必先與「自我陶醉」及「自我麻醉」奮鬥。躲藏在「朱屋大佐式」的天地裡的人是弱者。能面對事實的人是眞正勇敢的人。

三

半個世紀以來，我們是由寂靜和停滯的局面而開始走向大規模的群眾運動。我們試閉目凝思：在這短短的幾十年之間，一個主義和政綱接著另一個主義和政綱被提出來；一批時代的創造者出世又倒下去，另一批時代的創造者接著出世又接著倒下去；一群信從之徒興奮地集合起來又頹然地散去；另一群新信仰者又興奮地集合起來踏著前面隊伍底腳跡向前衝，走著前人沒有走完的舊路。……半個世紀就這樣浪費掉了。到頭來在群眾底興奮，希望，犧牲，和憤怒之上，浮現起一個騎在萬人頭上的兇殘集團。

我們想起這一段過程，立刻就想起埃及金字塔是怎樣建立起來的：在尼羅河畔，在沙漠上，在烈日下，一行列一行列的人眾，背負著一塊一塊的石頭，像蟻一般地蠕動著。汗也不揩的眞信仰倒下去了。十人，百人，千人，萬人，千萬人，於是金字塔建成了。然而，除了炫耀偉大與仰觀天象以外，金字塔與這千百萬人有什麼關係？它傲慢地冗立在白骨堆上，俯視胼手胝足的眾生而無動於衷！

這不是我們需要的金字塔。

群眾運動底發動引擎是「狂熱主義」（fanaticism）狂熱是不能持久的。跟著狂熱之消散的，是空虛，是迷茫，是大幻滅。

然而，權利欲不能幻滅。它是與生命共始終的。虛榮心不能幻滅。凡是孔雀都好展屏。於是，這些欲與心，成爲幻滅者驅策千萬人的基本動力。幻滅者藉著什麼起家的，他們在他們勢力籠罩所及的地方又依老樣把這地方塑造成什麼樣子。他們怕寂寞。他們喜歡萬人大合唱。他們聽啦啦隊呼喊而稱心悅耳。他們看見千萬人著上一式一律的制服而覺得前途無限光明。他們聽到千萬人在一個號令之下發出同樣的語言而感到意志齊一，力量壯大。他們聽到外來客人在交際場合的諛頌之詞而心曠神怡，寵辱皆忘。

四

「犧牲這一代以為下一代」。這句話流行於驅策者底口邊。它居然成為一個時尚的德目。雖然似乎很少有人把它放在心底，可是它卻起著暫時麻醉作用，並且對於懷疑者發生奚落的作用。好像是，為了下一代的「大成」而犧牲自我。這是一件具有道德勇氣的行為，多麼光榮，多麼偉大。相形之下，不肯為下一代而犧牲自我者，顯得多麼自私，多麼渺小，多麼可鄙。

雖然如此，卻也阻嚇不了好思想者底懷疑。

我們現在禁不住要問：

㈠是誰要我們「犧牲這一代以為下一代」？

㈡每個人底生命是屬於他自己的。誰有權要我們「犧牲這一代以為下一代」？

㈢「這一代」與「下一代」劃分的界線在那裡？如果現存的人算是「這一代」，凡未來到人間的算是「下一代」，那末，如果這一代犧牲完了，那末豈不是對於下一代太殘酷？

㈣如果所謂「犧牲這一代以為下一代」係指「這一代」底一部分而言，那末又怎樣去劃分應該珍藏起來的一部分與活該犧牲掉的一部分？是否頒賜這一德目者永遠站在不被犧牲之列，而被賜予這一德目的人則總是屬於被犧牲之列？

㈤這樣的犧牲應該在什麼時候停止？是否說，如果「下一代」永遠得不到幸福，那末「這一代」得永遠犧牲下去，沒有個完？

實在，我們看不出任何人有權叫我們作這種犧牲——除非我們自願。

一個瀑布是整個的。構成瀑布的千萬水分子是爭先恐後崩瀉而出的。誰能在這裡劃分「這一代」與「下一代」？同樣，生命之流也是整個的。一個小家庭裡的人也許可以分得清「這一代」與「下一代」，整個社會的分子怎樣分得出「這一代」與「下一代」？

人底生命不是應該派作浪費材料或試驗用場的，沒有完結的浪費尤其是暴殄天民。

除非頒賜「犧牲這一代以爲下一代」者自己犧牲來證實這一句話，否則這句話當與符咒同列，而無眞實的意義。難道人應該爲一句無眞實意義的話而糊裡糊塗的犧牲性命？

讓我們說：

搶救這一代以救下一代。

㈠只有救住這一代才可能有下一代。擺在面前的「這一代」不救，而要救尙未到來人間的「下一代」，這是不可思議的事。

㈡「這一代」是在「過去的一代」與「下一代」之間。它是「承先啟後」的一代。沒有了「這一代」，生命之流會中斷，歷史會脫節的。所以，這一代最關重要。我們要救的話，就應該從這最關重要的一環著手。

我們想，這種做法是十分落實的。

我們想，做這種落實的事，也許比做海市蜃樓更「光榮」，更「偉大」。

我們該結束我們底「意底牢結時代」（the age of ideology）了。「政治神話」、「道德神話」、「人身神話」都該送到博物館去了。

五

讓我們從科學開始。

環觀舉世，個人崇拜已成時代落伍的東西了。

「主義」的統治也快成強弩之末了。

誰要揪住這些東西，誰就不免於被時代淘汰。

目前，我們正處於一個力的大比賽時代。火箭，飛彈，衛星齊飛。生產之流如大江滾滾而來。世界喧囂成一片。

我們何以自處？

顯然，我們底困難是雙重的：內而我們得從妨礙我們生命發展的重重桎梏掙扎出來；外而我們似乎不能免於參加世界奧林比克競賽。

看到這裡，感到這裡，想到這裡，許許多多人氣餒了。他們開始「自我放棄」。他們開始實行其「混」的人生哲學。於是，大街小巷，麻將之聲盈耳。酒食徵逐之際，且買一醉。人們浮沉於現實之海裡，且忘記自己。

「忘我」似乎是快樂的。可惜這樣的快樂是麻醉中得來的快樂。「混」是最容易的事。但混後的悽涼與空虛似乎也最難受。當我們並未被人直接命中時我們自認已經中彈而卜地不起，這只好說是「咎由自取」。

無疑，我們底生命是苦澀的。此時此地，每個人底生命都是在被試煉中。權力的天羅地網抑制著我們底生命之正常發展。我們眺望海天之際的自由神像而惆悵。我們看著日爾曼人的新興而慚愧。

然而，苦澀的土地常被科學化為沃壤。苦澀的生命未嘗不可藉科學變為甘美的花果。雖然，我們底生命一塊又一塊地被當作延續權力慾火的柴薪，我們底生命被呑陷於那隱藏在偉大公益的目標之下的私欲中，我們底生命被豪客們視作不付代價的賭本；可是，只要我們有點覺醒，只要我們底腔子裡尙有一點自主的東西，這生命仍然是屬於我們自己的。你看那草原的草，被野獸踐踏，被牛羊齒食，遭樵夫砍割，可是，草並未絕跡於地上。野火燒一陣。雨後，草又抬起頭來！霜降，草枯萎下去。然而它底生命並沒有被毀掉。春風來時，大地上首先徵象生之喜悅的，還是草。

變苦澀的生命為頑強的生命。頑強就是一種力量。堅韌就能持久。古往今來，在人類歷史的舞臺上，出過多少紅花臉，黑花臉，風流人物。最後，一個接著一個地，都得靜寂地躺到泥土裡去。然而，人群底生命之流，卻是「不窮長江滾滾來」，亙古不磨的。有了生命，就要生存與發展。生存與發展的過程，就是克服困難的過程和進步的過程。也許很慢，拗逆時代的東西總是會被進步的動力衝走的。私欲拗不過公意。長江三峽，千迴萬轉，終於一瀉莫遏！

每個人有而且只有一個一生。弄得不巧，這個一生一瞥就過去了。勸君勿草草人生。當然，一個人底力量是渺不足道的。可是，當著每個人有了共同的認識和共同的行為取向時，力量就沛然莫之能禦了。無論什麼說法，千言萬語，「向大家共同喜欲的生活趨進」，這總是地無分中外，時無分古今，大家可以認可的基本設準。只是大家同意這一設準，怎樣去實現，那就完完全全在科學知識及科學技術的問題。

除了愚昧，虛妄，與玄幻以外，科學不與任何東西為敵。有而且只有科學所示的道路才是穩靠的道路。

六

談到科學，大多數的人底了解只限於造房屋，築公路，製火箭那一類的勾當。又有若干人以為，那一類的勾當當然讓科學去做。但是，談到行為的倫範，則非科學之所及。他們以為這一層界的事屬乎傳統，不許科學去碰。碰了就有罪。這種想法，眞是錯之又錯，不可救藥。

誠然，科學能助吾人造房屋，築公路，可是科學底能耐並不只於做這類的事。時至今日，最關重要的事，莫如改善「人際關係」（inter-personal relations）。所謂「人際關係」，即是「人與人之間的關係」。人際關係，乃社會關係，國際關係底基本。人際關係欠佳，那末房屋造多些，公路再築多些，生產量再大些，也不能有助於今日局勢之澄清。怎樣改善人際關係呢？目前有兩種頗不相同的答案：

㈠維持傳統。

㈡訴諸科學。

藉維持傳統來改善人際關係是行不通的。我們在這裡沒有時間討論這一問題。我們現在只能表示，我們是走第二條路的。科學底範圍和能耐，遠不若傳統主義者所想像之窄與小。請睜開眼睛看看吧！

所謂人際關係，有社會層界的，還有政治層界的。

關於改善社會層界的人際關係，我們需要以全部行爲科學爲基礎來建立一個「新倫理科學」（a new ethical science）。依照這一科學，我們可以衡量那些倫範行得通，那些行不通。然後，我們將行得通的收編起來，將行不通的剔除。如果有需增添新條款的地方，我們就新添條款。人格心理學，社會心理學，將對此大有幫助。經濟學，民俗學，社會學也大有幫助。從這一條路出發。比空談「心」、「性」，會有結果得多。

關於政治層界的人際關係，有待解決的緊急問題很多。例如，少數人永遠騎在大家頭上好，還是大家平等相處好？少數人決定大家底事好，還是大家在共同意願之下決定大家底事好？配給思想好，還是思想自由好？自由經濟好，還是控制經濟好？……

我們所處的時代和環境有一個特色，就是，關於許許多多問題，有識之士認爲該怎樣做才好，但是事實上總不能像他們所希望的那樣做。之所以如此，基本的原因，是有識之士底智慧扭不過少數人底愚昧；大家底公益扭不過少數人底私圖。少數人藉著權，勢，和力來扭住大家，以擴張其愚昧和私圖。這樣的時代，眞是難以名狀，我們只好叫它做「違逆的時代」！但是，午夜已過，黎明還會遠嗎？如果我們都有一個共同的了解，不願我們底生命長此被浪費下去，每一個人盡可能地從每一個角度照著理所當然的標準做去，那末少數人底愚昧和私圖就會逐漸失去發揮的機會，以致於消失，而大家所趨向的遠景終有實現的一天。我們所說的遠景，並非烏托邦，而是上面所提出的種種問題之得到「合於大家所喜欲」的實際解決。我們要能實際解決這些問題，唯有廣泛應用科學知識及科學技術。爲了達到這一目標，我們必須普及科學教育，灌輸科學知識，讓大家對於科學有一個眞切的了解。這樣的工作之本身，就是啟蒙工作。啟蒙工作，乃我們今後應須行走的大路。有而且只有在這一條路上切實努力，大家才能眞正得救。

——原載《文星》，期二十（臺北：一九五九年六月一日）

55 給雷震先生的一封公開信

雷震先生：

昨天讀到《自由中國》第二二卷第九期署名「石翠」所寫〈學術自由在臺大？〉一篇通訊。這篇通訊裡有涉及我的地方，並且把我應《華僑青年》主編人之請而寫的〈人是不是人？〉但遭臺大訓導處同仁「審掉」的這篇文章登出。這類事件我本不願聲張的。因為，我深知道，近十多年來，千千萬萬教育界同仁正低著頭彎著腰過日子。中國知識分子正遭受空前未有的折磨。共產黨把我們不當人，自稱「反共」者又何嘗把我們當人？對於不是人的動物而言，受這點委曲又算什麼？所謂「師道尊嚴」，所謂「學術尊嚴」，在臺灣老早成為歷史名詞了。不過，「石翠」公然將它揭露出來，這簡直是把我「逼上梁山」。既然如此，我為了使海內外的讀者能更進一步地明瞭這類事件之底蘊起見，現在寫這封信給《自由中國》發行人的你。這封信底每一個字每一話句由我個人負完全的責任，希望你關照《自由中國》底編輯先生不要改動，完全照我寫的發表。

我在臺灣大學任教，算來有十一個年頭了。我教的科目，不是政治，也不是歷史，而是邏輯，羅素哲學，解析哲學，理論語意學，這類東西。我在這十一年裡，偶爾為學生辦的刊物寫點文章，也有時被學生請去講演。這些工作，是任何教師分內的工作。只要有學生請，教師們是沒有正當理由拒絕的。我底寫作和講演在從前也沒有出過什麼「問題」。可是，自從一九五八年十二月十五日我講演「胡適與國運」以後，「問題」就來了。這一天下午七點鐘，我在校本部開講，由於題目很有吸引力——我不認為我自己有什麼吸引力，當時連走廊上和窗戶上都爬滿了青年。我講演底內容大致與在《自由中國》第二卷第九期所發表的相同。在這篇講演中，我提到對於中國現代思想最有影響的人物時，只列舉了康有為、梁啟超、陳獨秀、和胡適之四位先生，而沒有列舉別的人物。我這樣做係基於我自己所作的種種考慮。我的這些考慮對不對，有而且只有就學術思想的觀點去衡量才可。講演完畢以後，照例由學生提出問題。有一位學生問：「殷教授認為三民主義怎樣？」我當時答覆說：「三民主義係四十年前的政治統戰工具。它是為了迎合當時複雜的政治思想而設計的，所以也就十分糅雜。」我的確沒有在這篇講演中恭維某黨人士硬要天下人恭維的偶像；我的確也沒有說半句恭維三民主義的話。除了當作壓制思想的權威以外，我想不出任何理由必須把任何人的話捧若聖經，更何況那些幾十年前的方便說法！大概這招致了某黨人士極度的不滿。自此以後呢？每逢有學生請我講演，不是因訓導處同仁說「教室不夠」，便是說「題目不行」，而給打消掉了。對我而言，反正這類事件平常得很，懶得去記憶。世道衰微如此，有什麼可說的呢？可是，給我印象最深的，則是去年秋季的那一次。

去年秋季，一位剛進哲學系二年級的女生劉玉英小姐來找我。為了便於表達清楚起見，我現在把我們之間交談的情形擬成對話形式於下：

第一天

女生：「您是不是殷教授？」

教授：「是的。你有什麼事？」

女生：「久慕大名，我們想請您作一次公開講演。」

教授：「咦！（作驚愕狀）哼！請我講演？……你有沒有弄清楚臺灣的行情？……我勸你還是趕快打消這個念頭，好好念書吧！」

女生（臉上充滿了倔強和自信）：「難道本校學生請本校教授講演，有什麼不對嗎？」

教授：「請別的教授可以，請殷海光可不行的。……據同學告訴我，以往他們到訓導處辦理准許講演手續時，一提到請我講演，訓導處的人總是說：『臺大的教授多得很，為什麼總要請殷教授呢？我希望你另找別人吧。』」

女生：「不，我們希望聽您的。我們到訓導處辦交涉去。」

教授：「好！我希望你有好運道。」

女生（滿臉的高興）：「殷教授！訓導處答應我們請你講演了！」

教授：「哦！（作遲疑狀）真的嗎？……那末，手續正式辦妥沒有？你可有把握？」

女生：「訓導處的人說不成問題，明天就辦。」

教授：「等你真正辦妥再來通知我。只要我被允許講演，我是不會偷懶的。」

第二天

女生（站在教授客廳裡，眼睛望著窗外的一片綠草。倔強的表情底下，仍然蓋不住懊喪的神色）：「殷教授！你知道我今天來是做什麼的？……」

第三天

教授：「唔！（大笑）不用說啦！我知道了！……你失敗了！……不是的，失敗的不是你，而是這個社會、這種教育。……可是，也好，這也是人生經驗之一種。讓你嘗嘗味道，有進一層的了解。」

雷先生！這些事情對我是毫無所謂的，我見的事太多了；可是，這對於一位剛進大學，雄心勃勃、滿心想求知識的女孩子的打擊該是多麼大呢？

我再說說去年《華僑青年》主編人請我寫那篇文章的經過吧！我記得那次同來的學生至少有三位。為了表達方便起見，我還是用對話形式寫在下面：

男生甲：「殷教授，我們要請您為《華僑青年》寫點文章。」

教授（連忙搖手）：「呃！呃！不要找我寫吧！這年頭，寫文章沒有用。況且，我寫文章平白給你們添麻煩。何必呢？」

男生乙：「我們不喜歡八股教條。同學們都喜歡看您的文章，所以務必請您寫一篇。」

教授：「不要，不要。我現在真是沒有辦法。如果稍有辦法，我要隱居起來，不見這些面孔，專心做思想工作。」

男生丙：「般老師不要這樣消極嘛！你為我們寫一篇，可以表示我們的刊物與黨的路線不同。」

教授（皺著眉頭，拗他們不過）：「好好！請後天來拿。」

以上就是〈人是不是人？〉這篇短文產生的經過情形。這篇短文產生了以後所惹出的「問題」，石翠在那篇通訊裡說了一個大概，不必我贅述。我在這裡只補述一點。為了便於表達起見，我還是用對話形式：

男生甲：「哎！老師！真是對不起，您的那篇文章，訓導處硬是不許登。」

教授：「沒有關係！沒有關係！文章不登真是小事，我還沒有被清算鬥爭哩！」

男生甲：「我們印《華僑青年》花了一千多塊。校方要我們改版這次特別慷慨，特撥一千多塊。所以，一共花了二千多塊。」

教授：「我那篇文章才不過兩千字，就因它而花了兩千多塊，合一千多塊一千字，我賣稿費從來沒有這麼高哩！我不應該很感滿意嗎？哈哈！」

雷先生！這種種作風，對於華僑青年是什麼教育呢？他們將來回到各地以後，對於臺灣現況會作怎樣的報導和批評呢？

我在上面所說的，只是陳述事實。一絲一毫也沒有責怪訓導處同仁的意思。人是要生活的動物。一般而論，在人的生活過程中，人總是趨利避害的，這才真是「人性」。雖然，某黨喪失了在中國大陸的地盤，可是十多年來確乎在這個小島上硬造成「唯我獨尊」的局面：它成了臺灣所有軍民人等底「司命之神」，也成了千萬人眾底「禍福之源」。當著這個島上任何人底言論符合於它底「路線」時，輕則可以免禍，重則可以得好處。觀音上泥製的菩薩尚且有那末多人不辭勞苦去頂禮膜拜，何況這樣的一群活菩薩哩！任何大專學校底訓導處之設立，重要作用之一，本來就是執行這群活菩薩底意旨的。凡屬訓導人員，對於學生的措施、言論和行動的監察，合於這群菩薩之意旨的，在消極方面可以保住飯碗，在積極方面可以得好處。訓導處底同仁也是人，他們也要吃飯，當然更不拒絕吃好飯，他們為了自身著想而執行這群活菩薩底意旨，無寧乃「人之常情」。如果我們撇開站在他們頭頂上的這群活菩薩之作威作福而不談，而一味地責怪他們如何如何不以青年為重，如何如何不謹守中國讀書人底風格，我認為是頗不公正的，而且太強人所難了。

我並不預備在這裡為他們辯護，我只是陳述我所知道的事實。近幾年來，我常常聽見有學生閒談起，說有些青年小伙子不知黨治的這些底蘊，在訓導處為了言論思想管制問題鬧彆扭。訓導處的同仁搞急了，有時就高聲說：「你不要把我底飯碗砸掉了好不好？」我相信訓導處底同仁和我們一樣愛青年。但是，在臺灣這種情況之下，誰不怕「砸飯碗」呢？無論怎樣，我認為這筆帳是應該記到這群活菩薩身上去的。我有理由相信，在臺灣所有大專院校底訓導處之中，我們臺灣大學底訓導處是最少作威作福的一個。至於人選問題，也有可愛可敬的。像前任訓導長查良釗先生，我在西南聯大求學時他就是訓導長。當時我們替他取個外號，叫他「查婆婆」。其熱愛青年並受青年敬愛可以想見。如果一個學校都坐著這樣的一位「婆婆」，那末青年人將會感到多麼溫暖！

石翠所說臺大裡面剋害學術自由的情形，更與錢思亮先生毫不相干。我無意在這裡公開恭維錢校長。但是，從事實出發，作客觀的剖析時所得到的結果，如果能夠給辦教育的人一點精神鼓勵的話，這也未嘗不是當教授的人所當仁不讓的事。我偶爾與人談起臺灣大學時，我總是說：「臺灣大學誠然令人不太滿人意，但幸喜是錢思亮先生當校長。如果換個別的有私心的人來當校長，那末將會不知糟到什麼樣子。」為什麼呢？時至今日，在臺灣真正想辦好教育的人，正如一切想認真做事的人一樣，一方面得應付頭頂上的活菩薩，一方面還得辦事，處境困難極了。在臺灣辦教育的人，如果稍存私心，在用人和作風上迎合那群活菩薩底旨意，那末他將萬事亨通。可是，這麼一來，教育一定糟了。如果不然，那末他個人所遭遇到的困難一定增加，但是教育糟糕的程度卻可以減少一點。這麼多年來的事實告訴我們，錢校長不是為他自己謀出路而辦教育，而是純粹站在為教育而辦教育的立場來辦教育。任何懂事的人都可以知道，這個立場雖然是我們每個以青年為重的人所極力贊同的。但是，在臺灣這種乖謬之氣充塞的環境裡要能謹守這個立場，是一件多麼困難的事。在黨毒瀰漫的地方，那裡可能完全免於發生像石翠所舉的那些剋害學術自由的事件呢？我有理由相信，臺灣大學是黨毒最輕的一個學校。除了臺灣大學以外，其餘學校受毒之深，只有「慘不忍聞」四字差堪形容。咱們臺灣大學雖然沒有百分之百的學術自由，但是大致有百分之五十的學術自由。即令這大致百分之五十的學術自由，得來也頗不易。當然，如前所述，主要地歸功於錢校長。可是，像毛子水、李濟之、沈剛伯這些老教授也是有些幫助的。除了李濟之先生以外，如果說這些老教授們曾在學術自由的爭取上作過積極的努力，至少我是看不出來的，不過他們確乎有點潛力，盡到一點消極的作用。這也就是說，至少至少，那些太離譜的事，太不合大學規格的事，太戕害學術研究的事，他們不會因著自己底利益而「欣然同意」。讀者也許要說：「這點學術自由太可憐了。」是的，我承認這是可憐的學術自由。但是，即此可憐的學術自由，在黨化氣焰萬丈的今天，也是得來不易的，而且也是付了代價的。我們應須知道，此時此地該有多少所謂的「教授」在出賣他們底「清高」，換取自身的利益！

最後，我要簡單地談談我那篇勞煩訓導處同仁操心的文章〈人是不是人？〉。這篇文章底中心命意很簡單，就是：事實是什麼，我們就說是什麼，而不說「不是什麼」。這是我們明理致知的起點。這一點保不住，一切都完了，還談什麼「反共」？我覺得我必須從這一基本起點開始教導青年。我一有機會就闡釋這一點。我是一位哲學教師，我深深覺得這是我底天職。也許有人感到奇怪：「難道這還成其為問題嗎？難道我們不能夠按照事實談話嗎？」我底答覆是：古時趙高「指鹿為馬」不過偶一為之，所以千古傳為佳話。今日我們在臺灣所碰到的，是一群有組織的「趙高」，我們在「指鹿為馬」中悶過了十幾年的光陰。現在，在臺灣能說老實話的人快要絕種了。人間何世！現代趙高們揑造的「政治神話」、「歷史神話」、「人身神話」、「空頭支票」、「諾言公債」，在訓練機構，在學校場所，在官式講演，在新聞紙張上，在廣播機器中，無處不見、無處不聞。這類語言有一個共同的特點，就是不能「是什麼就說什麼」，而是「是什麼要說成不是什麼」，這些趙高必須如此顛倒黑白、枉顧是非，他們底魔術才玩得成。獨裁的魔術集團，必須把「是什麼」說成「不是什麼」才能過著這種騎在大家頭上的生涯。我現在隨手舉舉例子吧！在目前的臺灣我們能向活菩薩們請教下列問題嗎？我們能得到「白是白，黑是黑」式的答覆嗎？

㈠是誰把共產黨勾引到中國來的？

㈡究竟大陸是怎樣變色的？什麼人對大陸變色應負最大的責任？

㈢「反共抗俄」這塊牌子底實際用意是什麼？它是側重在「反共」呢？還是藉此壓制內部以維持一黨底殘餘權勢？

㈣所謂「反攻大陸」叫了十幾年了，究竟那一天開始？

㈤俄國有強力火箭，地球衛星，原子武器，連美國也不敢貿然言戰，臺灣什麼也沒有，如何「反」法「抗」法？我真想不通。

㈥中國共產黨當年在江西落草為寇只有八百條槍，尚且沒有撲滅掉它。現在，共黨佔據中國大陸，手握世界第三強大的武裝力量。臺灣及其外島需要美國第七艦隊保護和支援。這證明它自衛尚成問題，怎樣能夠「反攻大陸」？況且，蔣杜宣言明明白白說「不使用武力反攻大陸」，那末怎樣去「反攻」呢？我實在想不通。

㈦現在這些職業「革命英雄」們，當他們對於大的目標根本無可奈何時，是否轉移目標，槍口對內，拿手無寸鐵的老百姓們作施展革命英雄事業的對象？

……

諸如此類的問題，我現在公開提出，也許「革」萬人之「命」的人士認為「豈有此理」，「動搖人心」，不必再這麼說吧！早已沒有「人心」了，從何「動搖」起？關於此點，大可「放心」了。動不動拿大帽子壓人，更不足以服「人心」。我之所以提出諸如此類的問題，係因「反共抗俄」這樣重大的事，既然要我們大家生死相從，「矢志靡他」，於是一定有其顛撲不破的「真理基礎」。如果說這些問題連提都提不得，那末免太叫人莫測高深了！我是十分迷惘的。

近幾十年來，中國各種各色擁有武力的集團為了種種藉口而屠殺的人民何止三千萬，這麼多枉死鬼魂又向誰去算帳？然而，上面這些問題實在與大家底關係太密切了，所以不能不問一下。如果這樣與大家關係密切的問題連問都不能問，那末，我是不是可以改問這樣的一個問題：

(八)是否不許我們問，只許沒頭沒腦地跟著坐汽車擁滿衛兵的人後面拖，一直到把生命拖乾為止？

果真這樣，那末我十分懷疑我們活在臺灣究竟還有什麼意義呵！

這封信似乎說的不少了。就此擱筆吧！

謹祝為民主自由努力

殷海光　五月四日

——原載《自由中國》卷二十二期十（臺北：一九六〇年五月十六日）

56 我對於三民主義的看法和建議

我在《自由中國》第二十二卷第十期發表的〈給雷震先生的一封公開信〉，在一個文明的民主國家，實在是平常得很。想不到這封信竟引起許許多多誤解。誤解的基本原因之一，是若干人士拒絕對我在信裡所說的種種論點作理智的思考，而只把各人心中畫好了的影像投射（project）到我身上去。這是一個值得研究的群眾心理學的問題。關於這個問題，我認為應須讓心理學專家去研究。我們現願意在這裡解釋一下的，是我對於三民主義的看法，並且提出建議。

㈠我在那封信裡說「我的確也沒有說半句恭維三民主義的話」。有些人士把這句話解釋作「殷海光瞧不起三民主義」。這不知是什麼推理方式！一般思想方式未經訓練的人之思想常常被一些習慣性的格子所囿。例如，「不左即右」，「不白即黑」，「不是唯心就是唯物」，「不是窮人就是富人」……。我要插說一句，共產黨就是靠利用這種錯誤的思想方式起家的。其實，世界的範疇和事物那有這麼簡單！在白與黑之間有灰，在白與黑之外有紅、橙、青、藍、紫。在唯心與唯物之外的思想更多得很。在富人與窮人之間有許許多多級次。依此，我們怎麼能夠從「沒有恭維」而推斷是「瞧不起」？

如果三民主義的確是一種思想學說，那末我們對它既不應該持「恭維」又不應該持「瞧不起」的態度。這是「對人」的態度，而不是對思想學說的態度。對思想學說。只可研究，以定其對錯，或是否行得通。

㈡我為什麼在「胡適與國運」這個講演裡沒有提到三民主義？這是有一番苦楚的。任何稍有常識的人都不難明瞭，在我們這裡的空氣，對於三民主義，像中世紀的教皇僧侶們對於宗教教義，或共產黨徒對於馬列主義是一類的。在這些統治之下的人們，對於這類教義或主義，只有「信服的自由」，沒有「反對及批評的自由」。如其不然，便視同異教事件辦理。從表面看來，這種動作是為了維護他們堅持的眞理。但是，這種狂熱的情形即令並非沒有，也只在這類運動的初期；到了政權到手，這類教義或主義就變成從思想上維持統治的工具。這類工具最重要的一面是權威性；至於內容的眞假對錯根本是次要的事。因此，如果有人反對或批評教義或主義，那末就表示你敢於冒犯權威。冒犯權威就是從基本上動搖統治的象徵。所以，在共產統治之下，「思想犯」是一個嚴重的罪行。我因既不願被目爲異端，又不願說「違心之論」，所以在那次講演中保持了緘默，沒有提到三民主義。可是，當時有一位學生問到頭上來了，我因爲不願對青年說敷衍話，所以說三民主義底內容「十分糅雜」。

如果任何一種思想學說是眞理，那末用不著藉槍桿保護。如果任何一種思想學說要藉槍桿保護，那末就證明它不是眞理。我們從來沒有聽說羅素思想須要槍桿保護的。

說到這裡，我願意提醒國民黨的朋友一聲，據已故崔書琴先生告訴我：「他在天津南開讀書時，天津還在北洋軍人統治之下。當時三民主義是禁書。讀三民主義如被查出，是一件非常危險的事。可是他們總是祕密地放在桌子底下讀，或者半夜起來讀。」如果當時三民主義像現在一樣得靠政治力量來掩護其權威並強使大家信從，那末怎能在北洋軍人統治之下「深入人心」？

(三)三民主義是否「統戰工具」？我的答覆：「是的。」我說它是一種政治思想，係從它底思想性質方面著眼的；我說它是統戰工具，係從它底政治功能著眼的。二者毫不相妨。這一看三民主義產生的背景便知。民國年，承孔制大一統崩潰之後，新學說，新思潮湧入。當時的中國知識分子，在一方面由於好奇好新鮮，在另一方面由於迫切想抓住一個什麼主義來救國。於是有人講無政府主義，有人講社會主義，有人講民治主義，有人講共產主義，……「思想龐雜」極了。由於「思想龐雜」，表現在政治上的就是行動紛亂，力量紛散。孫中山先生看到這種光景，於是創建三民主義。三民主義中的民族、民權、民生可以看作政治問題底三大基本範疇（three primary categories）。試問上述各種思想學說，有那一種能逃出這三大基本範疇以外？這眞是各路孫悟空跳不出佛爺底手掌心也！就四十年前孫先生所處的時代而論，這眞是一個偉大的天才創建。因爲三民主義確乎比當時一般政治思想高出一籌，而且富於廣含性（comprehensiveness），所以把當時那些思想都吸收了，都兼消了。因為思想上的吸收和兼消作用，於是許許多多政治醒覺分子漸漸歸依到三民主義的懷抱而滋長出一種一致的政治意識。這種政治意識之滋長，日後成為北伐運動的推動巨力。我想，凡屬中國現代史的公正研究者，都應該對於這一段歷史發展作一番客觀的解析。

從這個觀標來看，三民主義不是「統戰工具」又是什麼？當然，那個時候，似乎沒有這個名詞，而且孫先生本人未必「意識到」這一點。不過，這不是實質，所以無關緊要。我們並且還可推廣一步來想：不僅三民主義是一統戰工具，而且就國民黨底發展史看，凡是它「革命」順利的時候，也就是它的統戰做得好的時候。只因後來「革命成功」，自以為政權在握，武力可恃，驕念橫生，以為天下莫我若也，不肯虛心把統戰認眞做好，所以後來弄得處處荊棘橫生，以至於一敗塗地。孫先生本人就是統戰的大發明家。同盟會是統戰的初嚐，「聯俄容共政策」是大規模的統戰，並且是「國際統戰」，抗日戰爭初期搞的是很可欣賞的統戰。到了抗戰末期，戰爭及人事因素把國民黨底政治機能腐蝕了，弄得它逐漸在統戰中失去主動力，政協失敗就是顯明的實例。於是它對於統戰滋生出畏懼、戒慎，甚至厭憎的心情。今日臺灣國民黨底政治心理就是這種心理底延續。所以它很難打開一條大的出路，而僵守在這裡，日以捉蚊蟲跳蚤、吹毛求疵為務。

(四)國民黨應須將三民主義來一番改造。三民主義底大間架還是可用的。然而，它的內容和鋪陳，幾十年來，毫無修正、翻新、和充實。我極不贊成國民黨藉著政治權勢把三民主義變成國教；但是我極其贊成國民黨亨有不藉政治權勢來宏揚其三民主義的自由。近十幾年來，對於三民主義研究得最努力的，我所知道的只有任卓宣先生。可是，他所走的路是鑽到三民主義裡面加以詮釋。這種工作，類似中世紀的煩瑣哲學家之註解亞里士多德哲學。這種路線越走越窄。所以，三民主義的煩瑣哲學，到了任卓宣先生便是登峰造極，不能再有進境了。三民主義的閱讀呢！從崔書琴先生之冒險祕密閱讀而演變到今日必須以高壓手段餵塡鴨，必須拿考績和利祿來作鼓勵，相去何遠！世變何極！這是三民主義的悲劇。這一悲劇之形成，絲毫不能怪任先生。自從國民黨得勢以來，就把三民主義捧若聖經，自黨員以至人眾，只許信奉，不許批評，這一種心理狀態表現得最強烈的代表人物可推胡漢民先生。在這種傳統氣氛高壓之下，即令任先生有柏拉圖底才華也施展不出來的。國民黨底這種「意識形態」之作用，不僅禁錮了自己的思想，而且也禁錮了三民主義，眞是令人惋惜！

我們看孫先生所作三民主義序文，可知他自己並沒有像他底信徒那樣把三民主義當作天經地義的意思。而且，就我們從前一輩人所述孫先生底行誼中，得知他很喜歡和青年詰難辯論。如果當初孫先生對於三民主義採取像現在一部分國民黨人士這種專橫武斷的態度，那末三民主義何能在無武裝保護之下爬起來？何能暢行天下？杜威說：「民主必須每代更新」。大家奉行的政治思想，那裡是動都不能動的列祖列宗相傳的「朱子家訓」？三民主義是四十年前的產品。這四十年來，世界進步得太快了，中國人底知識也有些進步。如果要它跟上時代，永遠常新，並且使青年們讀起來眞正從內心發生興趣，那末必須來一次改造。改造的工作，必須從吸收現代心理學、拉斯威爾政治學，波柏底社會思想評導、文化人類學等等著手。這種工作是一件比石門水庫還要鉅大的工程。這樣鉅大的工程，決非一個人所能進行，而必須成立一個機構，網羅這些方面的人才以從事。國民黨內至今還是有些聰明才智飽學之士。像陶希聖先生這樣的人就可主持其事，期以三年有成。那時三民主義可以一嶄新的面目與大家相見，在中國政治思想上重放異彩。

──原載《自由中國》，卷二十二期十二（臺北：一九六〇年六月十六日）

57 我對於在野黨的基本建議

六月九日《公論報》刊載了記者所發表的我對於在野黨的意見。我在當時沒有能夠將我對於這個問題的想法恰當而又比較充分地表達出來。這個問題與中國民主自由人權運動的關係重大。中國底知識分子都有對它加以觀察、思索、和分析，並且依之而提出建議的責任。因此，我現在寫這篇文章。

在我將我對於這個問題的觀察、思索，和分析所得結果表示出來，並且提出建議之前，關於我個人的立場，我有幾點意思也不能不表明清楚。

我個人不從事任何實際政治活動。之所以如此，這有下述的理由：

㈠我們臺灣大學底教師，在進校之初，與已故校長傅斯年先生有一項協定，就是不參加實際政治活動。這是一項「君子協定」；並不是「限制」。傅校長懂得什麼是大學教育，他也稔知自由世界大學底規格，他還不致於拿什麼「限制」加諸大學教師。人言爲信。我既然同意這項協定，我就要守住它。

㈡我根本不是從事實際政治活動的料子。這個原因最實質。我並非以不「從事」實際政治活動來「自鳴清高」。只要目標正大，我看不出從事實際政治活動有何不清高之處。我之所以不「從事」活動，主要地是受才能的限制。蘇格拉底說：「知道你自己」。中國古語說：「人貴自知」。如果一個人到了成年以後，他還不知道他自己底長處在那裡，短處在那裡，宜於做什麼，不宜於做什麼，那末這個人多半有資格到心理診療所去。如果一個弄哲學的人弄到「無自知之明」，那末他底哲學一定失敗。像我這樣的一個生硬的書生，並且不愛開會，不愛熱鬧，不愛到人多的場所去，偶爾因買書而上衡陽路回來便半天頭昏腦脹。這個樣子的人，怎麼能從事實際政治活動？寫到這裡，我不妨附帶說一聲：這是我痛惡共產黨的基本原因之一。國民黨政權容許我有「不參加群眾運動的自由」，我眞該感激「皇恩浩蕩」哩！

基於這二個理由，我不能也不願從事實際政治活動。但是，是否「從事」實際政治活動乃一回事，是否「關心」實際政治活動乃另一回事。不「從事」實際政治活動，並不涵蘊一定不「關心」實際政治活動。在太平年間，讀書人是大可不必「關心」實際政治活動的。然而，時代變了，環境也變了。在這樣的時代和環境裡，實際政治活動在在予人以重大的影響。你不「關心」實際政治，實際政治卻要來「關心」你。所以，你欲求不「關心」實際政治亦不可得。何況一個知識分子？我是「關心」實際政治活動的。但是，我「關心」實際政治活動的方式，是而且只是前面所說的「觀察、思索、和分析」，並且如果我認為我說的話不是白費的話，那末我也願意就我底所知提出建議。在事實上，我有而且只有這點能耐。現在，許多開明進步的人士預備向組織在野黨的路上走去。我認為一個我所希望的在野黨之出現，乃中國政治民主化之所必需。

我所能貢獻給這個運動的，有而且只有這一點點。因此，如果從事這個運動的朋友們希望我在這方面能夠有所貢獻，那末我希望他們維持我底這種位況（status）。

我現在將我對於這個問題的「觀察、思索、和分析」之所得，以及依之而提出的基本建議，分做幾段提綱挈領地陳列在後面。

一、稱呼問題

一談到名稱問題，就不能避免語意的考慮（semantical consideration）和語用的考慮（pragmatical consideration）。就我聽到的來說，許許多多人士把在進行組織的這個組織叫做「反對黨」。我不同意這個稱呼。之所以不同意，理由有二：

㈠中國並無像英國那樣的民主政治傳統中的反對黨。一般人也不明白反對黨底「正格」（proper）任務是什麼。既然把這個可能形成的政治組織叫做「反對黨」，於是難免有許多人望文生義，以為這個「反對黨」之產生，它底先天任務就是「為反對而反對」。「為反對而反對」，如果再經人有意歪曲一點，就變成「搗亂」。一把「反對」變成「搗亂」，時下有許多人就在心理上產生一種抗力。這種心理抗力一經滋長，如果有人加以利用，說「十幾年來我們弄得好好的，現在他們要來搗亂破壞」，那末許多人就會「望爾卻步」了。

㈡這一點與第一點有密切的聯繫，此時此地而從事組織「反對黨」，它底實際目標當然是執政的國民黨。執政的國民黨之「權勢核心」傳統地有「天無二日，地無二黨」的心理狀態。這種心理狀態，在經過重大的挫敗，加以臺灣地狹人稠，於是更形激化。所以，他們一聽到「反對」二字就心頭火起。潛藏在他們意識深處的權利的敏感，使得他們認爲一談「反對」，就是來「打我們底主意的」。一般人到了觸及基本情緒和基本利害時，常常是不可理喻的。國民黨裡面可能有個把聖人，但國民黨底「權勢核心」裡斷斷乎沒有聖人。既然如此，如果「反對黨」一旦形成，那末他們沒有不千方百計打擊的。

從事大量現象的政治活動，在用語言文字時，一定要注意到社會上一般人對於語言文字的直覺反應。現在，一般在臺灣的人之心理可說是相當「矛盾」的：在一方面他們固然不滿現狀，但是，在另一方面，他們同時又恐懼在大的激烈變動之中失去了他們目前所有的這點可憐的什麼。因此，他們只歡迎確有把握和實惠的穩健改革，決不歡迎沒有把握和實惠的變動。如果「反對黨」一詞所導致的心理反應是後者，那末無疑會變成在朝黨打擊它的本錢。因此，我認爲今後最好避免使用「反對黨」的稱呼。胡適之先生主張用「在野黨」的稱呼，我很贊同這個說法。不止如此，我甚至更進一步，主張連「黨」字也不用。因爲，時至今日，許許多多中國人一提起「黨」字就厭惡，就害怕。近來在競選場合，許多人以「無黨無派」標榜，可證此點。如果即將形成的政治組織又叫做什麼「黨」，那末一般人會說「你們鬧來鬧去還不是一些黨嗎？有什麼新奇？有什麼不同？」所以，我主張最好連「黨」字也不用。據六月十六日《聯合報》所載：「此一新的『政黨』目前正積極進行籌組，名稱將定爲什麼『會』，不稱爲『黨』。」這種想法，可說十分聰明。

二、基本目標

我們首先得問：正在形成中的這一在野黨，它底基本目標是什麼？這也就是說，爲什麼要組織這樣的政黨？而且，何貴乎有這樣的一個政黨出現？關於這類問題，最輕而易舉的答覆是：爲了實現民主自由。不錯，的確是如此的。可是，在作這樣的答覆時，我們不要忘記，「民主自由」，在經過種種不同的「解釋」以後，已經變成廉價的商標了。任何反民主的政治集團都會利用它。國民黨底權勢核心人物在文告中不也是頗贊成「民主自由」的嗎？甚至這樣摧毀民主自由的世界的共產黨，也沒有公然說不要「民主自由」的。這麼一攪混，我們就面臨一個困難問題：即將組成的在野黨，怎樣把他們所標揭的「民主自由」和反民主者所說的「民主自由」分開？換句話說，你們憑什麼說你們所謂的「民主自由」和那些反民主者所謂的「民主自由」不同？這是一個基本問題。這個問題不在起點上弄清楚，一定會影響這個新黨底號召力。

我們要解決這個問題，切不可往上扯。往上扯，在文字方面下功夫，找什麼民主自由底「要素」，這樣只有越扯離題越遠。這是玄學家底糊塗辦法。我們必須把「民主自由」往具體的地方安頓。我們把「民主自由」往具體的地方安頓，便落實到諸基本人權上了。這裡所說的諸基本人權，即是言論、思想，信仰、選舉、教育、謀生，集會、結社、等等憲法所規定的權利。這些權利，是每個人所可親身感受到的，是不可讓渡的，是不可剝奪的。共產黨人可以空談「民主自由」，他們敢不敢提這些基本人權？亞洲若干自命「反共」而卻又同時反民主者可以空談「民主自由」，他們樂不樂意我們強調這些基本人權？好！既然他們只空喊「民主自由」而怕談基本人權，我們就發現在野黨應須著力之所在了。這麼一來，也就足以十分甄別出空喊「民主自由」者和即將形成的在野黨之不同了。

在事實上，今天最根本而又嚴重的問題就是基本人權之維護的問題。防共問題底核心也在此。

每一個人，必須肯定基本人權之享有，乃是他人生底必要條件。任何人，一失去了這個條件，便不復是一個人。人權是一個人做人的本錢。失去了基本人權的人，與牛馬畜牲無異。我們爲什麼防共？就是因爲共黨只承認有「黨權」不承認有人權。他們毫無顧忌地剝奪了大家底人權。人權是國家社會建立的基礎。沒有人權，一切國家的目標，都會落空。依同理，我們想不出任何理由說，爲了「反共」而必先放棄人權。我們要維護住了基本人權，「反共」才有「正面」的和積極的內容與意義可說。如其不然，一切都是空話。所以，今後新黨所應該努力的目標就是搶救基本人權。人權是民主自由底核心。民主自由挖去了這個核心，所剩下的不過一空殼而已。如果基本人權搶救住了，那末民主自由便「自在其中」矣。

許多偉大政黨底發展是由小事引發的。就我所知，策進這個新黨出現的朋友是預備經由改進地方選舉而發展成爲這個新黨的。不錯，地方選舉之改進是一件很重要的事。不過，如果這個新黨底目標，局限於地方選舉，那末，我願意把話說在先。這個政黨即令有所成就，它底成就不會太大。至少，在東方世界，一個政黨要想獲致較大的成就，必須題目較大，而且多少帶一點理想的色彩。時至今日，怎樣維護基本人權，這個問題，無論從理論到實踐，都夠複雜和廣含，而且帶有一點理想色彩。同時，也是與每一個不願做「人下人」的人有密切利害關係的。所以。怎樣維護基本人權，實在應該是這一新黨努力的基本目標。而改進地方選舉，不成問題，是維護基本人權底方式之一。因此它也就包含在這一目標之中了。

三、基本政綱

一個政黨儘可以沒有「主義」，但不可以沒有政綱。如果這個新黨沒有政綱，那末它根本沒有成立的理由。所以，它之必須有政綱，這是用不著討論的事。而用得著討論的事，是它必須有什麼樣的政綱。

如果這個新黨底政綱和國民黨唱了十幾年或幾十年的陳腔濫調在基本上處處一樣，那末它就沒有另行提出的理由，因而也失去成立的理由。如果這個新黨底政綱與國民黨目前的政綱在基本上處處針鋒相對，那末它在此時此地不能立足，也不能發展。如果新黨底政綱出於故意標新立異，與眾不同，而缺乏對時代、對人民負責的內容，那末它一定不能持久。這也不可，那也不行，那末這一政綱該怎樣立足呢？我現在試行提出一個輪廓來：

(一) 政治

目前臺灣自由中國最基本的政治問題之一無疑是防共問題。我們必須承認，這十幾年來，在形式的防共工作方面，國民黨底權勢核心人物做得頗有成效。這使得臺灣社會免於顛覆活動。在這一方面，我想一切愛好自由的人都應該向他們致謝。然而，在另一方面，國民黨權勢核心人物一開始就把文章做離題了。這應該是有目共睹的事實。近十幾年來，國民黨底權勢核心人物係依照自己對共黨的好惡、了解，並從維持極少數人底權威和利益著眼，來從事防共工作。於是，防共這樣的世界大事，被他們弄成一個黨爭的形勢，和少數人底顏面得失和政權存亡等問題攪混在一起。於是，通過他們底權力和謀劃，十幾年來，強使大家穿上一件束縛思想、態度和反共方法的緊身衣。大家穿上這件極不合身的緊身衣，於是在共產暴徒尚未受到損害之時，大家已被束縛得奄奄欲斃。結果，演變所及，連有志防共的人都感到有力無處用，只有那幾個人在那裡唱木偶戲，別人只有做木偶的份。一切聰明才智都塞死了。這眞是中國立國數千年來未有之奇變。

新黨所面臨的政治問題，是在一方面要能有效防共，在另一方面又不要因防共而穿上這件可厭的緊身衣而先束縛了自己。這個問題，怎樣解決呢？我提出這一條建議：

防共之純化（purification）和提高（elevation）。

這話是什麼意思呢？

1. 防共必須從黨派鬥爭的形勢裡超拔出來，而把它歸結到反摧毀人權的普遍問題上去。
2. 防共必須從人事恩怨、政權得失以及由之而衍發出來的憎恨激情裡擺脫出來，而把它變成自由與極權兩種生活方式之對壘。
3. 防共不可被利用成「借風過河」，維持一黨權勢，甚至打擊非共的異己的一張王牌。如果不然的話，那末防共的前途，實在不堪設想。
4. 脫下這件不合式的緊身衣，將防共轉化成促進思想進步，社會進步，政治進步的契機。由此產生出來的力量對於防制共產思想和制度的生理作用，一定比現在大十倍百倍。如果防共不經過這一提煉作用，那末很難望其持久，更難望其普遍化，而且局面只有愈來愈窄，生機越來越枯。如果防共經過這一提煉作用，那末一個開闊、活潑、生機洋溢、包含眾意、廣攝眾力的局面馬上可以展現在我們面前。在這一局面展現之下，像召開「反共救國會議」之類的事，殆為當然的結果。

在野黨須懸此為努力的重心。

(二)經濟

近若干年來，官方人士動輒曰臺灣經濟建設如何進步。凡屬稍有常識的人對於官方人士這種「自我嘉許」的言論甚感詫異。不錯，自從日本退出以來，臺灣有若干經濟建設。但是，我們必須不要忘記，臺灣並非一個無人荒島。並非無人荒島的地方，只要有人去做，多少總會有進步的。這與統治形態並不相干。吾人須知，努力經濟復興，係第二次世界大戰以來世界一般國家底普遍趨勢。一個美援受援國家底經濟建設成果之高低，至少必須從三個標準來估定：1.建設成果與美援成本成何比例？2.其他受援國家經濟建設底進度有多少？3.國民底眞實所得有多少？我們拿這三個標準來估定臺灣底經濟建設，便可知道浪費究有多少？成就究有多少？國民底眞實所得究有幾何？因此，我們也就可以了然於官方所宣傳的「經濟建設進步」底眞實內容是什麼了。

臺灣經濟底基本毛病斲害於政治。臺灣政治之斲害臺灣經濟的，有三大因素：一是「幻想曲」；二是「面子經」；三是維持統治權威。據專家估計，臺灣每年歲入總數百分之八十五以上都消耗於這三大項目。權勢核心人物在別的方面非常吝嗇，而獨於這三樣事則不惜工本。這樣一來，臺灣經濟患著嚴重的「血漏症」。這個基本癥結不解決，臺灣經濟只有表面好看之下睁著眼睛損耗下去。這樣損耗下去，不要說一般人民底生活水準無法提高，公教人員底生活不能改善，而且只有愈來愈困苦。目前是因有美援挹注，尚可敷衍門面。哪一天美援停止，哪一天就水落石出。臺灣經濟並非不能自足，其所以弄得這麼惡劣，就是因爲權勢核心要拿這點小本錢做大生意。病從何處起，須從何處醫。既然臺灣經濟之所以危機重重根源在此，新黨要挽救臺灣陷入經濟崩潰之境，也得從此根源著手。在近代民主的文明國家，政府底錢係來自納稅人。納稅人自然有權過問錢的用途。人民是主人，政府是夥計。主人向夥計問賬，夥計總不能動不動拿「國家機密」拒絕報賬。

(三) 文化

文化之於人，猶魚之於水。文化包括思想、觀念、調合模式，風俗習慣、生活方式，等等。文化是政治建構、教育設施、法律制度等等底原料。如果這種原料壞了，那末由之而凝成的政治制度、教育設施、法律制度，也沒有不壞的。從一方面看，近幾十年來，中國之所以弄得人禍橫流，一方面的基本原因是文化發生大問題。今日中國底基本問題，是怎樣建立一個適於現代生活的新文化。這一工作，本不在政黨活動範圍以內。但是，現代中國有它底特定問題，就是，它正面臨一個文化的轉變過程。在這一文化的轉變過程中，政治運動常常現實而爲求文化問題解答的一個層面或一個角度。因此一個新成立的政黨，在一長遠的過程中，如果沒有重建文化的自覺和努力，那末弄來弄去，也不過是一點現實政治的皮毛。這樣的政黨，是不會有遠大前程的。

臺灣近十幾年來在思想上呈現兩種現象：一是倒退；二是「靜如止水」。從倒退方面說，臺灣近十幾年來在思想上的倒退不止五十年。就目前在臺灣一部分人之間彼此吐納的思想或觀念形態看來，不用說趕不上五四時代，連清末也不如。從表面看來，這種倒退，是回頭追尋韋伯（Max Weber）所說的「民族超人」（charisma）。然而，「民族超人」老早僵死了。徐桐、倭仁之流也救不了它。在今日二十世紀六十年代再要用黨化政治來造「民族超人」，其結果之流爲形式，殆爲「事有必至」。大部分人，特別是年輕一代，畢竟不願陪著老一輩的人倒退。他們無法內在地了解這一「民族超人」底情緒意義。可是，同時，他們又不容易接觸別的思想。於是，他們陷入「思想眞空」之中。「自然忌眞空」，人腦也忌眞空。眞空是很危險的。當人腦陷於眞空而極待塡滿時，任何誘發幻想的思想都可乘虛而入。

中國之所以有今天，一方面的原因，是我們底舊制度，舊觀念，舊思想，和舊的生活方式，不能適應變動中的新世界。我們要使中國人能適應這一變動中的新世界，必須從事一個「啟蒙運動」（enlightenment movement）。啟蒙運動是隨著科學之發展而發展的一種運動。在啟蒙運動中知識分子反權威，對於舊的傳統重加評價，對黑暗宣戰，並倡導獨立的思想及知識活動。在這個運動中，我們要加速腐舊社會底末尾之消逝，而創造新的思想方式，新的生活方式。

我們必須明瞭，在中國幾十年來，許許多多新的政治組織之興起，常常是有新的社會思想文化運動作背景的。在這種情形之中，新的社會思想文化運動像潮水，而新的政治組織則像浮現在這一運動上的船。如果沒有這一股潮水之襯托，那末這個政黨也不會得到什麼動力的。所以，即將組織的新黨要眞正得到大的力量，必須從事有計畫的啟蒙運動。

㈣ 教育

從長遠的過程著想，國民黨權勢核心給臺灣帶來的災害中之最大的要算黨化教育。黨化教育底作用有六：1.象徵臺灣之接受一黨統治；2.表示國民黨黨祚之永存；3.製造國民黨底預備隊；4.作不斷動員之起始的一環；5.控制青年底思想和行動，教他們從一個黨底觀點來看世界，看政治，看歷史；6.塑造人身崇拜。這樣看來，國民黨權勢核心完全不承認青年是屬於國家的，屬於社會的，以及屬於青年自己的；而只是屬於「我黨」的。在他們心目中，他們只承認青年是黨底工具。由此也可以旁證，國民黨權勢核心心目之中不承認「天下爲公」。他們要化天下之公而爲一黨之私。

凡有常識的人都可知道，在一般民主國家，教育底正常目的，是傳授青年以正確的知識和有用的技能；教他們從國民的立場對於自己底國家之過去和現在有清楚的了解；教他們從作爲世界一分子的地位，對於人類底發展和世界大勢得到一個觀念輪廓；培養青年以做人的基本道德，品格，和情操。然而，從上面所舉六條看來，現在臺灣所行的黨化教育，與這裡所談的教育目的，眞是「南轅而北轍」。現在臺灣的青年，一部分學會投機、取巧、口是心非、鑽營奔競，甚至被教以監視師長，濫打小報告；另一部分則痲木不仁，消極沉悶，得過且過。能夠在這樣困難的環境中積極向學，敦品勵行的，眞如鳳毛麟角。而這一部分青年，對於大局已多不存希望。他們有機會考取留學，便「一溜杏花村」了。這種毒害的結果，不是一二十年內可以洗清的。即將成立的新黨，如要搶救臺灣的話，必須將「取消黨化教育」，確立民主教育，列爲中心政綱之一。

四、工作重心

一個政黨底工作重心是些什麼，這要看它底發展程序，實際能力，和當前的環境需要而定。我們將這三個因素考慮在內，便可決定即將成立的新黨所須從事的工作重心必須是些什麼：

㈠**致力基層選舉之改進**：這項工作是策進新黨成立的朋友最感興趣的事。用不著我多說。

㈡**刷新宣傳機構**：任何政黨之組成，必須經過由宣傳到組織二個階段。一個新黨想在國民黨底蜘蛛網裡發展起來，首先必須擴大和深入宣傳。顯然得很，新黨目前所掌握的宣傳機構尚不足達到這一要求，而必須予以刷新。

㈢**爭取國際同情**：這根本就是「國民外交」底形式的一種。如果自由中國底官方可以和外國官方來往，那末自由中國底民間爲什麼不可以和外國民間來往？現在，我們是站在自由世界這一邊來反對共產極權統治的。自由世界底領導國家斷無有意自相矛盾地幫助各地政權藉「反共」爲名摧毀民主自由人權運動之理。新黨創建人物應能深信各地民主運動不會長期遭受抑壓。固然，各地借名「反共」而抑壓民主運動的權勢集團不會自動放鬆高壓之手，可是民主自由人權運動者之積極努力奮鬥，無疑將會縮短這一壓抑的過程。新黨底創建人物必須具有這種展望，新黨底發展才有前程。而響亮地對自由世界明朗表達新黨底態度，目標，希望，和作風，引起自由世界普遍的同情和支援，則爲縮短壓抑過程的重要方法之一。我們沒有理由相信，自由世界底領導國家長期歡迎各地藉名「反共」者長期壓抑努力使國內政治與他們一樣的民主自由人權運動者；但是，我們有理由相信自由世界底領導國家樂觀各防共地區底國內政治朝著與他們自己政治相同的民主自由政治發展。新黨人物有這一遠景在望，一定會勇氣倍增。

㈣**爭取國民黨人同情**：新黨對人事的主要工作之一，不是加深國民黨人底疑懼，而是要減少他們底疑懼；不是引起他們底惡感，而是要盡可能地爭取他們底同情。之所以如此，消極的理由固然是爲的減少發展的阻力，積極的理由是爲的擴大影響力。我深切相信，只要新黨所標揭的政綱適合時代需要，國民黨人同情的至少有百分之六十以上。而且這一數字，一定會隨著歲月之增加而增加。

共產黨徒是很難說得通的，而國民黨人則不難說通。國民黨人，除了極少的一撮子人以外，都是善良的，都是通情達理的中國人。依我底經驗而論，年輕的國民黨人大都很可愛，思想並不僵固，也有「把國家搞好」的深切意願。我們有什麼理由不能和這些人做朋友？我深切相信，對於這些朋友們，我們可以向他們訴諸「良心」，訴諸「人類最後的理性」，也可以訴諸一個光明的遠景。依據我底經驗，人與人之間許多不愉快的事是誤會造成的。而許多誤會是不難藉眞誠來消釋的。新黨底創建人應該有將這廣大的一群人轉化爲政治上的贊助者的氣魄。只有這種大氣魄，才能打開今日臺灣沉寂僵死的局面。

從心靈狀態來說，今日在臺灣的許許多多的人是一個一個「封凍的孤島」。人與人之間，常常隔著一道一道的牆。國民黨人也是人，當然並不例外。他們不僅並不例外，而且，常常爲了顧到「黨的立場」，反而與非黨員之間多了一道牆。這道隔離大家的牆，有一層是語言構成的。在臺灣，不同的場合必須豎起不同的語言牆壁：用它來保護自己，來隔離別人。這個樣子的人生，未免太蒼涼了！如果說國民黨統治臺灣十幾年有什麼治績，那末這要算最卓著的治績。在「組織」的作用之下，國民黨人有些似乎「有恃而無恐」，有些對人「張牙舞爪」；可是，稍有靈性者，內心是寂寞的。寂寞的人需要溫暖。

有了這個認識，我想新黨只要政綱適切，作風良好，一定能贏得廣大國民黨人內心的同情。當然，由內心同情到口頭同情還有一段距離。由口頭同情到行動同情更有一段距離。不過，社會在變，一切在發展之中。我們必須把握並進而創造這一發展。

五、基本態度

新黨要能成功的話，它底基本態度具有決定的作用。一個政黨底基本態度，是它底行動之出發點。出發點錯了，隨之而來的行動沒有不錯的。依我底觀察，中國近幾十年來從事政黨活動的人之基本態度，很少不錯誤的。他們以為「搞政治」就是不擇手段，就是耍陰謀詭計，就是爭權奪利，就是翻雲覆雨，……所以中國底局勢愈弄愈糟。新黨人物要避免蹈入近幾十年政黨活動的覆轍，必須從這些舊觀念裡超拔出來，而另闢一個境界。如果不然，那末我可以事先斷言：它一定又會失敗。我現在將我認為新黨必須具備的基本態度分述於後：

㈠**堅持是非**：現在的國民黨權勢核心碰到一個問題時，很少去問這個問題底是非曲直。他們底心理習慣是撇開問題本身不談，而一味地去猜測別人底動機如何如何。他們認為別人底一舉一動都是別有所為，或者都是為了利害關係。他們已經不相信世界上再有人眞的會為了自己底信仰，自己底主張而努力的。他們對人的這種看法，完全是把自己底影子投射（project）到別人身上去。他們幾乎完全忘記了，就在三、四十年前，在北洋勢力壓迫之下的他們，確曾為了自己救國救民的主張而獻身「革命」，冒險北伐的。

國民黨權勢核心人物不僅自己這樣想，而且把這種想法透過組織力量擴散到臺灣每一角落，居然把它弄成了一種社會風氣。這種社會風氣之充塞，非常有效地妨害任何稍帶理想色彩的行動之發展。如果社會上有任何稍帶理想色彩的行動出現，他們只要說這不是為了做官，便是為了要錢；不是為了要錢，就是為了出風頭。那末一般人很容易入耳。只要這種話容易入一般人之耳，這種帶理想色彩的事就搞不起來了。依我所感覺到的而論，新黨尚未出世，這種風聲就已經「嚴陣以待」。從事新黨創建的人，不能迴避這一事實。對付這一事實的辦法，就是本著「至大至剛」之氣，拿行動的表現來打破這一成見：一不做官；二不要錢。

在言論方面，最好從「是什麼說什麼」出發；遵守「對人無成見，對事有是非」的標準。新黨必須盡可能地避免人身攻擊（personal attack）。可是，對「事」的批評，則不含糊、不畏縮、不打折扣。事實是什麼，我們就說什麼。同一件事，國民黨做的不對，我們固然要批評；但是，如果做得對，新黨也應該毫不遲疑地加以讚揚；而不因它是國民黨做的就予以歪曲。這樣，才能表現不是爲反對而反對，才能表現「對事不對人」的風度。這樣，才能樹立眞正的是非標準。樹立了眞正的是非標準，社會才能有所適從。這麼一來，新黨才能從人心景從中發展出眞正的力量。當然，要做到這一點，是一件很難的事。恭維朋友容易；恭維敵人很難。但是，今日臺灣新黨的特殊處境，正須從這一難處下功夫。新黨要做到這一點，必須它底領導人物，主持言論的機構，能夠養成自我克制，冷靜考慮問題的習慣和能力。這些習慣和能力，正是國民黨權勢核心因有權有勢而失掉的。「以我之有攻敵之無」，方爲制勝之道。

十幾年來，國民黨底權勢核心努力把臺灣造成了他們底樂園。這種光景，是他們從北伐以來所未曾有的。現在，他們有的是錢，有的是勢，有的是力。他們所缺乏的只有一點，就是不能太講是非，不能太說眞話。所以今日之臺灣竟成「黨腔」之天下。今日臺灣政治權勢人物流行的所謂是非，大都需要用暴力，威嚇，金錢來支持。如果一旦抽掉了暴力，威嚇，和金錢，那末他們所謂的是非，便會在一夜之間煙消雲散。如果即將成立的新黨要與這個權勢核心走在一條路上，來比錢，比勢，比力，那末將註定了會失敗的。既然這個權勢核心最大的弱點就是不能太講是非，不能太說眞話，那末新黨就正好努力講是非，努力說眞話。這就是「避長擊短」的方略。我不相信建立在暴力，威嚇，金錢，和愚弄之上的統治方式會永久持續下去。當著大家都明白臺灣這種局勢是怎麼一回事的時侯，也就是這樣的統治方式收縮的時侯。我有充分的理由相信，臺灣是極少數人在國家需要等等名義假借之下，強制大家照著他底好惡，成見，顏面，和利害關係所作成的苛煩規定而生活之最後殘壘。中國以前沒有；以後也沒有。有了這項認識核心，新黨就可以自信會在社會實質的醒覺開明進步之中得到最後的成功。

㈡**不爭權專利**：一談起組織新黨，許多人就認爲是要來參加「爭權奪利」的行列。如前所述，他們已經不相信世上還有不為爭權奪利而從事政治活動的人。為了針對著這一點，新黨必須拿行動來表現他們是為了起碼要做到前面所提到過的「一不做官，二不愛錢」兩點。

這裡所謂「不做官」，是不做國民黨施捨的官。自己由競選得來的官，漂漂亮亮，為什麼不做？這裡所謂「不愛錢」，是不愛國民黨底錢。至於自己用正當方法賺來的錢，有什麼不可愛？國民黨權勢核心在中國政海「混」了幾十年，他在某種程度以及在某些方面是「通曉人性」的——當然膚淺之至。近幾十年來，他們用宮和錢，不知收拾了多少反對者。久而久之，憑閱歷所及，他們養成一種見解，以為凡口唱反調的無非都是為官為錢。古人說「無欲則剛」。如果新黨不要他們底官和錢，不著他們底道兒，而眞是為了一個政治理想奮鬥，那末他們也就無所施其技了。果眞如此，社會上就要對新黨刮目相看。這麼一來，新黨就眞正成為一個新希望的象徵。只要新黨成了這個象徵，就不愁沒有遠大的前途。

當然，這話容易說不容易做到。參加政治活動的人，不容易人人這樣堅定和純潔。復次，臺灣地狹人稠，更助長官爵和金錢的誘惑力。不過，新黨必須將來能夠抵住這類誘惑力才能發生力量。這是一個考驗。如果新黨通不過這一考驗，那末我可以斷言它不過是為中國民主運動史又添失敗的一頁而已。

㈢**不弄陰謀詭計**：時至今日，一談到從事政治，好像少不了弄陰謀詭計。我說，這根本就是舊思想，陳腐的觀念。吾人須知，弄陰謀詭計之事，到共產黨便已登峰造極。共黨之禍，就時間說，從一八四八年到現在有一百多年；就空間說，在世界有幾十國。在這長久的時間和這麼廣大的空間裡，各地共黨陰謀變亂情報與技術之交換，檢討精鍊，經驗的吸收與改正，幾乎無日或息。縱觀今世，那一個搞陰謀詭計的搞得過共產黨？可是，到了現在，即令是共產黨底陰謀詭計，也快拆穿了。既然如此，在這方面遠不及共產黨的人，何必再搞呢？

我們且無論陰謀詭計能否出售，它底施展過程也極不利於民主自由人權運動。陰謀詭計所掀起的空氣，是疑懼，是猜忌，是不安。這種空氣之形成，正是共黨活動的溫床。共黨是民主自由人權的死敵。難道民生自由人權運動者要替共黨效勞不成？眞正的民主自由人權運動，有而且只有在安定、祥和、互信的社會氣氛之下才能進行的。新黨要有前途，必須爲自己培養這樣的一個社會環境。新黨要爲自己培養這樣的一個社會環境，便絕不可染指陰謀詭計。何況這些小動作國民黨底權勢核心在中國要考第二，加之人多勢大，新黨絕難與之抗衡！

許多從事政治活動的人好搞陰謀詭計，係因只看見搞陰謀詭計的利益而沒有看見它底害處，只看見搞陰謀詭計在近程中所撿的便宜，而看不見不搞陰謀詭計在遠程的好處。自從民國成立以來，多少搞陰謀詭計的人物，雲譎波詭，且有的曾淹掩廣土眾民，聲勢赫赫，而今安在哉？

現在，擺在新黨前面的選擇很簡單明瞭：要利益呢，還是要害處？要撿近程的便宜呢，還是要獲取遠程的好處？

㈣**不崇尚暴力**：民主與暴力猶天使與魔鬼，是不能照面的兩個東西。在政治場合，暴力現身之時，即民主消亡之日。新黨既要民主，就不能崇尚暴力。從事民主運動者既不可屈服於暴力，又不可自己使用暴力。在這次土耳其政變中，軍隊裡的中級軍官，從上校到上尉，開始計畫積極拿軍事行動來「革命」。他們首先請求反對黨領袖伊納諾來做他們底政變領袖。伊納諾拒絕了。他很不高興地說：「我是反對黨底領袖。所以，任何非法的活動，在我是絕對不能做的。」那些軍官勸他辭去反對黨領袖的地位，免得礙手礙腳。可是，他斷然地說：「我唯一掌握政權的途徑是經過自由選舉。別的，別的都不必說了。」這是何等政治家的風度。伊納諾底這種行徑，照臺灣流行的政治風氣看來，現成的便宜不撿，簡直是一個傻子！然而，人家就靠著這樣的傻子維持住了民主，也靠著這樣的傻子納國家於長治久安之途。新黨要能眞正成功，必須也做這種傻子。

生物學中有一種學說叫做拉馬克學說（Lamarck’s Theory）。這個學說是說，在生物演化底歷程中，器官「用進廢退」。這也就是說，在生物演化底歷程中，任何器官如果常常使用，那末便發展起來；如果不用，那末就要退化。國民黨底權勢核心在臺灣這個小島上擺設這樣龐大的統治機構，正愁英雄無用武之地。如果新黨弄陰謀詭計或構煽暴力，那末正好替這些英雄們招攬生意：證明其有存在的必要。這是最不合算交易。

如果新黨絕對不走這一條老路，而像英國那樣，只用言論、思想、競選、會議等等文明方法搞政治，那末在朝黨底這些力量就無從發揮，而會慢慢「廢退」了。這不是「黃老之術」，而是「致太平」之路。

㈤**無地域之見**：新黨人物是否無地域之見，乃決定他們成敗的基本關鍵之一。顯然得很，有若干人士或明或暗地在所謂「外省人」和「本地人」之間努力築一道圍牆，或加深隱然存在的鴻溝。他們從這一所謂「矛盾的對立」中獲取統治的便利。從事這種工作的人士似乎只顧眼前的利益：一點也不顧後果。從事這種工作的人之基本辦法是利用並且擴大所謂「外省人」對「本省人」的恐懼心。但是，他們一年三百六十（五）天，不是天天告訴「本省人」說「大家都是中國人」嗎？爲什麼又要「中國人」這樣怕「中國人」呢？本省「光復」之初，「本省人」對於「外省人」之光臨，該是多麼熱忱歡迎？而以後弄得有些不愉快，這種責任，是「本省人」應負，還是「外省人」應負？我想咱們「外省人」應該稍微反省反省。無論我們主觀上是否願意在臺灣「長治久安」，在事實上我們已經在這裡待了十幾年了。誰能曉得我們還要待多久？我們怎能長此讓這不必有的小小的芥蒂保持下去？「解鈴還要繫鈴人」！近年來，「外省人」和「本省人」結婚的一天多似一天。既然如此，二者爲什麼一定不能在一起組織政黨？只有抹除「外省人」和「本省人」這一條人爲的界線，臺灣的民主自由人權運動才會成功。新黨要求實現他們底目標，必須不在「外省人」和「本省人」之間作一劃分，而只在「民主」和「反民主」之間作一劃分。

六、結語

我在以上將對於在野黨的基本建議提綱挈領地說了一個大概。當然，關於在野黨的問題，從理論到實踐，自起點以至於發展，所需寫的將隨發展之進展而進展。

我知道我在以上所說的種種之中，有些看法，在時下若干人看來，一定認爲是「書生之見」。的確，我自己也認爲是「書生之見」。不過，這些看法是「必要」的「書生之見」。我底看法不求「合乎時尚」。因爲，我底觀察、思索，和分析告訴我，任何「合乎時尚」的看法，充其量只能討一點小便宜，決不可能爲中國民主自由人權運動打開一條新的出路。如果我們要爲中國民主自由人權運動打開一條新的出路，那末必須有一種新的思想打前鋒。如果大家尚囿於臺灣目前流行的這一套老想法或官製的意識形態，那末其結果只有走上近視的現實主義的道路。走上近視的現實主義道路的人，根本犯下上冒險犯難來策進在野黨。對於這樣的人士，我勸他不如趁早加入國民黨的好。

一切偉大的事業是陶英貝（A. Toynbee）所說「創造的少數人」（creative minority）所開創出來的。我們現在所需要的創造少數人，他們底思想必須有超乎一個時代的透澈，他們底識見必須有超乎一個時代的高遠，他們底行動必須有超乎一個時代的大方和靈敏。如果有這麼一群創造的少數人作骨幹和引擎，那末中國底民主自由人權運動不會沒有可見及的成果的。

——原載《自由中國》，卷二十三期二（臺北：一九六〇年七月十六日）

58 我看雷震和新黨

雷震先生失去身體的自由多天了！

這些日子，我常想著一個人在他人生道路上的發展方向，我也想到我們這群「天涯淪落人」的前途。我幾乎依稀看得見我們這群人的未來景象和終結。

自從雷震先生和我主辦令人喜愛同時也令人厭憎的《自由中國》半月刊以來，我耳邊常常有人說：「雷震是一個失意的官僚政客，你是一個讀書人，跟他在一起搞什麼。」

不，照我看來，雷震先生不止是一個「官僚政客」，而且簡直是一個「最愚蠢的官僚政客」。

爲什麼呢？

這太顯明了！在他人生的歷程中，擺著兩條可以任意選擇的道路：第一條，照美國《時代週刊》和臺灣《時與潮》雜誌上所載的，雷震先生從二十歲開始就加入中國國民黨。後來「官運亨通」，一直做到「朝廷命官」，奉命連絡四方。在中國政局震盪之秋，他曾盡力之所及，爲在朝黨立過功勞。來臺以後，如果他利用他這個歷史，「人事關係」，和他與政治當道的淵源，那末，順理成章，他不難也和目前若干夠聰明的知識分子一樣，做起特字號的官兒，錦衣玉食，汽車出進，揚揚自得。他用不著這麼大一把子年紀，每天擠公共汽車，來往於木柵鄉和臺北之間。有一次，他底夫人宋英女士很幽默地對我說：「自從雷先生辦《自由中國》以後，我們的房子是愈住愈小，車子倒是愈坐愈大哩！」第二條，雷震先生堅持他底「民主憲政」主張，不肯放棄批評這件事那件事，而且硬要組織一個新的政黨。結果，十幾年來，他由被開除黨籍，而被削掉國策顧問崇高的官爵，而遭治安機構看守大門，而被阻撓印刷，而因陳案被控，終至因「叛亂罪嫌」而身陷囹圄。

這兩條道路，前一條坦易暢達，對自身有利；後一條險惡不堪，對自身不利；雷震先生偏偏選擇了後一條。敬愛的讀者諸君！雷震不是「最愚蠢的官僚政客」又是什麼？

二

至少至少，從可能演發的歷史著眼，雷震先生和即將成立的新黨有不可分的關聯。依據中外獨立性的輿論一致的判斷，雷震先生之失去身體自由與新黨之創建有關。顯然得很，一九六〇年九月四日上午若干人對雷震先生所採取的這項行動，是對新黨「打蛇打頭」的行動。我怎樣也想不出這項行動有什麼必要。我怎樣也想不出雷震先生等人創建新黨有什麼「危險」可言。

無論是「造反」也好，或者「革命」也好，必須許多條件輻湊在一起才能成功。㈠人的質素；㈡社會基礎；㈢國際背景。我現在就這三個層界略加解析。

㈠**人的質素**：搞「革命」必須要有搞「革命」的人。怎樣的人才是搞「革命」的人呢？搞「革命」的人，在思想和情調方面有兩種趨向：㈠浪漫的趨向（romantic tendency）；㈡理想的趨向（idealistic tendency）。所謂「浪漫的趨向」，就是反傳統反古典反權威的趨向。因此，具有浪漫趨向的人，也就無視既成的政教，典章，制度。所謂「理想的趨向」，徵象之一，就是超越實現的一切，而一心迷醉於理想的天國之降臨。具有這兩種趨向的人，多半都是很年輕的人，受到阻抑與挫折的人，或無恆心、恆產、恆業的人。

我們依據這一標準，看雷震先生是不是「造反」或搞「革命」的人。

首先，我們知道他是「年逾花甲」的人。如果一個人活到了六十多歲才搞「革命」，這有點像一個女子在二十歲時「抱獨身主義」而到六十多歲忽然要談戀愛嫁人。這樣的事不能說沒有，但總有點令人發生「姍姍其來遲」之感吧！

根據十幾年來我和雷震先生接觸所得印象而論，他在政治思想方面是一位十足的「頑固而堅持的憲政主義者。我在他身上很難找得出一點浪漫氣氛和太多的理想傾向。六十歲以上的人之不太有這些成素，無寧是一件自然而不足怪的現象。我常常覺得他太注意一件一件的瑣事。他和我這樣的人之思想，除了都贊同民主自由以外，距離是很遙遠的。從我底標準看去，我認爲他「太現實」一點。而且無論他口裡怎樣不滿意國民黨，儘管這十幾年來他已有了不少的改變和進步，同時他和新牌國民黨人很不相同，可是，我看來看去，無論在基本的思想形態，行爲模式，和待人接物的習慣上，他和老牌國民黨人並沒有根本的差別。以這麼樣的一個人，那裡造得起反？那裡會搞「革命」？有什麼「危險」可言？

上面所說的，同樣可以應用到我所知道的從事創建新黨的若干領導人物。比如說李萬居先生吧！他是那樣沉靜，持重，富於理性。高玉樹先生呢？爲人機智，反應靈敏。我們與其說他是一位舊式的政治活動家，不如說他是一位美臺合璧的企業家。郭雨新先生則「面團團富家翁」，一看就使人覺得可以信賴。夏濤聲先生滿腦袋的「國家民族」思想，一心爲「民主」政治獻身。齊世英先生心思縝密，富正義感，而無激越之情。總而言之，這幾位先生都是中年以上的人，都深曉利害，都熟諳世情，且都有身家之累。這樣的一些人物，怎會「造反」？怎能搞「革命」？

㈡**社會基礎**：自由中國的社會層界可以三分。在這三個層界中，新黨比較有希望植根於其上的有兩個：一是農民；另一是中小資產階層。農民的政治感覺比較遲鈍。他們主要的努力是糊口，生小孩，有閒暇的時候聽歌仔戲。他們底政治欲望是很低的：他們只希望他們認爲公正的人士出來直接爲他們謀福利，如此而已。在臺灣比較有勢力的是近十幾年來新興的中小資產階層。這一個階層的人底政治欲望，在消極方面是求減少苛擾。在積極方面是希望有他們選舉出來的縣市長或議員們替他們保護既得利益。或更進而開拓利益。這個階層底政治口胃，多半止於中下層民意代表或首長之選舉。根據農民和中小資產階層底政治欲望來觀察，在基本上是現實的，直接的，事務性的而非原則性的。新黨底社會基礎主要在這兩個階層界之上。而這兩個層界之基本政治要求不過如此，所以，怎麼會搞「革命」？怎麼會發生危險？怎麼值得這樣緊張？

㈢**國際背景**：中國近幾十年來鬧「造反」，或搞「革命」，都是有國際背景的：不是日本，就是俄國。近幾十年來，在中國凡無重大國際背景的政治集團，一概不能掌握政權。新黨有否國際背景？顯然沒有。美國怎樣？美國底意向是非常明白地擺在那裡的：美國已經覺得橫跨海峽的「中國問題」非常麻煩。他們對於這個地區的態度是希望在和平安定之中逐漸作一民主的轉變。因此，如果有一個新的政黨起來發揮這一種作用，那末他們自然是欣喜之不暇。然而，如果因此引起騷動，把一鍋粥打翻了，那末他們會認為不合他們底政略希望。任何國家的政府決無直接或間接獎勵別國內部任何政黨從事與其政策希望相違的活動之理。基於這項考慮，新黨能而且只能從事和平合法的奮鬥，決不可能「造反」或搞「革命」的。既然如此，有什麼不可容忍的？

三

依據上面的解析，我們知道，即將成立的新黨，無論在人的素質上和社會基礎上，以及在這樣的國際背景上，都先天地決定著它不是一個「革命黨」，而是一個徹頭徹尾的「民主黨」。這樣的一個政黨有什麼作用呢？這樣的一個政黨底作用有二：㈠她可作中國民主政治底產婆；㈡她可作自由中國政治機能裡的調節器。

杜威說：「民主必須代代更新。」中國人民渴望民主已經半個世紀了。然而，民主依然在難產之中。雷震先生之失去身體自由是一個風標。這個風標告訴我們，中國要眞正民主化，是一件尙待大家十分努力的事業。民主的眞正基礎在人身自由。如果你底身體暴露在一個毫無約束的權力之下，隨時可以因莫須有的藉口而失去自由，那末所謂的「民主」，究竟掛在那棵樹上呢？

近若干年來，有些人士把臺灣的光景看成「安定」的局面。我非常抱歉，我不能同意這種看法。因為這種看法不合實情。臺灣的光景只是花費了極高的代價所換的「表面平靜」而已。近十幾年來，臺灣的社會活動，除了吃喝玩樂以外，一切都置於自上而下的強力控制之下，一切非來自控制者的活動都在懷疑和禁止之列。因此，社會正常發展的生機都窒息和扼煞了。長此以往，結果不堪設想！針對這種可悲的情形，自由中國需要一部政治的調節機。有了這部調節機之調節，社會各方面的機能才得以作正常的發展。即將成立的新黨，正好發揮這一積積極性的功能。

當然，她更可能給人一個有希望的遠景。

四

無疑，雷震先生是這樣的一個新黨之催生醫師。他爲了這個新黨之出世，他爲了實現「民主憲政」的夢，犧牲了垂手可得的富貴榮華，而陷身莫測的疑雲。我絕不願爲一時一地的是非而辯論。自古至今，該有多少人爲了科學上的眞理，或爲了爭取民主自由，而犧牲生命的。這些人物在當時不是曾被咬定爲「叛徒」嗎？然而，時過境遷了，那些咬定這些志士爲「叛徒」的人們，確替歷史留下了人類愚蠢、自私，和黑暗的紀錄。

雖然，我置身於這小書室中，我正神馳於古今的興亡歷史，可是我畢竟與這樣的一群人處在同一個時代和同一個島上。我底身體，正像一切講思想自由和言論自由的人之身體一樣，毫無掩蔽地暴露在一個沒有約束的權力之下。雷震先生就是這樣地失去身體自由了。想到這裡，我不禁要借《聖經》上的一句話贈給雷震先生：

為義而受難的人，有福了。

——原載《民主潮》，卷十期十九（臺北：一九六〇年十月一日）

59 雷震並沒有倒——給李萬居先生的一封公開信

萬居社長先生：

今天閱讀貴報，看到其中轉載的香港《星島日報》九日社論。它底標題是「雷震事件是政治鬥爭」，並且說「在這一場政治鬥爭中，雷震已被鬥倒了，這是不易之論。」我不知道該報所說的「政治鬥爭」究竟是什麼意義。當然，每一個人都有按照他自己底意思而使用任何名詞的自由。如果他對於某一個名詞的使用與眾不同，那末我們充其量只能說他對於那個名詞的使用不合約定（convention），而沒有什麼理由說他使用錯誤。這十幾年來，雷震先生一介書生，沒有一枝槍，沒有一粒子彈。他所有的只是一枝中國毛筆，一本《自由中國》半月刊，和一顆為民主憲政之實現而努力的決心。可是，站在陰暗的角落來計算他的先生們，卻掌握著嚴密無比的法律之網，數不盡的特殊人員，千千萬萬的職業革命家，和美國裝備的強大武力。在這樣對比的「態勢」之下，能否構成該報所說的「政治鬥爭」，這實在是一個令我感到困難的語意學上的問題。也許，擁有這些巨大力量的人士是在對雷震先生進行一場「法律其表，政治其裡」的「政治鬥爭」吧！但是，就我所了解的而論，雷震先生則沒有作這樣的「鬥爭」。凡對中國近五十年來的歷史發展有所了解的人都應明瞭，在中國要作「政治鬥爭」而又要有豐富收穫的話，必須背後有一套足以使地圖變色的本錢。雷震先生沒有那一套本錢，他怎麼談得上從事「政治鬥爭」呢？雷震先生個人的私生活怎樣，我知道得太少，除了他養著一隻大狼犬以外——我也喜歡這種犬，所以它容易引起我注意。不過，依據十幾年來他和我主辦《自由中國》半月刊的經驗而論，我從來沒有聽到他用「鬥爭」一詞。更遑論「政治鬥爭」？胡適之先生嘗言他自己是「一個不可救藥的樂觀者」。我現在模仿這話來再批評雷震先生一句：「『他是一個不可救藥的』憲政主義者」。他赤手空拳，想組織一個新黨。因此，我們充其量只能說他有過「政治活動」。

「雷震已被鬥倒了」嗎？該報很肯定地說雷震已經「被鬥倒了」，而且說「這是不易之論」。啊！近世數學和物理學也沒有「不易之論」，在這類政治事件上，該社主筆先生如果真發現了「不易之論」，那應該是比發現原子能還要令人驚震的大事！照我看來，雷震先生並沒有鬥倒。他不僅沒有鬥倒，而且是在早晨剛剛起床哩！如果該社主筆先生和我們一樣長居臺灣，而且具備一點心理學常識，那末他會得到與此相同的結論的。何以呢？

㈠固然，雷震先生為人很有毅力，膽識過人，威武不能屈，而且能抱定一個理想，並且不避艱危的為這一理想獻身。這都是他的特別長處，同時也是此時此地的知識分子特別缺乏的品質。但是，他的這些長處並不能因「涉嫌叛亂」而絲毫增加。如果沒有逮捕他，那末他的這些優點不會被許多人注意的。現在，經過「牢獄的鍛煉」，就把他的這些優點顯露出來了。這，多少是有著鼓舞人心和辯證是非之作用的。

㈡雷震先生近年來提倡民主自由，和人權保障。有許多人士尚不知道這是何等重要的事，只當作耳邊風。經過這一個多月來「雷案」的演變經過和若干表演，許多人士該可以在腦裡打打轉，體會到民主自由和人權保障不是空談，而是與每一個人的禍福安危密切攸關的事。這次雷震先生個人之犧牲，至少可以促使許許多多人有這種認識。這種認識之加深和擴大，對於自由中國的民主運動，一定有促進和加速的作用。

㈢固然，《自由中國》半月刊的言論與官方腔調有所不同，但是，在我看來，那是一些七折八扣的平易之論。這些平易之論，在雷震先生被捕以前，有些人不一定得到一個深刻的印象。這次雷震先生被捕，確可加深大家對於《自由中國》半月刊言論的印象。我們深信，這些印象，在最近的將來，會在人心中發酵，並且開花結果！

「雷案」底本身，也許很快就可了結，也許較遲才能了結。這個我不知道。可是，有一點我卻十分清楚：雷案外而在國際上的影響，內而在自由中國民主運動裡的催生作用，無論直接間接，都方在發展的開始。我們睜開眼睛看看，張起耳朵聽聽，自從雷震先生的身體失去自由以來，全自由世界的輿論是怎樣說的？一切有良心有正義感的同胞是怎樣關切著他的？如果這算是被「鬥倒」了的話，那末古往今來一切仁人志上都是

「鬥倒」了！雷震被「鬥倒」的充其量是他用了六十四年的身體而已。但是，他所發生的長遠作用，他所表徵的方向，他所揭示的廣大人民的意願，則正在創發的起點。你說是嗎？

殷光海

十月十三日

——原載《公論報》，第二版（臺北：一九六〇年十月十六日）

60 權威與權力

一

在中文的論著裡，常常把「權威」（authority）和「權力」（power）這兩個名詞與概念混用。甚至英國大人類學家麥倫諾夫斯奇（B. Malinowski）也把這二者混為一談。他說：「權威是合法使行的權力。個人或機構藉著這樣的權力來建立規範，來作決定，並且藉著鎮制手段來實現這一決定。」顯而易見，他是把「權威」及「合法使行的權力」認作同一的建構。

二

權威和權力有相同的衍發關係。可是，無論就用語來說或就概念來說，二者只有重疊的情形，但並不相等。現在，我們就檢視這一層。

㈠我們能而且只能說「愛因斯坦是物理學的權威」，但是我們不能而且一定不能說「愛因斯坦是物理學的權力」。後一句話顯然是不通的。

㈡我們能說「巴頓握有軍事權力」，但是我們不能說「巴頓握有軍事權威」。一個人的軍事權力常隨職位的任免而有無，也常隨職位的高低而大小。一個將軍被任命以某種職位時，他只有某種權力可言，但不一定有權威可言。在今日的極權地區，一個在位的將軍固然身佩勳章，似乎煊赫一時；可是，一旦被免職的話，他的情況比狼狗好不了多少。朱可夫等人的光景是很顯著的實例。曾國藩罷官歸回故里時，他的「大帥」權力是沒有了，但是他個人幾十年藉「學問、道德、和文章」以及事功所建樹起來的權威並未隨之以俱去。這是專制和極權的一基本差別。

我們可以說「煤油大王握有經濟權力」；可是我們不能說「煤油大王握有經濟權威」。權威和金錢究竟不同。金錢可以存在花旗銀行裡。權威只有存在人的心中。有而且只有存在人的心中的權威才是「貨眞價實」的權威。存在人嘴裡甚之形之於筆的權威可能就是貌似的權威，並非眞貨色。

㈢我們可以說「康熙皇帝既有政治權威又有政治權力」。我們說他有政治權力，因爲在那個當兒他要誰昇官誰就昇官，他要誰殺頭誰就殺頭。可是，他又有確乎了不起的文治。這使當時的人景仰。提起來肅然起敬。所以，他又有權威。當然，他的權威是以政治權力這一核心作本錢向外擴張而構成的。不過，也要虧他懂得這一套。

根據以上的展列，我們立即可以明瞭權威與權力的排列組合有下述的情形：

1. 有權威而無權力
2. 有權力而無權威
3. 既有權力又有權威

由此可以證明：權力和權威有種種關聯，可是二者究有分別。

三

權力是什麼呢？

所謂權力乃是影響或支配他人行爲甚至觀念的一種力量。如果一個人擁有權力，那末他可使行他的意志。如果別的人依照他的意志而行，那末就是他的權力有了實質。所以，能產生某種結果，或能推動自身以外的人，或發生某種影響的力量，即是權力。對於感受權力的人而言，權力在基本上就是一種外來的壓力。這種壓力即令到達觀念界域，也是從外面壓進去的。當然，壓之既久，可能內化。這就是蘇俄型的官式「思想訓練」。一談到權力，一般人就容易想到它是政治權力。政治權力是作形式上使行的決定之力量。這種權力在群式生活中是最重要的力量。但是，它並非唯一的力量。除了政治權力以外，尙有軍事權力和經濟權力。在實際上，政治權力是這些權力的複合品。時至今日，經濟權力愈來愈有基本的支配力。如果政治權力沒有軍事權力和經濟權力與之交織並且爲之支持，那末便會空化。

權力一旦行使在國邦上，便成爲國邦的權力。擁有國邦權力的機構就是政府。政府的權力是作最後裁決的權力。這種作最後裁決的權力通常有效於一定的領土範圍。至少就形式上說，這種權力是完整的權力。所以，一國不能有兩個或兩個以上的對等權力。如果有的話，那末，不是國家的分裂，就是內戰。

操持國家權力的人常能在支配欲上得到最高度的滿足。至於能獲得物質方面的愉快，則爲餘事。所以，自古至今，除了眞正民主的國家以外，國家權力的爭奪常常不甚愉快。在東方世界，爲了爭持國柄，往往弄得血流漂杵，暴骨原野，禍延子孫。時至今日，極權的權力更爲一切權力的總匯與焦點。掌握著這種權力的人，眞有人間天帝之感。所以，這種權力的爭奪，其慘烈尤爲亙古所未有。當從事這種權力爭奪時，不僅涉及一人一姓及少數精幹分子（elite），且常藉各種謀畫來驅迫千萬人眾盲進，如火牛之衝陣。解決這一野蠻問題的方法，只有實行文明的民主制度。因爲在民主制度之下，權力是多元的，而且國家權力被少數人長期獨佔很少有實現的機率。人眾如果對現有的權力建構不滿，那末大可藉和平合法的選舉程序予以更換：無須弄得那末緊張。

四

權威是什麼呢？

依照第二節的分析，權威往往和權力混連在一起，可是有時分離，更有時高高在權力之上。權威是一種「不說出來的」聲威，或「隱藏著的」理由。這樣的聲威或理由，雖然沒有說出來，但是大家都可以感覺得到，因而不自覺地受它震撼，以致受它同化。例如：耶穌犧牲自己的生命來救世，這種眞正道德的聲威感攝了後世的千千萬萬人，因此耶穌受到他們頂禮膜拜。當著權威是一種「隱藏著的」理由時，這種理由差不多已經沉澱到若干人的潛意識裡，因而已被他們接受於不知不覺之間，成爲他們共同同意的觀念。只有當碰到問題時，他們這共同同意的觀念才自動出現。例如：美國中學生都把愛因斯坦視作數學權威。可是，他們之有這種心理狀態連他們也不自覺。雖然如此，這種「沉默的同意」碰到刺激就會浮起。美國一個小城裡有一個中學有一次遇到一道數學難題，全校都不能解決。於是大家不約而同的主張寫信去請教愛因斯坦。這就是愛因斯坦的權威在他們心頭浮起。在任何健康的社會文化裡，都有這樣的權威。任何社會如要健康，必須有這樣的權威。如果一個社會連這樣的權威的影子也沒有，誰也找不到一個眞正的知識權威，道德的聲威更是銷聲匿跡，那末十足證明這個社會的文化價值在實際上已經崩解。在這樣的社會，利害的考慮主宰著一切人的神經活動。聲色貨利的追求成爲眞正的「時代精神」。

在一切已知的動物之中，人是唯一愛把他的行爲「說出一個道理來」的動物，雖然人並不常照著道理做。這裡所說的「道理」是頗爲廣泛的。它可以指稱信仰，教條，規律，眞理，或任一價值觀念。因爲人愛把他的行爲「說出一個道理來」，所以當人極難確定某一行爲在某一情況之下是否適當時，他便須將這一行爲和他所謂的「道理」聯繫起來，使行爲有了根據，或合理化，因而得到一種認可。權威就是這種認可之所本。在一個家庭裡，小弟弟要去兒童樂園，如果姐姐反對的話，他可以大聲說：「這是爸爸說的」。「爸爸說的」就是權威的認可。本於權威的認可，大家只有「一體奉行」。當然，這年頭的事可不是這麼簡單。維勒登（T. D. Weldon）說，有權威的人當受到挑戰時似乎有主動地產生道理的能力；至少在附和他的人看來，他有這種能力。所以，在權威者那裡，好像什麼事都有一番道理似的。如果一般人對他有了這個印象，那末就可能追隨之而行而不問理由。不幸，危險也就在這裡。

爲什麼呢？

因爲，不問理由，即是對於權威所提出的理由，不加理知的考慮，不予懷疑，不追究根據何在，而只因爲其出自權威而信奉不疑。這就構成盲信。照著盲信來行動，便是盲動。盲動豈不容易出亂子？眼前的實例，就是德國希特勒手下那群狂徒闖下的大禍。我們並不是說，凡權威之言都是錯誤的。如果我們認爲凡權威之言都是錯誤的，那末便是盲目的反權威。盲目的反權威，其錯誤與有目的接受權威正好相同。二者都不是理知的表現。在事實上，有的權威之言是荒謬的，可是有的權威之言是可以接受的。希特勒所倡日爾曼人「種族優越論」是毫無自然人類學（physical anthropology）根據的謬論。但是，孟軻講義，孔仲尼講仁，耶穌講博愛，在道德意義上都是可接受的。我們不能因爲他們是既成的道德權威而認爲他的言論不足信。柏拉圖是偉大的哲學權威。我們不能因爲他是權威而反對他的「觀念論」之認知的意義。所以言之足信與否，與言者之是否權威毫不相干。中國古代哲人也早已知道「不以人廢言，不以言舉人」的道理。問題不在權威或非權威，而在盲從權威。盲從權威的人，碰到眞正道德的權威，可能提高道德水準；碰到眞正知識的權威，可能獲致一些眞正的知識。但是，如果他們碰到僞裝的道德權威，那末可能白白浪費了眞誠。如果他們碰到希特勒式的權威，那末可能闖出滔天大禍。跟著希特勒盲動的，並非都是沒有大腦的動物。可是，他們受到嚴重的挫折，以致喪失了自作選擇的力量。生於當今之世，最重要的事是自作選擇。不自作選擇的人，除了身體以外，一切都交給別人了。這種人是近乎白活了。眞正的生活，是自己作自己的主宰。一個人要自作主宰，開頭走的第一步就是自作選擇。

「高山仰止，景行行止。雖不能至，心嚮往之。」這樣的話正表示對權威的景仰。權威有它的功能。眞正的權威在人的心靈深處，像大樹蔭蔽行人。權威使人感到精神上有所托庇。人有了托庇心靈深處就感到安全。安全正是這一時代缺少的情境。自第二次世界大戰以來，許許多多人陷於不定的狀態之中，不定使人最難過。因此，在不定中的人最需要的是定。在這種情境之中，如果有人能提供使人得到一點安全感的權威，那怕是一根蘆葦，也會有人攀附的。所以，權威之道得以大行。弗洛門（E. Fromm）已經把這一層祕密探查得相當清楚了。另外有人不能從現實得到滿足，他們回到過去的權威裡，要把自己的存在在傳統中求得意義，所以回轉頭來復古。在這樣的情境裡，最易形成心靈凝滯和觀念凍結。在心靈凝滯和觀念凍結的土地上，是開不出新思想的奇葩的，更不用說對前途作本於眞實認知的展望了。

五

盧騷說：「最強的統治者從來不能強到永遠做主人，除非他能把他的力量化爲正義，把強加於人的服從化作義務。」這話是什麼意義呢？

權力本身不能當作一項目的。爲權力而追求權力，是古今禍亂的一大原動力，是歷史性的浪費之所由來。權力常被用作實現權力以外的目標之一手段。例如：古代常拿權力作伸張宗教教義的工具。在革命時代，革命者常藉權力作推動革命宗旨的手段。在事實上，權力常與「正義」，「理想」，「道德」，及其他文化價値混在一起。當然，在這種情形之下，握有權力者究竟是爲正義和理想等等，還是爲權力而權力，常常不易識別出來。從過去直到現在，革命者出賣革命的實事，眞是數見不鮮。從拿破崙到史達林，到卡斯楚，……無不如此。可是，無論怎樣，權力的馴伏，是古往今來人間的重大問題之一。基督教是要拿教義來馴伏權力。中國儒宗是想拿「孔孟之道」來馴狀皇權。當然。儒宗常被皇權所馴伏。

一個權力是否穩定，可由它是否與它所在的社會之文化理想，道德價値，風俗習慣，大眾的欲求，等等膠合來測定，也可以從它是否裸露或是否直接訴諸暴力來測定。如果一個權力在社會的文化理想中找不到眞正的根源，那末它就不會穩定。如果爲了維護一個權力，時時刻刻有使用赤裸暴力的必要，那末適足證明它並不穩定。在一個穩定的皇權之下，「天下晏如也」。

在這個世界上，只有極少數人在他們的較多數的時侯是理性動物。人間要能維持一個普遍的秩序，權力是不可少的工具。即令權力是一個惡，它也是一「必要之惡」。可是，權力要能維持長久穩定，必須更上一層樓，就是權威化。權力之權威化的程序，就是正當化。

什麼是正當化（legitimation）呢？韋伯（Max Weber）認爲權力的掌握者必須自認其權力是來得正當

的，並且也要使別人認爲正當。這種使權力成爲正當的程序，就是權力的正當化。任一權力要能站立得穩，這是必不可少的程序。這裡所謂「權力的掌握者必須自認其權力是來得正當的」實例很多。在中國社會文化裡，這種意識最爲強烈。它的表現就是「正名」。中國古代「天下紛崩，群雄逐鹿」的時侯許多英雄好漢之託言君權神授而自我稱王稱帝；民國以來北洋時代許多擁兵自雄的人物之動不動藉口「爲民除害」而自稱「討逆軍總司令」，「前敵軍總指揮」，種種名色，不一而足。這都表示我的權力是來之正當，而不是搶來偷來的。所以我享有這些權力是應該的，是配得的。提行權力的掌握者自認其權力是得來正當的，這還不夠，必須得到別人的承認。這裡所謂「別人的承認」可能是指國際的社會，也可能是自己治下的一般人眾。所以，自國際社會的雛型出現以來，一個新的政權成立之初往往需要而且也須要得到「國際的承認」。就要得到自己治下的一般人眾承認其爲正當的而言，時下的一般風尚是「通過一部憲法」。通過了一部憲法，這個權力才算正當化，正當化了的權力，才有了權威。有了權威的權力，才可能穩定而持久。

依照利普斯（S. M. Lipset）的分析，權力的正當化有程度的不同。的確如此。任何權力，不可能得到治下每一個人接受，也不可能得不到治下一個人接受。即令是民主國家，不一定所有的國民都同意他們的政府之存在。這也就是說，總可能有人不樂意接受他的政府。即令是極權國家，不一定所有的國民都不同意他們的政府之存在。這也就是說，總可能有人樂意接受他的政府。至少，極權統治者本人或一部分統治工具是喜愛他們的政府的。當今最火辣辣的極權國家古巴是如此。不過，像這樣的權力固然存在並且繼續存在，卻要靠建立一支相對偉岸的鎮制體系（coercive system）。而有自由民主國家的政府之存在和繼續存在，只靠建立一支相對嬌小的鎮制體系。在古巴，警察多於牛毛。加拿大的警察那末稀少，大家並不覺得寂寞。

這樣看來，鎮制體系的相對大小，是測定一個權力之正當程度大小的最佳尺度。在這裡，我提出一個定律：

一個權力之正當程度與其所建立的鎮制體系之大小成反比。

這也就是說，如果一個權力所賴以存在並且繼續存在的鎮制體系愈小，那末它的正當程度愈大。反之，如果一個權力所賴以存在並且繼續存在的鎮制體系愈大，那末它的正當程度愈小。依此，東德的「人民警察」那樣多並非一件可賀的事，瑞士山中那末清寂並非一件可悲的事。

根據這一番分析，我們可以知道，在目前的世界，極權的權力之存在和繼續存在有賴於鎮制體系者大，民主而又自由的權力之存在和繼續存在有賴於鎮制體系者小。並且，愈是極權的權力要存在與繼續存在愈多需靠鎮制權力；愈是民主而又自由的權力要存在與繼續存在愈少需靠鎮制權力。我們把古巴放在一個序列的那一端，把瑞士放在這一端，二者之間的優劣高下之分不是判若雲泥嗎？

何以有這一分別呢？極權的權力多是藉列寧創造的「權力奪取」之專門技術形成的。它的形成就不正當。它形成了以後，又藉鎮制體系把自以為是的意底牢結（ideology）強加於人眾，並藉此延續其存在。這就是說，它的存在和繼續也不正當。總而言之，它不正當。所以，斯民苦矣！民主而又自由的權力是從社會文化中和平並且自然地生長出來的。一個民主自由的權力之出現，必須經過選舉程序。在選舉程序中，競選人想得到選民欣賞，發言必須合於多數選民的基本情緒和基本價值。這就是說，民主而又自由的選舉程序，其本身就是一使權力正當化的程序。民主而又自由的權力之建成必須正當化，而這種權力的繼續維持也必須正當化。如果不正當化，那末它根本站不住腳。而正當化的源頭在一般人民，也在社會與文化。所以，任何民主自由的權力不能自己使它自己成為正當；除非選民使它成為正當，除非它由之而產生的社會與文化使之成為正當。所以，大家有福了。

——原載《時與潮》，復刊第二二三期（臺北：一九六六年十月三日）：署名孤鳳

Note

家圖書館出版品預行編目資料

我們走哪條路?──60篇醍醐灌頂的學人之思／
殷海光著. -- 初版. -- 臺北市：五南圖書
出版股份有限公司, 2022.11
面； 公分
ISBN 978-626-317-747-5（平裝）

1.政治思想 2.反共 3.文集

570.7 111004430

1C1A 殷海光精選輯系列

我們走哪條路?

60篇醍醐灌頂的學人之思

作 者— 殷海光
發 行 人— 楊榮川
總 經 理— 楊士清
總 編 輯— 楊秀麗
副總編輯— 黃惠娟
校 對— 張耘榕
封面設計— 姚孝慈
出 版 者— 五南圖書出版股份有限公司
地 址：106台北市大安區和平東路二段339號4樓
電 話：(02)2705-5066 傳 真：(02)2706-6100
網 址：https://www.wunan.com.tw
電子郵件：wunan@wunan.com.tw
劃撥帳號：01068953
戶 名：五南圖書出版股份有限公司
法律顧問 林勝安律師事務所 林勝安律師
出版日期 2022年11月初版一刷
定 價 新臺幣450元